Colin J. Humphreys

Die letzten Tage Jesu

Colin J. Humphreys

Die letzten Tage Jesu

und das Geheimnis des Abendmahls

Deutsch von Michael Stehle

Verlag Urachhaus

Die Originalausgabe erschien 2011 unter dem Titel
The Mystery of the Last Supper. Reconstructing the Final Days of Jesus
im Verlag Cambrigde University Press.

ISBN 978-3-8251-7787-4

Erschienen 2012 im Verlag Urachhaus
www.urachhaus.de

Umschlag: Leonardo da Vinci, Das Abendmahl (Ausschnitt)
Gesamtherstellung: CPI – Clausen & Bosse, Leck

Inhalt

Anhang

Geleitwort

I. Howard Marshall

Mit großem Interesse habe ich in den letzten Jahren die Forschungen verfolgt, die Colin Humphreys hinsichtlich der Evangeliendarstellungen zum Letzten Abendmahl durchgeführt hat. Er hatte bereits Forschungen zum Auszug des Volkes Israel aus Ägypten und den zehn außergewöhnlichen Ereignissen in diesem Zusammenhang geschildert werden, veröffentlicht. Darüber hinaus legte er eine neue Interpretation des »Sterns von Bethlehem« als das Auftreten eines Kometen im Jahr 5 vor Christus vor. Und zuletzt präsentierte er einen neuen Ansatz für eine Datierung der Kreuzigung Jesu, indem er astronomische Tatsachen heranzog, um das genaue Jahr zu bestimmen und die Aussage Petri in der Pfingstpredigt, der Mond werde sich in Blut verwandeln (Apg 2,20), auf eine Mondfinsternis des Jahres 33 n. Chr. anwendete, während derer der Mond sich tatsächlich in blutroter Farbe präsentiert habe.

Mit seinem neuen Buch kehrt er noch einmal zu diesem Thema zurück und legt eine detaillierte Studie über die damit verbundenen Widersprüche vor, die sich aus den gegensätzlichen Beschreibungen ergeben, die das Johannesevangelium und die anderen drei Evangeliendarstellungen bezüglich des Datums des Letzten Abendmahls geben. Humphreys Lösungsvorschlag ist eine neue Version der alten Theorie, dass unterschiedliche jüdische Gemeinden möglicherweise voneinander abweichende Kalendersysteme verwendet haben, verbunden mit der These, dass das Letzte Abendmahl nicht am Donnerstag unmittelbar vor der Kreuzigung am Freitag, sondern am Mittwoch stattgefunden habe

– eine Perspektive, die einen angemesseneren Zeitraum für all die Ereignisse eröffnet, die zwischen dem Letzten Abendmahl und der Kreuzigung einzuordnen sind.

Das Resultat darf mit Fug und Recht als *tour de force* bezeichnet werden: eine außergewöhnlich überzeugende Meisterleistung in Gestalt einer Zusammenschau der schier unüberschaubaren Menge an Einzelfakten, die in eine Lösung mündet, in der alles schlüssig aufgeht. (Solche Formulierungen werden gerne verwendet, um eine Leistung zu beschreiben, vor der man zwar bewundernd den Hut zieht, der gegenüber man aber gleichzeitig vermitteln möchte, dass die vorgetragene Hypothese zwar überaus geistreich, letztlich aber erfolglos sei. Ein solcher negativer Beiklang sollte aus meinen Worten nicht herausgelesen werden.)

Umfang und Tiefe des eingesetzten Fachwissens sind umso bemerkenswerter, als der Autor im Hauptberuf Professor für Baustoffkunde und Metallurgie an der Universität Cambridge ist, der sich den Bibelstudien lediglich in seiner Freizeit widmet und darüber hinaus über eine bemerkenswerte Kompetenz im Bereich der Astronomie (in Zusammenarbeit mit einem Spezialisten), der Kalendersysteme des Altertums und der Bibelwissenschaften verfügt, und dem es gelingt, auch komplizierte Zusammenhänge in einfacher und gut lesbarer Weise darzustellen, sodass auch der Laie problemlos folgen kann. Der Enthusiasmus des Autors reißt den Leser quasi von selbst mit. Regelmäßige Zusammenfassungen tragen darüber hinaus zur besseren Orientierung bei.

Viele Interpreten (wie etwa einige Mitglieder des Jesus-Seminars in den USA) gehen noch immer davon aus, dass die Darstellungen des Lebens und des Todes Jesu in den Evangelien in vielerlei Hinsicht unglaubwürdig und historisch nicht zutreffend seien. Doch die heutige Theologie hat eine Vielzahl ausführlicher kompetenter Studien von Spezialisten hervorgebracht, die sich darin einig sind, dass man weiten Teilen der biblischen Schriften historische Glaubwürdigkeit zuschreiben kann, sobald man sich ihnen mit den angemessenen

Methoden nähert. Man denke nur an die Monografien von Richard Bauckham, James Dunn, Martin Hengel (und seiner Mitarbeiter), Craig Keener, John P. Meier oder Tom Wright sowie an die Symposiums-Publikationen unter Leitung von Darrell Bock, Robert Webb, Stainley Porter und Tom Holmen. Bei all diesen Veröffentlichungen handelt es sich allerdings um umfangreiche fachwissenschaftliche Schriften, die einer allgemeinen Öffentlichkeit kaum vermittelbar sind. Demgegenüber zeichnet sich Colin Humphreys' Buch durch seinen geringeren Umfang und seine große Klarheit mit Blick auf eine breitere Leserschaft aus.

Ein beträchtlicher Teil seiner Ausführungen wird sicherlich eine weitgehende, wenn nicht gar vollständige Zustimmung der Fachgelehrten finden. Seine Beweisführung, die darin gipfelt, dass das Letzte Abendmahl und die Kreuzigung entweder auf das Jahr 30 oder das Jahr 33 datiert werden müssen, bestätigt die Meinung zahlreicher Spezialisten, und seine Argumentation zugunsten des späteren Datums wird überzeugend vorgetragen. Seine These, dass es zur Zeit Jesu unterschiedliche parallele Kalendertraditionen gegeben hat, ist ebenfalls nicht neu, doch seine Version liefert sorgfältig begründete Argumente, die auf einer neuen Bewertung der Faktenlage basieren. Seine Neudatierung des Letzten Abendmahls auf einen Mittwoch beweist, dass er nicht davor zurückschreckt, tradierte Meinungen infrage zu stellen, deren Gültigkeit angezweifelt werden darf.

Es handelt sich also um ein Buch, das eine neue historische Rekonstruktion der Beweislage anbietet, die es verdient, ernst genommen zu werden, und von der die theologischen Gelehrten nicht meinen sollten, sie könnten sie allein schon deshalb ignorieren, weil sie sich an ein breiteres Publikum wendet. Wenn ich dennoch zögere, meine Zustimmung gegenüber jedem einzelnen Detail zu artikulieren, und mich mit der Behauptung zurückhalte, Humphreys habe »alle Probleme endgültig geklärt«, so geschieht dies lediglich aufgrund der prinzipiellen Vorsicht des Wissenschaftlers.

Was geschähe, wenn man Fehler in Humphreys Argumentation finden würde? Würde ein solches Urteil dazu führen, die Historizität des Letzten Abendmahls infrage zu stellen? Keineswegs! Die Wissenschaft verdankt so manchen Fortschritt der Tatsache dass neue Thesen aufgestellt werden, die in der Folge vollständig oder zumindest teilweise widerlegt werden, zugleich aber Einladungen darstellen, sie durch neue und bessere Ergebnisse zu relativieren. Dieses Buch gehört in die Kategorie der mutigen, geistvollen und unvoreingenommenen Neuinterpretationen altbekannter Fakten, die uns entscheidend voranbringen, und ich möchte es dem an der Materie interessierten Leser daher wärmstens empfehlen.

I. Howard Marshall
Emeritierter Professor für neutestamentliche Theologie,
Universität Aberdeen

1

Vier Geheimnisse der letzten Woche im Leben Jesu

An einem Frühlingsmorgen vor langer Zeit kreuzigten Soldaten in einem entlegenen Winkel des Römischen Reiches einen Juden aus Galiläa, den man unter dem Namen »Jesus von Nazareth« kannte. Ohne Zweifel gingen die herrschenden Autoritäten davon aus, dass man ihn bald vergessen würde – eine Fußnote der Geschichte, einer von Hunderten, den sie gekreuzigt hatten. Und doch gilt Jesus heute, beinahe zweitausend Jahre später, als eine der bedeutendsten Persönlichkeiten, die jemals gelebt haben; viele würden sagen, er war *die* bedeutendste Persönlichkeit.

Die Woche, in der Jesus starb, lässt sich als die wohl bedeutsamste Woche der Weltgeschichte bezeichnen, und über diese Woche, die Karwoche, wurde wahrscheinlich mehr geschrieben als über irgendeine andere der Geschichte. Vermutlich wurden mehr Bilder von der Kreuzigung gemalt (siehe etwa Abbildung 1) als von irgendeinem anderen historischen Ereignis. Dennoch gibt es da ein Problem. Unsere Hauptquellen über die letzte Woche im Leben Jesu, die vier Evangelien, scheinen einander zu widersprechen. Das Anliegen dieses Buches ist es, neue Informationen vorzulegen, die belegen, dass die vier Evangelien letztlich eine außergewöhnlich stimmige Darstellung der letzten Tage Jesu bieten. Das ermöglicht es uns, diese Tage detailliert zu rekonstruieren. Darüber hinaus werfen die Erkenntnisse dieses Buches ein neues Licht auf Jesu Worte und Taten.

Richard Dawkins, Evolutionsbiologe und ehemaliger Professor für *Public Understandance of Science* an der Universität Oxford,

Abb. 1: *Die drei Kreuze.* Radierung (1653) von Rembrandt, dem die Bibel als Hauptinspirationsquelle diente.

schreibt dazu: »Vermutlich hat es Jesus also tatsächlich gegeben, doch sehen renommierte Bibelforscher im Neuen Testament (und natürlich erst recht im Alten Testament) ganz allgemein keinen zuverlässigen Bericht über die tatsächlichen historischen Ereignisse [...] Der einzige Unterschied zwischen dem *Da Vinci Code (Sakrileg)* von Dan Brown und den Evangelien besteht darin, dass der *Da Vinci Code* eine moderne literarische Erfindung ist, während die Evangelien schon vor sehr langer Zeit erfunden wurden [...] Wenn ich als Wissenschaftler dagegen an Dinge glaube (beispielsweise an die Evolution), dann nicht deshalb, weil ich ein heiliges Buch gelesen hätte, sondern weil ich die Belege untersucht habe.«[1]

Erlauben Sie, dass ich mich vorstelle. Ich bin von Haus aus Naturwissenschaftler und habe mich intensiv mit Bibelstudien beschäftigt. Im Jahr 2009 wurde ich zu einem Vortrag im Rahmen einer renommierten internationalen Bibel-Konferenz (der Jahreskonferenz der *Society of Biblical Literature* in New Orleans) und zu zehn Vorträgen im Rahmen internationaler wissenschaftlicher Tagungen eingeladen, die geografisch zwischen Japan und Indien verortet waren. Aufsätze von mir erschienen sowohl in führenden theologischen Zeitschriften wie *Vetus Testamentum* als auch in naturwissenschaftlichen Magazinen, unter anderem in *Nature*. Ebenso wie Richard Dawkins ist es mir wichtig, beweisbare Thesen zu veröffentlichen, und dieses Buch basiert auf nachprüfbaren Fakten. Ich habe eine Kombination aus historisch und naturwissenschaftlich belegbaren Schlussfolgerungen angewandt, um herauszufinden, was unter Einbeziehung aller verfügbaren Fakten über das Letzte Abendmahl und die letzten Tage im Leben Jesu ausgesagt werden kann.

Dafür habe ich über das Neue Testament hinaus folgende Quellen herangezogen: das Alte Testament, die Qumran-Schriften, alte ägyptische, babylonische, römische und jüdische Texte sowie die Astronomie, um jüdische Kalendarien zu rekonstruieren. Ich habe eine breitgefächerte Korrespondenz sowohl mit angesehenen Theologen als auch mit einem namhaften Londoner Rechtsanwalt, einem Spezialisten im Bereich der Plausibilitätsanalyse, geführt.

Richard Dawkins weist darauf hin, dass viele anerkannte Religionsforscher das Neue Testament nicht als ernstzunehmende historische Quelle betrachten, was vor allem an den widersprüchlichen Darstellungen hinsichtlich der letzten Tage im Leben Jesu innerhalb der Evangelien liegt. Warum sollte man den Evangelien auch Glauben schenken, wenn sie schon bei so wesentlichen Punkten wie der Datierung der Kreuzigung oder der Datierung und der näheren Umstände des Letzten Abendmahls nicht übereinstimmen? Andererseits: Ließe sich belegen, dass die Evangelien einander letztlich doch nicht widersprechen, dürfte dies dem Skeptizismus zahlreicher Wissenschaftler den Boden entziehen.

Ich schreibe dieses Buch sowohl für den allgemein interessierten Leser als auch für die Bibelforscher. Der Haupttext zielt auf ein allgemeines Publikum und setzt keine besondere Vorbildung voraus. Die Anmerkungen am Ende des Buches, in denen ich mich in schwierigere und kontrovers diskutierte Regionen begebe und zahlreiche Belege anführe, wenden sich eher an die Bibelforscher und Theologen. Am Ende der einzelnen Kapitel fasse ich die jeweiligen Ergebnisse zusammen, und das abschließende Kapitel 13 enthält eine Art Fazit des ganzen Buches.

Wenn Sie die Darstellungen der letzten Tage Jesu in den vier Evangelien lesen, werden Sie viele Passagen finden, in denen die Texte einander widersprechen. So heißt es beispielsweise bei Matthäus, Markus und Lukas, dass das letzte Abendmahl, das Jesus gemeinsam mit seinen Jüngern abhielt, ein Passahmahl gewesen sei, wohingegen Johannes betont, sowohl das Letzte Abendmahl als auch die Gerichtsverhandlungen und die Kreuzigung hätten *vor* dem Passahmahl stattgefunden. Aufgrund solcher Probleme sind viele Exegeten der Meinung, die Evangelientexte seien in sich widersprüchlich und nicht miteinander vereinbar.

Könnte es aber nicht auch so sein, dass nicht die biblischen Berichte hinsichtlich der letzten Tage im Leben Jesu Widersprüche enthalten, sondern dass das Problem vielmehr bei *uns* und unserem mangelnden Wissen über das Leben in Israel im ersten nachchristlichen Jahrhundert liegt? Liegt es nicht vielmehr an *unserem* mangelnden Verständnis, dass wir nicht in der Lage sind, die wesentlichen Passagen der Evangelien so zu deuten, wie ihre Verfasser sie verstanden wissen wollten? Diese offenkundigen Diskrepanzen sind die Ausgangssituation für einige der bedeutendsten Rätsel im Bezug auf die letzten Tage Jesu vor seiner Kreuzigung – Rätsel, die nie gelöst wurden.

Um welche Rätsel handelt es sich hier? Lassen Sie mich vier von ihnen erläutern.

1. Der »fehlende Tag« im Leben Jesu

Es besteht kein Zweifel daran, dass die letzten Tage im Leben Jesu für die Evangelisten von höchster Bedeutung waren.

Matthäus widmet der Beschreibung dessen, was Jesus in der Karwoche gesagt und getan hat, sieben Kapitel (Kap. 21–27, also etwa 25 Prozent des Textes seines Evangeliums). Die gleiche Woche nimmt bei Markus einen Raum von mehr als 30 Prozent ein, bei Lukas etwa 20 Prozent und fast 40 Prozent bei Johannes.

Trotz dieser Fülle an Informationen gelangen zahlreiche Bibelforscher bei dem Versuch, die einzelnen Tage der Karwoche zu rekonstruieren, zu dem Ergebnis, dass es einen »fehlenden Tag« gibt, an dem scheinbar nichts geschehen ist: der Mittwoch vor der Kreuzigung. Die *New International Version* (NIV) etwa, eine weit verbreitete Studienausgabe der Bibel, kommt in ihrer Analyse der letzten Tage im Leben Jesu zu dem Resultat: »Ruhetag: Mittwoch: In den Evangelien nicht erwähnt.«[2]

Eine merkwürdige Aussage. Der jüdische Tag der Ruhe war der Sabbat, der am Freitagabend begann und bis zum Samstagabend dauerte. Sollte Jesus sich wirklich einen *zusätzlichen* Ruhetag gegönnt haben, ausgerechnet so kurz vor seinem Tod? Aus den Evangelien geht hervor, dass er in der Woche vor der Kreuzigung sehr beschäftigt war. Selbst wenn er den ganzen Tag im stillen Gebet verbracht hätte, wäre dies sicher in zumindest einem der Evangelien erwähnt. Wieso dann also ein »fehlender Tag«? Hier haben wir das erste Rätsel: Was tat Jesus an diesem »verlorenen Mittwoch«?

2. Das Problem des Letzten Abendmahls

Das zweite Rätsel ist das Verhältnis zwischen dem Letzten Abendmahl und dem jüdischen Passah-Fest. Das Letzte Abendmahl ist eines der berühmtesten Mahle der Geschichte. Woche für Woche wird es weltweit von Millionen Christen zelebriert, unter Bezeichnungen wie *das Mahl des Herrn, die Messe, die Eucharistiefeier oder das Brotbrechen.*

Das Letzte Abendmahl wird in allen vier Evangelien erwähnt. Dabei nehmen das Mahl selbst sowie Jesu Worte am Ende desselben einen Raum von insgesamt nicht weniger als 226 Versen ein. Und doch gibt es ein Problem. Matthäus, Markus und Lukas bezeichnen das Mahl explizit als ein *Passahmahl.* Demgegenüber steht bei Johannes ebenso deutlich, es habe *vor* dem Passahmahl stattgefunden. John Meier, der die wohl bedeutendste englischsprachige historische Studie der letzten Zeit über das Leben Jesu verfasst hat, schreibt: »Die Synoptiker [Matthäus, Markus und Lukas] und Johannes stehen in direktem Widerspruch zueinander, wenn es um das Letzte Abendmahl als Passah-Fest und um den Zeitpunkt des Todes Jesu geht.«[3]

Das Passahmahl war und ist bis heute das wichtigste Mahl des Jahres im jüdischen Leben. Man begeht es zum Gedenken des Auszugs aus Ägypten und der Entstehung des Volkes Israel. Während des Mahls werden Teile des Buches Exodus gelesen, und die Geschichte des ursprünglichen Passah wird nacherzählt und gefeiert. Daher ist das Passah-Mal für die Juden weitaus wichtiger als etwa das Weihnachts-Mahl für die Christen. Kein gläubiger Jude würde sich jemals irren, wenn es darum geht, ob ein Mahl ein Passahmahl ist oder nicht.

Die ersten Christen begannen wahrscheinlich sehr früh nach Jesu Tod damit, das Letzte Abendmahl zu feiern. Um das Jahr 55 schreibt beispielsweise der Apostel Paulus im Ersten Korintherbrief über die bereits existierenden Gedenkfeiern und erinnert die Adressaten daran, wie sie zu begehen seien (1. Kor 11,17–34). Die meisten Bibelforscher gehen davon aus, dass die Evangelien in ihrer letzten Fassung in den Jahren 60–100 n. Chr. niedergeschrieben wurden, aber aus früheren Quellen schöpfen. Die Evangelisten sollten also gewusst haben, ob das Letzte Abendmahl ein

Passahmahl gewesen ist. Warum also weichen Matthäus, Markus, Lukas und Johannes teilweise voneinander ab? Auch wenn die Texte ihre endgültige Form in den Jahren nach 60 n. Chr. erhalten haben, sollten wir die Formulierung zu Beginn des Lukasevangeliums nicht vergessen: »Da es nun schon viele unternommen haben, einen Bericht von den Ereignissen zu verfassen, die sich unter uns zugetragen haben, wie sie uns die überliefert haben, die von Anfang an Augenzeugen und Diener des Wortes gewesen sind …« (Lk 1,1). Lukas beruft sich also auf *Augenzeugen*, und diese müssen gewusst haben, ob es sich um ein Passahmahl handelte oder nicht.

Das Problem der genaueren Umstände des Letzten Abendmahls beschäftigt die Forscher seit Jahrhunderten, und dennoch herrscht bis heute keine Klarheit. Dementsprechend wird weltweit in der Hälfte der Kirchen ungesäuertes Brot gereicht, da man davon ausgeht, dass es sich beim Gedenken des Letzten Abendmahls um ein Passahmahl handelt, bei dem man ungesäuertes Brot aß (Ex 12,8), wohingegen in der anderen Hälfte Sauerteig verwendet wird, da man annimmt, dass das Letzte Abendmahl vor dem Passahmahl stattfand. Das zweite Rätsel lautet also: War das Letzte Abendmahl ein Passahmahl oder nicht?

3. Keine Zeit für die Verhandlungen

Das dritte Rätsel der letzten Lebenswoche Jesu ist, dass es scheint, als hätte es zwischen seiner Festnahme und seiner Kreuzigung gar nicht genügend Zeit für die Verhandlungen und alle anderen Ereignisse gegeben, die in den Evangelien beschrieben werden. Die Evangelisten weichen in ihren Berichten dessen, was zwischen dem Letzten Abendmahl und der Kreuzigung geschah, voneinander ab. In der folgenden Tabelle sind diese Ereignisse in exakter Reihenfolge aufgelistet und den jeweiligen Evangelisten zugeordnet:

Ereignisse zwischen Letztem Abendmahl und Kreuzigung in zeitlicher Abfolge:

Matthäus	**Markus**	**Lukas**	**Johannes**
Letztes Abendmahl	Letztes Abendmahl	Letztes Abendmahl	Letztes Abendmahl
Ölberg	Ölberg	Ölberg	ein Garten
Gethsemane	Gethsemane	Gethsemane	
Jesus im Gebet	Jesus im Gebet	Jesus im Gebet	
Jünger schlafen ein	Jünger schlafen ein	Jünger schlafen ein	
Jesus im Gebet	Jesus im Gebet		
Jünger schlafen ein	Jünger schlafen ein		
Jesus im Gebet	Jesus im Gebet		
Jünger schlafen ein	Jünger schlafen ein		
Festnahme Jesu	Festnahme Jesu	Festnahme Jesu	Festnahme Jesu
			Jesus bei Hannas
			1. Verleugnung d. Petrus
			Verhör durch Hannas
Jesus bei Kaiphas	Jesus beim Hohenpriester	Jesus beim Hohenpriester	Jesus bei Kaiphas
		Petrus leugnet drei Mal	2. u. 3. Verleugnung d. Petrus
		Der Hahn kräht	Der Hahn kräht
Verhandlung vor dem Hohen Rat	Verhandlung vor dem Hohen Rat	Verhandlung vor dem Hohen Rat	
Petrus leugnet 3 Mal	Petrus leugnet 3 Mal		
Der Hahn kräht	Der Hahn kräht		
Jesus wird den Wächtern übergeben	Jesus wird den Wächtern übergeben		
Der Hohe Rat kommt zusammen		Der Hohe Rat kommt zusammen	
Prozess vor Pilatus	Prozess vor Pilatus	Prozess vor Pilatus	Prozess vor Pilatus
		Prozess vor Herodes	
		Prozess vor Pilatus	

Matthäus	Markus	Lukas	Johannes
Freilassung des Barrabas	Freilassung des Barrabas	Freilassung des des Barrabas	Freilassung des Barrabas
Geißelung Jesu	Geißelung Jesu	Geißelung Jesu	Geißelung Jesu
Verspottung durch Soldaten		Verspottung durch Soldaten	Verspottung durch Soldaten
			Verurteilung durch Pilatus
Simon trägt das Kreuz	Simon trägt das Kreuz	Simon trägt das Kreuz	
Kreuzigung	Kreuzigung	Kreuzigung	Kreuzigung

Wie kann es sein, dass die Evangelientexte hier so voneinander abweichen? Wenn man in mehreren Tageszeitungen Artikel über das gleiche Ereignis liest, beispielsweise über den tragischen Terroranschlag vom 11. September 2001 in den USA, stellt man fest, dass die Zeitungen im Großen und Ganzen die gleiche Geschichte erzählen, sie gewichten lediglich die Details unterschiedlich. Eine Zeitung berichtet beispielsweise über die mutige Rettungstat eines New Yorker Feuerwehrmanns im World Trade Center, während eine andere diesen Aspekt unberücksichtigt lässt und stattdessen die Höhe der Türme nennt. Um ein möglichst lückenloses Bild von den Geschehnissen des 11. September zu erhalten, muss man alle Berichte lesen. Dementsprechend muss man, will man ein möglichst lückenloses Bild vom Leben Jesu erhalten, alle Berichte darüber innerhalb der Evangelientexte lesen. Die vier Evangelien bieten uns vier Bilder seines Lebens an. Es ist, als würden vier Künstler die gleiche Landschaft malen, allerdings aus vier verschiedenen Perspektiven. So bietet uns auch jedes einzelne Evangelium einen anderen Blick auf das Leben Jesu.

Die Tabelle oben zeigt, dass die Evangelien nach Matthäus und Markus in etwa die gleichen Geschehnisse beschreiben. Zahlreiche

Forscher gehen davon aus, dass das Markusevangelium vor dem des Matthäus entstanden sei, und dass Matthäus Markus als Quelle verwendet habe. Andere wiederum behaupten das Gegenteil. Das Lukasevangelium beinhaltet Ereignisse, die man von Matthäus und Markus kennt, fügt aber auch Neues hinzu. Dennoch stimmen die Erzählungen dieser drei Evangelien weitgehend miteinander überein, weshalb man sie auch die *synoptischen Evangelien* nennt.[4] Das Johannesevangelium dagegen, das als Letztes entstand, unterscheidet sich an vielen Stellen von den anderen. Es schweigt von zahlreichen Ereignissen, die man von den Synoptikern kennt, fügt aber auch eine Vielzahl an neuen Informationen hinzu. Kann man über die synoptischen Evangelien sagen, dass sie sich durch eine gewisse Direktheit auszeichnen, sind die Texte des Johannes eher reflektierend und theologischer Natur. Das bedeutet allerdings nicht, dass der Inhalt hinsichtlich der Faktenlage deswegen anders zu bewerten wäre.

Betrachtet man die Auflistung der Ereignisse in der Tabelle, so erstaunt das hohe Maß an Übereinstimmung innerhalb der Evangelienberichte, auch wenn die einzelnen Autoren einzelne Details aussparen. Die auffallende Ausnahme dabei sind die dreimalige Verleugnung Christi durch Petrus und das damit verbundene Krähen des Hahns. (Darauf werde ich in Kapitel 12 noch näher eingehen.) Das kann entweder bedeuten, dass jeder der Evangelisten besonderen Wert darauf gelegt hat, die Reihenfolge der Ereignisse korrekt darzustellen, oder dass jeder von ihnen sich auf eine bereits tradierte Reihenfolge beruft, die ihm überliefert wurde. Dennoch ist das Maß an Übereinstimmungen im Rahmen der Darstellung der Tage zwischen Letztem Abendmahl und Kreuzigung beeindruckend.

Wie verhält es sich mit den kleineren Abweichungen, die die Tabelle zeigt? Beispielsweise berichten Matthäus und Markus davon, dass Jesus nach dem Abendmahl zuerst zum Ölberg und dann zu einem Ort namens Gethsemane gegangen sei, wohingegen er laut Johannes in einen Garten ging. Dieser vermeintliche Widerspruch löst sich allerdings auf, wenn man Aramäisch versteht, da das aramäische Wort Gethsemane nichts anderes bedeutet als *Ölpresse*, ein Gerät, mit dem man Oliven zerquetscht, um Olivenöl zu gewinnen.

Betrachtet man die Schilderungen aller vier Evangelien zusammen, lässt sich schlussfolgern, dass Jesus und seine Jünger nach dem Letzten Abendmahl zunächst zum Ölberg gegangen sind (Matthäus, Markus und Lukas), der seinen Namen aufgrund der vielen Olivenbäume hat, die dort bis heute wachsen, und sie dort einen Garten aufsuchten (Johannes), in dem es einen Ort gab, an dem Oliven gepresst wurden (Gethsemane bei Matthäus und Markus). Es liegt also kein Widerspruch vor; vielmehr liefern die Evangelien einander ergänzende Erzählungen, die, wenn man die einzelnen Teile zusammenfügt, ein umso vollständigeres Bild dessen ergeben, wohin Jesus und seine Jünger nach dem Letzten Abendmahl gegangen sind.

Wenn wir dieses Prinzip auf alle geschilderten Ereignisse anwenden, ergibt sich für die Vorgänge zwischen Letztem Abendmahl und Kreuzigung folgender Ablauf:

Letztes Abendmahl
Ölberg
Gethsemane
Jesus im Gebet
Jünger schlafen ein
Jesus wieder im Gebet
Jünger schlafen wieder ein
Jesus betet zum dritten Mal
Jünger schlafen zum dritten Mal ein
Festnahme Jesu
Jesus vor Hannas
Erste Verleugnung durch Petrus und erstes Krähen des Hahns
Verhör durch Hannas
Jesus bei Kaiphas

2. und 3. Verleugnung durch Petrus
Der Hahn kräht zum zweiten Mal
Verhandlung vor dem Hohen Rat
Jesus wird den Wächtern übergeben
Zweite Verhandlung vor dem Hohen Rat
Prozess vor Pilatus
Prozess vor Herodes
Weiterer Prozess vor Pilatus
Pilatus lässt Barrabas frei
Geißelung Jesu
Verhöhnung durch Soldaten
Verurteilung durch Pilatus
Simon trägt das Kreuz
Kreuzigung

Und hier haben wir das Problem. Theologen und Christen in aller Welt gehen davon aus, dass das Letzte Abendmahl am Donnerstagabend nach Sonnenuntergang stattgefunden habe und die Kreuzigung am Freitagmorgen um 9 Uhr erfolgte (laut Markus 15,25 in der »dritten Stunde«, bezogen auf den Sonnenaufgang um 6 Uhr morgens). Die Verhandlungen vor dem Hohen Rat[5], Pilatus und Herodes fanden in verschiedenen Stadtteilen Jerusalems statt. Etliche Forscher haben bereits versucht, mit einer Stoppuhr ausgerüstet die Straßen Jerusalems abzulaufen, um herauszufinden, ob alle erwähnten Ereignisse zwischen Donnerstagabend und Freitagmorgen stattgefunden haben können. Die meisten von ihnen kamen zu dem Ergebnis, dass dies unmöglich sei.

4. Die Rechtmäßigkeit der Verhandlungen

Die Forscher sind sich dahingehend einig, dass – wenn man versucht, alle geschilderten Ereignisse in der Zeit zwischen dem Abendmahl und der Kreuzigung unterzubringen – die ausschlaggebende Verhandlung vor dem Hohen Rat in der Nacht stattgefunden haben muss. Das allerdings erlauben die jüdischen Gesetze hinsichtlich besonders wichtiger Fälle nicht. Die Regeln für solche Fälle sind in der Mischna überliefert, einer Gesetzessammlung, die in den Jahren 50 v. Chr. bis 200 n. Chr. von etwa einhundertfünfzig Rabbis niedergeschrieben wurde: »In Fällen, bei denen es um die Verhängung einer Todesstrafe geht (Kapitalverbrechen), werden die Verhandlungen am Tage abgehalten und auch der Urteilsspruch muss während des Tages erfolgen ... In solchen Fällen von Kapitalverbrechen kann ein Freispruch noch am selben Tag erfolgen, eine Verurteilung aber nicht vor dem nächsten Tag« (Mischna Sanhedrin 4,1).

Falls diese gesetzlichen Vorgaben, die um 200 n. Chr. niedergeschrieben wurden, aber auf der bis dahin angewendeten Praxis fußten, zu Jesu Lebzeiten galten, stellen sie eine echte Herausforderung in Bezug auf die gängigen Auffassungen dieser Gerichtsverhandlungen dar. Geza Vermes, emeritierter Professor an der Universität Oxford, sagt dazu: »Es ist schwer vorstellbar, dass in einem jüdischen Umfeld des ersten Jahrhunderts n. Chr. über ein Kapitalverbrechen bei Nacht verhandelt wurde.«[6]

Damit haben wir also vier bedeutsame Probleme:

1. Der »verlorene Mittwoch«, ein Tag, an dem sich scheinbar nichts ereignet hat.
2. Die Verwirrung um die Frage nach dem Passahmahl. War das Letzte Abendmahl ein Passahmahl oder nicht?
3. Zwischen dem Letzten Abendmahl am Donnerstagabend und der Kreuzigung am Freitagmorgen um 9 Uhr bleibt nicht genug Zeit für alle Geschehnisse, von denen in den Evangelien berichtet wird.
4. Die Durchführung der Gerichtsverhandlungen müssten in krassester Weise gegen die jüdische Gerichtsordnung verstoßen haben, denn selbst wenn die Evangelien davon berichten, dass es

während der Verhandlungen eine Menge falscher Zeugen gegeben habe, behauptet doch nicht ein einziger der Evangelisten, dass die Verhandlungen gegen die bestehenden Gesetze verstoßen hätten. Die Evangelien akzeptieren die Rechtmäßigkeit der Verhandlungen vorbehaltlos.

Es mag Leser geben, die der Meinung sind, die zeitliche Anordnung der Geschehnisse innerhalb der letzten Tage Jesu sei ohne Bedeutung. Man sollte aber beachten, dass die Chronologie der letzten Woche im Leben Jesu nichts Geringeres darstellt als den zeitlichen Rahmen der bedeutendsten Woche der Weltgeschichte, und um diese Woche wirklich begreifen zu können, müssen wir zu einer zutreffenden Vorstellung der zeitlich aufeinander folgenden Ereignisse gelangen. Die korrekte Chronologie verhilft uns zu entscheidenden neuen Erkenntnissen hinsichtlich der Worte und Taten Jesu in dieser letzten Woche.

Jede Chronologie ist von Kalendern abhängig, und die alten Kalender wiederum von der Astronomie. Wie wir sehen werden, ist die Kenntnis alter Kalenderordnungen entscheidend, wenn es um eine Rekonstruktion der letzten Tage im Leben Jesu geht.

Mein Interpretationsansatz im Umgang mit den Evangelien

Es ist viel über die Datierung, Autorschaft und Interpretation der Evangelien geschrieben worden. Die entscheidenden Fragen, die sich bei der Lektüre der Evangelien (genau genommen aller Literatur) stellen, lauten: Was hat der Autor mit seinem Text beabsichtigt, und: Wie hat sein zeitgenössisches Publikum sein Anliegen verstanden?

Häufig ist die Antwort auf diese Fragen naheliegend, aber es gibt auch Fälle, in denen wir erst dann wirklich verstehen können, was der Autor beabsichtigte, wenn wir Näheres darüber wissen, wie die Menschen zum Zeitpunkt des Entstehen des Werkes gelebt haben. So haben wir zum Beispiel ein paar Seiten zuvor gesehen, dass es unerlässlich ist, zu wissen, dass das Wort *Gethsemane* der aramäische Begriff für Ölpresse ist.

Ich werde in diesem Buch hin und wieder den Begriff der »natürlichen Interpretation« verwenden. Damit meine ich die Interpretationsweise eines biblischen Textes, die zur Zeit seiner Entstehung die selbstverständlichste gewesen wäre. Eine solche natürliche Interpretation kann häufig zu den gleichen Ergebnissen führen wie heute, auch wenn inzwischen 2000 Jahre vergangen sind. Doch muss dies nicht selbstverständlich der Fall sein, da sich die Bedeutung einiger Wörter über die Jahrtausende hinweg ebenso verändert haben kann wie das Hintergrundwissen, über das die jeweiligen Leser verfügen. Ich vertrete die Meinung, dass man immer nach der natürlichen Interpretation der Evangelientexte suchen sollte, da ich es für begründet halte, dass die Evangelisten darum bemüht waren, die Ereignisse des Lebens Jesu ihrem zeitgenössischen Publikum so klar und deutlich wie möglich darzustellen. Der Ansatz, mit dem ich die in diesem Buch thematisierten Probleme zu lösen versuche, besteht aus drei Hauptelementen:

Zum Ersten habe ich mich darum bemüht, alle verfügbaren Fakten in meine Interpretation einzubeziehen. Es ist sehr oft hilfreich, gerade solchen Aspekten besondere Aufmerksamkeit zu widmen, die auf den ersten Blick vermeintlich widersprüchlich sind. Daher gehe ich so vor, dass ich sämtliche Inhalte der vier Evangelienerzählungen wie Fakten behandle, anstatt sie von vornherein aufgrund offensichtlich scheinender Widersprüche nicht in meine Untersuchungen mit aufzunehmen.

Das zweite Element ist der *interdisziplinäre Ansatz*, der häufig den Königsweg zur Lösung wissenschaftlicher Fragestellungen darstellt. Für die Polizei ist es bei der Aufklärung eines komplizierten Mordfalls beispielsweise notwendig, sowohl DNA-Proben und elektronenmikroskopische Haaruntersuchungen heranzuziehen als auch die Verdächtigen zu verhören. Ebenso werden wir sehen, dass es für die Beantwortung aller offenen Fragen hinsichtlich der letzten Tage im Leben Jesu nicht nur wichtig ist, die Evangelien genauestens zu untersuchen, sondern dass es hierfür auch der Kenntnis des Alten Testaments bedarf. Es mag überraschen, dass darüber hinaus auch Kenntnisse über das alte Ägypten, Babylonien und die Astronomie gefordert sind. Weniger überraschend ist, dass wir uns auch mit jüdischen und römischen Schriften der Zeit Jesu beschäftigen werden. Nur mithilfe des interdisziplinären Ansatzes und einer sich gegenseitig ergänzenden Ansammlung sämtlicher verfügbarer Informationen aus den verschiedensten Quellen lässt sich ermitteln, was sich vor zweitausend Jahren in jener bedeutsamen letzten Woche Jesu wirklich abgespielt hat.

Als drittes Element habe ich astronomische Quellen herangezogen, um verschiedene Kalendarien des Altertums zu rekonstruieren. Dies geschah mithilfe spezieller Computerprogramme und wäre noch vor wenigen Jahren unmöglich gewesen.

Ein Wegweiser durch dieses Buch

Wie schon eingangs erwähnt, bedarf es zum Verständnis dieses Buches keinerlei Fachwissens hinsichtlich des Lebens Jesu oder der Bibel. Wir beginnen damit, den historischen Rahmen rund um den Tod Jesu abzustecken. Im zweiten Kapitel wird gezeigt, dass sich aufgrund römischer und jüdischer Quellen zweifelsfrei feststellen lässt, dass Jesus im Zeitraum zwischen den Jahren 26 und 36 gestorben ist. Zudem belegen die Evangelien, dass der Todestag ein Freitag war. Dem Problem der Datierung und der genaueren Umstände des Letzten Abendmahls widmen wir uns im dritten Kapitel, in dem wir auch zeigen, dass Jesus im jüdischen Monat Nisan gestorben sein muss, was unserem März bzw. April entspricht, und zwar entweder am 14. oder 15. Nisan. Das vierte Kapitel zeigt, dass sich der offizielle jüdische Kalender der Zeit, in der Jesus lebte, mithilfe moderner astronomischer Berechnungen rekonstruieren lässt.

Im 5. Kapitel nutze ich die so gewonnenen Informationen, um anhand dieser und der Angaben innerhalb der Evangelien das wahrscheinlichste Datum der Kreuzigung zu ermitteln. Das 6. Kapitel, in dem ich einen völlig anderen Ansatz verfolge, der sich auf die Schilderung der Sonnenfinsternis in den Evangelien und anderen Schriften stützt, führt zu dem gleichen Ergebnis.

In Kapitel 7 widme ich mich der Frage, ob es möglich ist, dass Jesus, um das Abendmahl als Passah-Fest zu feiern, den Sonnenkalender der Qumran-Gemeinde verwendet haben kann, den wir aus den Handschriften vom Toten Meer (den Qumran-Rollen) kennen, wie es auch Papst Benedikt XVI. vor einiger Zeit in Erwägung gezogen hat. Im Kapitel 8 wird untersucht, ob sich in den Schriften des alten Ägypten hilfreiche Antworten auf die offenen Fragen zum Letzten Abendmahl finden lassen. In Kapitel 9 wird die Entdeckung eines verloren geglaubten altisraelitischen Kalendariums aus früheren biblischen Zeiten dargestellt, und im 10. Kapitel zeige ich, dass dieser Kalender, den ich den »vorexilischen« Kalender nenne, bis zum ersten vorchristlichen Jahrhundert Bestand hatte und dass er in Israel zur Zeit Jesu von mehreren Gruppierungen verwendet wurde. Das 11. Kapitel fördert »versteckte Hinweise« innerhalb der Evangelien zutage, die erklären, warum die Schilderungen des Letzten Abendmahls als Passahmahl bei den Synoptikern von denen bei Johannes abweichen, und ich ermittle den Tag und die Zeit des Letzten Abendmahls – ein Tag, über den sich mancher wundern wird. In Kapitel 12 betreibe ich eine detaillierte Analyse der Zeitabläufe aller in den Evangelien geschilderten Ereignisse zwischen Letztem Abendmahl und Kreuzigung. Das 13. Kapitel fasst dann noch einmal alle Resultate des Buches zusammen. Mancher Leser wird sich wahrscheinlich zuerst für Kapitel 12 und die darin enthaltene Analyse der Evangelienschilderungen der letzten Tage Jesu interessieren.

Wie wir gesehen haben, messen die Evangelisten der letzten Woche im Leben Jesu eine außerordentlich hohe Bedeutung bei, was sich schon daran ablesen lässt, dass sie den entsprechenden Schilderungen mehr als tausend Verse widmen. Seien Sie also bereit, sich auf einen Kriminalroman des wirklichen Lebens einzulassen, in dem die letzte Woche des Lebens Jesu rekonstruiert wird. Im nächsten Kapitel werden wir die ersten Schlüsselindizien aufspüren.

2

Das Datum der Kreuzigung – Erste Annäherung

> Christus war unter der Herrschaft des Tiberius durch den Prokurator Pontius Pilatus hingerichtet worden.
> *Tacitus, Annalen 15.44*

Ein kleines Buch, das mein Vater meiner jüngeren Tochter zum zehnten Geburtstag schenkte, hat sich für immer in meine Erinnerung eingegraben – und ohne dass ich es wollte, wurde es zum Anstoß für meine Suche nach der Wahrheit über die bedeutende letzte Woche im Leben Jesu. Das Buch hieß *Bedeutende Männer der Weltgeschichte*. Warum ich dieses Buch nie vergessen habe? Auf der ersten Seite wurden alle Personen aufgelistet, die in dem Buch erwähnt wurden, mitsamt Geburts- und Todesdatum. Bei Jesus stand dort: »Geboren 4 v. Chr. (?), gestorben 30 n. Chr. (?).« Alle anderen Personen (Julius Cäsar, Alexander der Große, Christoph Kolumbus etc.) waren mit exakten Daten versehen; Jesus war der Einzige, dessen Geburts- und Todesjahr man ein Fragezeichen hinzugefügt hatte.

Das fand ich merkwürdig. Jesus hatte bedeutende Spuren hinterlassen, weitaus bedeutender als die eines Julius Cäsar, Alexander des Großen oder irgendeiner der anderen aufgeführten Personen. Und dennoch konnte der Autor des Buches seine genauen Geburts- und Todesdaten nicht nennen. Tatsächlich sind sich die Historiker und Religionswissenschaftler bis auf den heutigen Tag nicht einig, was diese Daten betrifft. In der weit verbreiteten *New International Version (NIV) Study Bible* beispielsweise heißt es: »Exakte Daten oder auch nur genaue Jahreszahlen sind unbekannt.«[7] Eine Untersuchung des Theologen und Spezialisten für Fragen des Neuen Testaments Josef Blinzler, der etwa hundert veröffentlichte Forschungsergebnisse zu Jesu Todesjahr miteinander verglich, ergab, dass die Jahre 26, 27, 28, 29, 30, 31, 32, 33, 34 und 36 infrage kommen, wobei die Jahre 29 (dreizehn Nennungen), 30 (dreiundfünfzig Nennungen) und 33 (vierundzwanzig Nennungen) favorisiert werden.[8]

Es gibt viele große Persönlichkeiten mit ungewissen Geburtsdaten, die aus bescheidenen Verhältnissen stammten und später zu beträchtlichem Ruhm gelangten. Aber dass nicht einmal das Jahr bestimmbar sein sollte, in dem Jesus gestorben ist, erschien mir doch verwunderlich. Das machte ihn irgendwie zu einer wahllos im nebulösen Meer der Zeit treibenden Figur, statt zu einer fest in der Weltgeschichte verankerten Persönlichkeit. Sollte es wirklich unmöglich sein, herauszufinden, wann Jesus starb? In diesem Kapitel werden wir uns einer Antwort annähern, indem wir die Hinweise innerhalb der Evangelien und anderer alter Schriften darauf hin durchleuchten, was sie in Bezug auf Jesu Todesjahr aussagen. Und es wird sich zeigen, das dieses Datum – das Datum der Kreuzigung – einen Schlüssel zur Beantwortung der Frage darstellt, was sich in den letzten Tagen im Leben Jesu zugetragen hat. Will man ein seit langer Zeit bestehendes Rätsel lösen, sei es nun historischer, kriminologischer oder wissenschaftlicher Natur, ist es notwendig, die wichtigen wie auch die vermeintlich weniger wichtigen Indizien zu untersuchen. Wären die *eindeutigen* Hinweise ausreichend, gäbe es sicher schon längst keine offenen Fragen mehr. Die eindeutigen Hinweise geben so etwas wie den Rahmen für die Problemlösung vor, aber es sind häufig gerade die kleinen Details, jene vermeintlich weniger wichtigen Indizien, denen man nachgehen muss, und die den Schlüssel zur Beantwortung der lange Zeit unbeantworteten Fragen bilden. So ist es auch mit der Rekonstruktion des historischen Datums der Kreuzigung. Wir werden uns zunächst den eindeutigen Hinweisen widmen, die den historischen Rahmen abstecken. Die erste Spur führt uns zum ungefähren Zeitpunkt des Todes Jesu.

Der »Schlüssel« Tiberius

Warum sind sich die Forscher einig, wenn es um das Todesjahr Julius Cäsars geht, aber uneins hinsichtlich des Todesjahres Jesu? Der wesentliche Grund ist wohl der, dass Julius Cäsar ein gewichtiger Amtsträger, ein namhafter römischer Herrscher war, dessen Todesjahr sowohl in den zeitgenössischen Aufzeichnungen als auch innerhalb der römischen Geschichtsschreibung genau dokumentiert wurde. Diesen Quellen können wir entnehmen, dass Julius Cäsar am 15. März des Jahres 44 v. Chr. gestorben ist. Jesus dagegen war arm und hatte keinerlei gehobene gesellschaftliche Stellung inne. Hinzu kommt, dass sowohl römische als auch jüdische Funktionäre ihn als kriminell erachteten – warum also sollte man sein Todesjahr irgendwo erwähnen? Wenn wir jedoch die Möglichkeit hätten, seinen Tod in ein Verhältnis zu den biografischen Angaben bedeutender Persönlichkeiten zu setzen, deren Lebensdaten dokumentiert wurden, könnte uns das dazu verhelfen, den ungefähren zeitlichen Rahmen zu bestimmen, innerhalb dessen die Kreuzigung stattgefunden haben muss. Wir werden sehen, dass der römische Kaiser Tiberius uns hierbei als »Schlüssel« dienen kann.

Einer nicht-christliche Quelle, den Schriften des römischen Historikers Tacitus, der in den Jahren zwischen 55 und 120 n. Chr. lebte, verdanken wir einen wichtigen Hinweis, der das Leben Jesu mit dem des Tiberius in Zusammenhang bringt. Tacitus schreibt in seinen *Annalen*: »Christus war unter der Herrschaft des Tiberius durch den Prokurator Pontius Pilatus hingerichtet worden.« Wir wissen also von Tacitus, dass Jesus in den Jahren der Herrschaft des Tiberius gelebt hat, dessen Lebensdaten dokumentiert sind, da er ein römischer Kaiser war. Der römische Autor Sueton verfasste eine Tiberius-Biografie, in der die wichtigsten Ereignisse seines Lebens festgehalten sind, und der römische Historiker Lucius Cassius Dio bestätigt in seiner *Römischen Geschichte* diese Daten, sodass man ihnen durchaus vertrauen kann. Diese Geschichtsschreiber gaben solche Daten in einer standardisierten römischen Weise wieder. Entweder wiesen sie darauf hin, dass ein bestimmtes Ereignis sich beispielsweise »im zwanzigsten Jahr der Herrschaft des Tiberius« zugetragen habe, oder sie nannten den Statthalter, der gerade im Amt war. Da man den Statthalter jedes Jahr neu bestimmte, war somit also das genaue Jahr des betreffenden Ereignisses benannt.

Eine der Methoden, mit denen innerhalb der römischen Geschichtsschreibung Zeitangaben gemacht wurden, bestand darin, die Jahre zu nennen, die seit der Gründung Roms vergangen waren. Man datierte *ab urbe condita* bzw. *Anno Urbis Conditae* (a. u. c.), d.h. »seit der Begründung der Stadt«. So lässt sich ermitteln, dass das Jahr 754 a.u.c. dieser römischen Zeitrechnung dem Jahr 1 n.Chr. entspricht. Demnach ist es einfach, Daten von einem Kalender in den anderen zu übertragen.

Zum Verständnis alter Kalendarien

Sueton und Lucius Cassius Dio sind sich darin einig, dass Tiberius am 16. März 37 n.Chr. gestorben ist, ein Datum, das auch in allen Geschichtsbüchern, Enzyklopädien und im Internet nachzulesen ist. Diese Quellen vernachlässigen aber in der Regel fahrlässig eine Angabe darüber, welcher Kalenderordnung sie folgen, wenn sie das Todesjahr des Tiberius nennen. Und solange wir nicht wissen, welcher Kalender der Angabe zugrunde liegt, ist die Information bedeutungslos. Um eine detaillierte Rekonstruktion der letzten Woche im Leben Jesu bieten zu können, erweist sich die Kenntnis der alten Kalenderordnungen also als unerlässlich, damit wir mit Sicherheit sagen können, was die Formulierung, Tiberius sei am 17. März des Jahres 37 n.Chr. gestorben, bedeutet.

Die lateinische Bezeichnung AD steht für »Anno Domini«, »Jahr des Herrn«, was nichts anderes als »nach Christus« (n.Chr.) bedeutet, im Gegensatz zu »v.Chr.«, das für die Jahre *vor Christi Geburt* steht. Innerhalb dieses Systems werden die Jahre also von der Geburt Christi an gezählt. Diese Zählung wurde durch den römischen Gelehrten und Mönch Dionysius Exiguus eingeführt, und ob er sich mit seiner Vermutung hinsichtlich des Geburtsjahres Jesu irrte oder nicht (wahrscheinlich lag er falsch), ist in Bezug auf die Arithmetik der Kalender ohne Belang, denn Dionysius *legte einfach fest*, das Jahr 1 n. Chr. sei gleichbedeutend mit dem Jahr 754 a. u. c. – eine Definition, die bis heute Gültigkeit besitzt. Demnach können wir also bedenkenlos die Jahreszahlen des Kalenders der alten Römer auf das christliche System übertragen.

Jetzt ist verständlich, was es bedeutet, wenn es heißt, Tiberius sei im Jahr 37 n. Chr. gestorben. Aber was bedeutet es, wenn wir lesen, dies sei am 16. März gewesen? Auf welche Kalenderordnung bezieht sich dieses Datum? Unseren heutigen Kalender nennt man den *Gregorianischen Kalender*, benannt nach Papst Gregor XIII., der 1582 den bis dahin gültigen *Julianischen Kalender* reformierte. Dies war nötig geworden, da der Julianische Kalender sich zu weit vom Sonnenjahr fortbewegt hatte und so auf dem Weg war, nicht mehr mit den Jahreszeiten überein zu stimmen, oder anders formuliert: Im Jahr 1582 gab es zwischen dem Julianischen Kalender und dem Sonnenjahr eine Differenz von 10 Tagen, und diese Abweichung wurde bereinigt, indem man einfach vom 4. auf den 15. Oktober sprang. Die zehn Tage wurden aus dem Kalender gelöscht, und man behielt die gewohnte Tagesanordnung bei (Montag, Dienstag, Mittwoch etc.). Abgesehen von diesem Überspringen der Tage weicht der Gregorianische Kalender nur geringfügig vom Julianischen ab, etwa im Umgang mit Schaltjahren.

Der Julianische Kalender wurde im Jahr 45 v. Chr. von Julius Cäsar eingeführt – daher auch sein Name. Als Julius Cäsar 48 v. Chr. die Herrschaft Roms übernahm, war der Mondkalender, nach dem die Römer sich richteten, in gewisser Weise durcheinandergeraten. Er hatte sich ganze drei Monate von dem entfernt, was die Jahreszeiten vorgeben, was heute etwa bedeuten würde, dass man Ostern im Juni feiern würde. Julius Cäsar wandte sich an den Astrologen Sosigenes aus Alexandria, der eine neue, sich an der Sonne orientierende Kalenderordnung entwickelte. Beinah die gesamte westliche Welt verwendete von 45 v. Chr. bis ins Jahr 1582 den Julianischen Kalender, als man zum Gregorianischen wechselte.[9] Wenn man im wissenschaftlichen Bereich Datierungsfragen aus der Zeit des Tiberius, Jesu oder sonst einer Persönlichkeit behandelt, die in der Zeit zwischen 45 v. Chr. und 1582 n. Chr. gelebt haben, herrscht die Konvention, sich am Julianischen Kalender zu orientieren. (Diese Vereinbarung gilt ebenso für die Zeit vor 45 v. Chr.) Alle in diesem Buch verwendeten Daten entsprechen, soweit es nicht ausdrücklich betont wird, ebenfalls dem Julianischen Kalender. Die Römer beispielsweise verwendeten ihn zu Jesu Lebenszeit, und so ist es sinnvoll, dies ebenfalls zu tun. Nebenbei sei bemerkt, dass ein Tag im Julianischen Kalender die Zeit von Mitternacht bis Mitternacht umfasst, so wie es auch heute noch üblich ist.

Weltweit gibt es einen Ort, dessen Bewohner so traditionsgebunden sind, dass sie sich bis heute nach dem Julianischen Kalender leben: die Insel Foula, eine der schottischen Shetlandinseln, benannt nach dem nordischen Wort für »Vogel-Insel«. Die *Ozeanic II*, ein Schiff aus der berühmten Reederei White Star Line, die auch die Titanic baute, lief 1914 vor Foula auf Grund. Die leidenschaftlich unabhängigen 40 Bewohner der Insel haben den Gregorianischen Kalender bis heute nicht übernommen und feiern dementsprechend am 6. Januar Weihnachten und am 13. Januar Neujahr, da der Julianische Kalender mittlerweile 12 Tage vom Gregorianischen abweicht. Dieses Beispiel veranschaulicht, dass es immer wieder Gemeinschaften gibt und gab, die sich widerwillig gezeigt haben, tradierte Kalendersysteme aufzugeben, was in den späteren Kapiteln noch von Bedeutung sein wird, wenn wir das Datum des Letzten Abendmahls untersuchen.

Nach diesem Kalender-Exkurs wollen wir uns aber wieder Kaiser Tiberius zuwenden. Sueton und anderen römischen Ge-

Abb. 2: *Bronzemünze aus Antiochien,* datiert: 1. Jahr des Tiberius und Jahr 45 nach der Schlacht von Actium. Der Kopf des Tiberius befindet sich auf der Rückseite. Dieser doppelt datierten Münze lässt sich entnehmen, dass Tiberius seine Regierungszeit im Jahr 14 n. Chr. begann, denn die Schlacht bei Actium fand im Jahr 31 v. Chr. statt.

schichtsschreibern folgend, gehen die meisten Wissenschaftler davon aus, dass er bereits im Jahr 12 n. Chr. an der Seite seines Stiefvaters Augustus Regierungsaufgaben übernahm und nach dessen Tod im Jahr 14 vom Senat als neuer Kaiser eingesetzt wurde.[10] Tiberius regierte das Römische Reich bis zu seinem Tod am 16. März 37 n. Chr.

Wir müssen genauer fragen, was Tacitus meint, wenn er schreibt, Jesus sei unter Tiberius' Regentschaft geboren: Zählt er vom Jahr 12 an, als Tiberius bereits gemeinsam mit seinem Stiefvater die Staatsgeschäfte leitete, oder beginnt die »Regentschaft« erst zwei Jahre später, als Augustus stirbt und Tiberius zum Kaiser ernannt wird? Wenn man sich Münzen aus Zeit seiner Herrschaft ansieht, wird deutlich, dass Tiberius selbst das Todesjahr des Augustus, also das Jahr 14 n. Chr. als das Antrittsjahr seiner Herrschaft bezeichnet hat (siehe Abb. 2).[11] Und John Meier schreibt: »Tatsächlich bezeichnen alle bedeutenden Historiker – namentlich Tacitus, Sueton und Dio Cassio –, die die Herrschaft des Tiberius beschreiben, das Jahr 14, das Todesjahr des Augustus, als den Beginn seiner Kaiserzeit.«[12] Da Jesus Tacitus zufolge während der Regentschaft des Kaisers Tiberius gestorben ist, muss dies also in den Jahren zwischen 14 und 37 geschehen sein. Wir beginnen also damit, den Tod Jesu geschichtlich zu verankern. Lässt sich dieser doch noch sehr große Zeitrahmen mithilfe von Informationen aus der Bibel noch weiter eingrenzen?

Der »Schlüssel« Kaiphas

Die Evangelien dokumentieren, Jesus sei gekreuzigt worden, als Kaiphas Hohepriester war. In Matthäus 26,57 etwa heißt es: »Die aber Jesus gegriffen hatten, führten ihn zu dem Hohenpriester Kaiphas …« Das Johannesevangelium bestätigt dies (Joh 11,49). Der jüdische Historiker Flavius Josephus nimmt in seinen *Jüdischen Altertümern* häufig Bezug auf Kaiphas. Seinen Zeugnissen folgend legen sich zahlreiche Forscher, auf ein Jahr mehr oder weniger genau, darauf fest, dass Kaiphas das Amt des Hohenpriesters etwa in den Jahren von 18–36 n. Chr. innehatte.[13] Also starb Jesus zur Zeit der Herrschaft des Tiberius (14–37 n. Chr.) und zur Amtszeit des Kaiphas als Hohepriester (etwa 18–36 n. Chr.).

Der »Schlüssel« Pilatus

Denken wir noch einmal an das Tacitus-Zitat vom Beginn des Kapitels. Dementsprechend wissen wir nicht nur, dass Jesus während der Kaiserzeit des Tiberius starb, sondern auch während Pontius Pilatus Statthalter von Judäa war. Dies bestätigen auch alle vier Evangelien. Von welchem Zeitraum ist hier genau die Rede? In *Jüdische Altertümer* datiert Flavius Josephus Pilatus' Amtszeit auf die Jahre 26 bis irgendwann vor Passah im Jahr 37 n. Chr.[14]

Römische und Jüdische Oberhäupter zur Zeit des Todes Jesu	
Römische und Jüdische Befehlshaber	**Herrschaftsperiode**
Tiberius, *römischer Kaiser*	14 n. Chr. – 16. März 37 n. Chr.
Kaiphas, *jüdischer Hohepriester*	18 n. Chr. – ~ 36 n. Chr.
Pilatus, *römischer Statthalter in Judäa*	26 n. Chr. – vor Passah 37 n. Chr.

Lassen Sie mich die bisherigen Ergebnisse zusammenfassen. Jesus starb, als Tiberius Kaiser des Römischen Reiches, Kaiphas Hohepriester und Pontius Pilatus Statthalter von Judäa waren. Da Jesus starb, als alle drei ihre Ämter noch innehatten, sind (der Tabelle oben entsprechend) das Jahr 26 der früheste und das Jahr 36 der spätestmögliche Zeitpunkt. Das spätestmögliche Todesjahr ist 36, da Kaiphas in diesem Jahr aus seinem Amt schied, Pilatus seines noch bis irgendwann vor Passah 37 bekleidete und Jesus in der Zeit um Passah herum starb, wie wir im letzten Kapitel gesehen haben. Somit können wir das Jahr der Kreuzigung auf die Zeitspanne zwischen den Jahren 26 und 36 eingrenzen. Dieser Meinung ist auch die Mehrheit der Bibelforscher – was ich bisher dargestellt habe, ist also nicht neu. Allerdings habe ich die Faktenlage neuerlich und stichhaltig analysiert, sodass ich meine, wir können mit Sicherheit sagen, dass Jesus in den Jahren zwischen 26 und 36 gestorben ist.

Allein schon die Tatsache, dass sich einwandfrei nachweisen lässt, dass Jesus starb, als Tiberius, Kaiphas und Pilatus ihre jeweiligen Ämter innehatten, ist eine in sich konsistente Geschichte. Dazu kommt aber, dass die historischen Fakten, von denen die Evangelien berichten, mit denen übereinstimmen, die wir aus der römischen und jüdischen Geschichtsschreibung kennen. Wir haben also begonnen, uns dem historischen Todesjahr Jesu anzunähern.

Der »Schlüssel« des Todestages Jesu

Nachdem wir nun grob den Zeitraum des Todes Jesu eingegrenzt haben, ziehen wir ein anderes wichtiges Beweisstück heran: den Wochentag, an dem er starb. Alle vier Evangelisten stimmen darin überein, dass Jesus am Tag vor dem Sabbat starb. Beispielsweise schreibt Markus, die Kreuzigung habe am »Rüsttag« stattgefunden, womit der Tag vor dem Sabbat gemeint ist. Aber auf welchen Tag beziehen sich die Begriffe »Rüsttag« und »der Tag vor dem Sabbat«? Seit frühesten Zeiten wurden außer dem Sabbat alle Tage der jüdischen Woche nummeriert und nicht namentlich benannt. Sie wurden – und so ist es bis heute – »der erste Tag«, »der zweite Tag« etc. genannt, bis hin zum siebten, der eben darin abweicht, dass man ihn Sabbat nennt. Der erste Tag der jüdischen Woche ist unser Sonntag, sodass der siebte Tag, der Sabbat, unserem Samstag entspricht. Der sechste Tag, also Freitag, wurde als »der Vorabend des Sabbat« oder »Rüsttag« bezeichnet, sowohl in den Evangelien als auch bei Flavius Josephus. Da alle Evangelisten sich hierin einig sind, können wir festhalten, dass Jesus an einem Freitag starb.

Wann beginnt der jüdische Tag? Es ist allgemein bekannt, dass er am Abend bei Sonnenuntergang beginnt und 24 Stunden später mit dem nächsten Sonnenuntergang endet. Wie sonderbar! Warum lässt man den Tag *beginnen*, wenn das Licht der Sonne zu scheinen *aufhört* und es dunkel wird? In den späteren Kapiteln werden wir noch sehen, welch entscheidende Bedeutung die Tatsache einnimmt, dass der jüdische Tag bei Sonnenuntergang beginnt.

Die Juden der damaligen Zeit waren mit dieser Anschauung nicht allein. Bei einer Reihe anderer alter Zivilisationen verhielt es sich ebenso, etwa bei den Babyloniern, Persern und Assyrern. Alle alten Zivilisationen, bei denen der Tag mit dem Sonnenuntergang begann, hatten eines gemeinsam: Sie alle verwendeten einen Mondkalender, in dem der Neumond der erste Tag des Monats war.

Als ich dies herausgefunden hatte, wurde mir klar, dass ich die Hilfe eines Spezialisten benötigte, und wandte mich an Graeme Waddington, einen Astrophysiker, einen Spezialisten für sowohl die antike wie die moderne Astronomie. Er erklärte mir, dass die Sichel des Neumonds kurz nach Sonnenuntergang am Himmel sichtbar wird. Bei den Mondkalendern wurde der erste Tag des Monats über das Erscheinen der Neumondsichel definiert, und diese wurde abends am Nachthimmel sichtbar. Aus diesem Grund begann innerhalb aller alten Zivilisationen, die nach dem Mondkalender lebten, der Tag am Abend.

Wir haben also eine eindeutige und nachvollziehbare Erklärung dafür, dass der jüdische Tag am Abend, nach Sonnenuntergang begann. Das erste Licht des Neumonds markierte also den neuen Monat – eine schöne Symbolik. Heute wird der jüdische Kalender mit Hilfe von Berechnungen erstellt, im ersten Jahrhundert aber, als Jesus lebte, orientierte man sich am Neumond.

Daher dauert also der Sabbat von Freitagabend bis Samstagabend und der »Rüsttag« von Donnerstagabend bis Freitagabend. Aber es gibt noch eine weitere Quelle der Verwirrung: Obwohl der Tag bei den Juden bei Sonnenuntergang begann, zählten sie die Stunden des Tages von Sonnen*aufgang* an; gerade so, als verwendeten sie sowohl eine Uhr mit 24 wie auch eine mit 12 Stunden. In der Passah-Zeit (entsprechend unserem März/April) findet der Sonnenaufgang in Jerusalem etwa um 6 Uhr morgens statt. Mittag ist also die sechste Stunde. Im Matthäusevangelium heißt es, Jesus sei »um die neunte Stunde« gestorben (Mt 27,46). Aus der Bibel lässt sich also ableiten, dass Jesus um 15 Uhr nachmittags gestorben ist, somit hätten wir den Tag (Freitag) und die Tageszeit (15 Uhr) bestimmt. Das ist das zweite wichtige Indiz für die Ermittlung der genauen Zeit der Kreuzigung.

Die Zeit zwischen Kreuzigung und Auferstehung

Lassen Sie mich nun den Blick auf einige Angaben richten, von denen manche Forscher sagen, sie widersprächen dem Freitag als Tag der Kreuzigung. Es geht um den Zeitraum zwischen der Kreuzigung und der Auferstehung in der Darstellung der Evangelien. Um dieses Problem lösen zu können, müssen wir betrachten, wie die Juden die Tage gezählt haben.

Zahlreiche Bibelstellen besagen, dass Jesus am dritten Tag nach der Kreuzigung auferstanden sei (Mt 27,64; Lk 24,7; Apg 10,40; 1 Kor 15,4). Alle vier Evangelien stimmen darin überein, dass die Auferstehung am ersten Tag der jüdischen Woche stattgefunden habe, der, wie wir gesehen haben, von Samstagabend bis Sonntagabend dauerte. Die Evangelisten nennen keinen genauen Zeitpunkt, es heißt lediglich, Jesus sei bereits auferstanden, als Maria Magdalena, seine Mutter Maria und Salome am Sonntagmorgen gleich nach Sonnenaufgang kamen, um seinen Körper zu salben (Mk 16,2). Jesus starb also am Freitagnachmittag um 15 Uhr, und die Evangelien sagen, die Auferstehung habe sich bei oder vor Sonnenaufgang des darauffolgenden Sonntags ereignet. Lässt sich das mit der Aussage, Jesus sei »am dritten Tage auferstanden« vereinbaren?

Wie haben die Juden damals die Tage gezählt? Es gibt Passagen im Alten Testament, denen sich entnehmen lässt, dass auch Teile des Tages als ganzer Tag gezählt wurden.[15] Galt diese Praxis, die Tage so zu zählen, dass angebrochene Tage als ganze Tage gelten, auch im ersten nachchristlichen Jahrhundert, als Jesus lebte und die Evangelien verfasst wurden?

Ein bedeutender jüdischer Gelehrter, Rabbi Eleasar ben Asariah, ein Nachfahre des Priesters Esra aus dem Alten Testament, der um das Jahr 100 n. Chr. lebte, beschrieb, wie die Tage gezählt wurden: »Ein Tag und eine Nacht sind ein Onah [ein Zeitabschnitt] und ein Teil eines Onah ist wie das Ganze.«[16] Der Rabbi sagt also, dass ein Teil eines 24-Stunden-Tages (Tag und Nacht) so viel zählt wie ein ganzer Tag und eine ganze Nacht (ein Onah). Überträgt man dies auf die Evangelien, bedeutet es, dass der Freitag, an dem Jesus um 15 Uhr nachmittags starb, der erste jüdische Tag war (von Donnerstagabend bis Freitagabend). Am zweiten Tag befand sich Jesu Leichnam im Grab (Sonnenuntergang am Freitag bis Sonnenuntergang am Samstag), und die Auferstehung fand am dritten Tag statt (Sonnenuntergang am Samstag bis Sonnenuntergang am Sonntag). Wenn es in der Bibel heißt, Jesus sei »am dritten Tage auferstanden«, ist demzufolge keinerlei Widerspruch darin zu erkennen, dass die Kreuzigung am Freitag stattfand und die Auferstehung am Sonntag.

Zählung der Tage in der Bibel, am Beispiel der Auferstehung am dritten Tag	
Vom Tod um 15 Uhr freitags bis zum Sonnenuntergang am Freitag	1. Tag
Sonnenuntergang Freitag bis Sonnenuntergang Samstag	2. Tag
Sonnenuntergang Samstag bis zur Auferstehung vor Sonnenaufgang am Sonntag	3. Tag

Alle entsprechenden Texte der Bibel und der frühchristlichen Literatur stimmen darin überein, abgesehen von einem einzigen abweichenden Vers innerhalb der Bibel. Einige christliche Sekten wie auch manche konventionell orientierten Forscher sind der Meinung, dieser eine Vers deute auf eine Kreuzigung am Mittwoch oder Donnerstag hin.[17] Welcher Vers ist es, der einige Forscher daran zweifeln lässt, von einer Kreuzigung am Freitag auszugehen? Es sind die Worte Jesu in Matthäus 12,40: »Denn wie Jona drei Tage und drei Nächte in dem Bauch des großen Fisches war, so wird der Sohn des Menschen drei Tage und drei Nächte im Herzen der Erde sein.«

Wenn Jesus diese Worte heute ausspräche, würde ein Rückwärtszählen um drei Tage und Nächte tatsächlich zu einer Kreuzigung am Mittwoch oder Donnerstag führen, je nachdem, wie man zählt, und der Freitag wäre ausgeschlossen. Wir müssen aber bedenken, dass er diese Worte im ersten Jahrhundert unserer Zeitrechnung sprach, und damals haben die Menschen, wie wir gesehen haben, die Tage nicht unbedingt so gezählt, wie wir es heute tun. Außerdem gilt es zu beachten, dass *viele* Verse in der Bibel und *viele* Passagen der frühchristlichen Literatur *deutlich* belegen, dass Jesus an einem Freitag gestorben ist. Wie also müssen wir diese »drei Tage und drei Nächte« in Matthäus 12,40 interpretieren?

Nach Rabbi Eleasar ben Asariah zählt ein Teil eines Tages und einer Nacht wie die Gesamtheit eines Tages und einer Nacht (ein Onah). Wenn Jesus also am Freitagnachmittag um 15 Uhr gestorben ist, zählt dies als ein Tag. Am zweiten Tag befand sich sein Leichnam im Grab und – folgt man den Evangelien – am dritten Tag ist er auferstanden. Nach der jüdischen Zählweise der damaligen Zeit existiert also kein Widerspruch zwischen Kreuzigung am Freitag und Auferstehung am Sonntag einerseits und der Aussage, Jesus sei drei »Onot« lang tot gewesen, also drei Tage und drei Nächte lang. Auch wenn diese Methode, die Tage und Nächte zu zählen, uns heute merkwürdig erscheint, wird diese Zählung den Menschen der damaligen Zeit keineswegs fremd vorgekommen sein, war es doch die Art, wie sie das Zählen der Tage gelernt hatten. Außerdem hätte Matthäus Jesu Worte von den »drei Tagen und drei Nächten« kaum in sein Evangelium aufgenommen, wenn er in ihnen einen Widerspruch zur Kreuzigung am Freitag und der Auferstehung am Sonntag gesehen hätte, wovon er später eindeutig spricht.

Daher können wir festhalten, dass alle vier Evangelien, Matthäus 12,40 inbegriffen, und alle frühchristlichen Schriften darin übereinstimmen, dass Jesus am Freitag gestorben ist. Und so können wir die beiden ersten Puzzleteile zusammenfügen und ohne Bedenken sagen: Jesus starb an einem Freitag in den Jahren zwischen 26 und 36. Der Anfang ist also gemacht, auch wenn schon andere vorher diese beiden Teile zusammengefügt haben. Können wir jetzt einen Schritt weitergehen und den Zeitraum weiter eingrenzen?

Das Auffinden des dritten Puzzleteils, das uns dies ermöglicht, stellt eine wirkliche Herausforderung dar. Aber es ist möglich, wie wir im nächsten Kapitel sehen werden, in welchem wir das Datum und die näheren Umstände des Letzten Abendmahls untersuchen. Der Religionswissenschaftler F. F. Bruce hatte nicht unrecht, als er den Zeitpunkt und die Umstände des letzten Abendmahls als »das dornigste Problem des Neuen Testaments« bezeichnete.

Wann starb Jesus?

Zeit:	gegen 15 Uhr
Tag:	Freitag
Jahr:	26 – 36 n. Chr.

Zusammenfassung

Lassen Sie mich zusammenfassen, was wir im Rahmen dieses Kapitels herausgefunden haben. Ausgehend von den bekannten Daten hinsichtlich der Amtszeiten des Tiberius als Kaiser, des Kaiphas als Hohepriester und des Pilatus als Statthalter von Judäa können wir zweifelsfrei sagen, dass Jesus in den Jahren zwischen 26 und 36 gekreuzigt wurde. Zweitens weisen alle Evangelien darauf hin, dass der Tag der Kreuzigung ein Freitag war. Drittens belegen die Evangelisten, dass Jesus gegen 15 Uhr nachmittags gestorben ist. Daraus lässt sich folgern: Jesus starb gegen 15 Uhr an einem Freitagnachmittag in den Jahren 26 bis 36. Diese Angaben bieten den Rahmen für die genaue Datierung der Kreuzigung, die wiederum ein Kerndatum für die genaue Rekonstruktion der letzten Woche im Leben Jesu ist. In den nächsten drei Kapiteln werden wir sehen, ob es möglich ist, das genaue Datum des Todes Jesu anzupeilen.

3
Das Problem des Letzten Abendmahls

> Und er [Jesus] sagte zu ihnen [den Jüngern beim Letzten Abendmahl]: Ich habe mich sehr danach gesehnt, vor meinem Leiden dieses Passahmahl mit euch zu essen, ehe ich leide. [...] Darauf nahmen sie [die Tempelwächter] ihn fest, führten ihn ab und brachten ihn in das Haus des Hohenpriesters [Kaiphas].
>
> *Lk 15,22 & 54*

> Von Kaiphas brachten sie Jesus zum Prätorium; es war früh am Morgen. Sie selbst gingen nicht in das Gebäude hinein, um nicht unrein zu werden, sondern das Passahlamm essen zu können.
>
> *Joh 18,28*

Diese Passagen aus Lukas und Johannes betonen die Problematik um den Zeitpunkt und die näheren Umstände des Letzten Abendmahls sehr deutlich. Der Vers des Johannesevangeliums scheint sich nahtlos an die Passage aus Lukas anzuschließen, nur dass das Passahmahl von *vor* Verhaftung und Verhandlung auf einen Zeitpunkt *nach* diesen Ereignissen verschoben wurde. Doch hätte Jesus das Mahl mit seinen Jüngern schon vor Verhaftung und Verhandlungen gegessen (Lukas, Matthäus und Markus), warum warteten sie dann nach diesen Ereignissen darauf, das Passahlamm zu essen (Johannes)? Dieser Widerspruch scheint unvereinbar zu sein und hat – wie gesagt – Religionswissenschaftler über Jahrhunderte hinweg verunsichert. In diesem Kapitel werden wir einige der Lösungsvorschläge untersuchen, die bisher unterbreitet wurden. Zuerst aber gehe ich detailliert auf die vermeintlichen Widersprüche zwischen den Evangelien ein.

Das Letzte Abendmahl bei Johannes

Johannes scheint zu sagen, das Letzte Abendmahl, die Verhaftung und die Verhandlungen hätten allesamt *vor* dem Passahmahl stattgefunden. Hinsichtlich des Letzten Abendmahls heißt es: »Vor dem Passahfest ... Und bei einem Abendessen ...« (Joh 13,1, 2). Dieses »Abendessen« ist das letzte Mahl, das Johannes vor der Kreuzigung erwähnt. Die Ereignisse, die er im Umfeld dieses Mahls beschreibt, verdeutlichen, dass es sich um denselben Anlass handeln muss, den die Synoptiker als das Letzte Abendmahl schildern. So heißt es beispielsweise in allen vier Evangelien, Jesus habe ein Stück Brot in eine Schüssel getaucht und es dann dem Verräter Judas gereicht. Abgesehen davon sind sich alle Evangelisten einig, dass das Mahl am Abend stattgefunden habe, obwohl ein normales Abendessen üblicherweise am späten Nachmittag stattfand. Johannes hält allerdings ausdrücklich fest, dass das Mahl »vor dem Passahfest« stattgefunden habe.

Nach dem Letzten Abendmahl wurde Jesus ergriffen, wie wir oben bei Johannes gesehen haben (Joh 18,28). Folgt man Johannes, geht aus diesem Vers deutlich hervor, dass die Verhandlungen vor dem Hohenpriester Kaiphas und dem römischen Statthalter Pilatus stattgefunden haben, bevor die Juden, die ihn verhaftet hatten, ihr Passahmahl aßen. Hinzu kommt, dass Johannes am Schluss der Beschreibung der Verhandlung vor Pilatus schreibt: »Es war am Rüsttag des Passahfestes (Joh 19,14). Demnach sagt Johannes also, dass das Letzte Abendmahl und die Verhandlungen vor dem Passah stattgefunden haben.

Nachdem Jesus gekreuzigt wurde, schreibt Johannes: »Die Juden nun baten Pilatus, damit die Leiber nicht am Sabbat am Kreuz blieben – denn der Tag jenes Sabbats war groß –, dass ihre Beine gebrochen und sie abgenommen werden möchten« (Joh 19,31). Was heißt nun »der Tag *jenes* Sabbats war groß«? Im alttestamentarischen Buch Levitikus heißt es, für die Israeliten solle am 15. Tag des ersten Monats im religiösen jüdischen Jahr, dem Nisan (März/April), »eine heilige Versammlung sein, keinerlei Dienstarbeit dürft ihr tun« (Lev 23,7). Das Passahmahl fand nach Sonnenuntergang statt, zu Beginn des 15. Nisan.[18] Levitikus bezeichnet diesen Tag also als Ruhetag, der »Passah-Sabbat« genannt wurde. Der 15. Nisan konnte jeder Wochentag sein, ebenso wie unser 15. April an jedem Wochentag liegen kann. Wenn er jedoch auf einen Sabbat fiel, nannte man diesen Sabbat einen besonderen Sabbat.[19] Ein solches Zusammenfallen des wöchentlichen Sabbats mit dem jährlichen Passah tritt auch heute noch im jüdischen Kalender auf. Johannes bezeichnet *jenen* Sabbat nach der Kreuzigung also als einen besonderen, da dieser Sabbat, der von Freitagabend bis Samstagabend dauerte, sich mit dem Passah-Sabbat am 15. Nisan deckt. Demzufolge fand nach Johannes die Kreuzigung am 14. Nisan statt, dem Tag vor dem Passahmahl.

Zusammengefasst heißt es bei Johannes durchgehend, dass das Letzte Abendmahl (Joh 13,1–2), die Verhandlungen (Joh 18,28 und 19,14) und die Kreuzigung (Joh 19,31) allesamt *vor* dem Passahmahl stattgefunden haben. Gemäß der *natürlichen Interpretation* des Johannesevangeliums hat also die Kreuzigung am 14. Nisan stattgefunden, und das Passahmahl folgte am abendlichen Beginn des nächsten jüdischen Tages, dem 15. Nisan.

Das Letzte Abendmahl in den synoptischen Evangelien

Matthäus, Markus und Lukas scheinen eine andere Geschichte zu erzählen als Johannes. In Markus 14,12 heißt es: »Und am ersten Tag der ungesäuerten Brote, als man das Passahlamm schlachtete, sagten die Jünger zu Jesus: ›Wohin willst du, dass wir gehen und bereiten, damit du das Passah essen kannst?« Dann bereiteten sie das Passahmahl vor (Mk 14,16), und an diesem Abend kam Jesus mit seinen Jüngern zum Letzten Abendmahl zusammen (Mk 14,17f.).

Matthäus und Lukas erzählen den Vorgang ähnlich wie Markus, und Lukas beschreibt zusätzlich die eindringlichen Worte Jesu: »Mit Verlangen habe ich mich danach gesehnt, dieses Passah mit euch zu essen, ehe ich leide« (Lk 22,15). Wir halten fest, dass in den Texten der Synoptiker sowohl die Jünger als auch Jesus selbst das Letzte Abendmahl als »Passahmahl« bezeichnen.

Zeitpunkt des Passahmahls im Jahr der Kreuzigung	
Nach dem Letzten Abendmahl	Johannes
Nach den Verhandlungen	Johannes
Nach der Kreuzigung	Johannes
Gleichzeitig mit dem Letzten Abendmahl	Synoptiker (Matthäus, Markus, Lukas)

Es drängt sich auf, die Synoptiker so zu interpretieren, dass das Letzte Abendmahl tatsächlich ein Passahmahl war, abgehalten zur entsprechenden Zeit am Abend des beginnenden 15. Nisan, und dass die Kreuzigung am selben jüdischen Tag stattgefunden habe (d.h. immer noch am 15. Nisan, da der jüdische Tag von Sonnenuntergang bis Sonnenuntergang gezählt wird). Das widerspricht allerdings der Datierung der Kreuzigung auf den 14. Nisan bei Johannes. Folglich scheinen sich die Synoptiker und Johannes tatsächlich in den Fragen zu widersprechen, ob das Letzte Abendmahl ein Passahmahl war und wann die Kreuzigung stattgefunden hat.

Der engste Kreis der zwölf Jünger Jesu war beim Letzten Abendmahl ausnahmslos anwesend. Sie mögen später kleinere Details vergessen haben, aber sie werden sich sicher daran erinnert haben, ob es sich um ein Passahmahl gehandelt hat oder nicht. Darüber hinaus gab es noch eine Reihe weiterer Augenzeugen des Mahles. Das lässt die vermeintlichen Widersprüche so überraschend wirken. Wäre es nicht denkbar, dass, wie ich im ersten Kapitel bereits ausgeführt habe, die Synoptiker und Johannes letztlich doch miteinander übereinstimmen, ich und andere jedoch verkannt haben, was sie uns sagen wollen? Oder gibt es sogar in den Evangelien selbst Hinweise darauf, warum sie sich scheinbar widersprechen? Hinweise, die die damalige Leserschaft verstanden hätte und durch die sich alle vier Evangelien in Übereinstimmung befänden, die wir aber zweitausend Jahre später nicht mehr verstehen? Ich bin der Meinung, dass es tatsächlich solche »versteckte Hinweise« gibt. In den späteren Kapiteln werden wir sie finden und ihren Bedeutungen nachspüren.

Kehren wir zum zentralen Problem zurück: die tatsächliche oder vermeintliche Unvereinbarkeit zwischen den Synoptikern und Johannes hinsichtlich des Datums und der näheren Umstände des Letzten Abendmahls. War es ein Passahmahl oder nicht? Jahrhunderte lang haben sich die Forscher mit dieser Frage bereits abgemüht und dabei eine Vielzahl verschiedener Ansichten zutage gefördert. Lassen Sie mich einige kurz zusammenfassen.

Mögliche Interpretationsansätze

Die Religionswissenschaftler haben vier verschiedene Ansätze gefunden, das letzte Abendmahl zu interpretieren:[20]

1. Die Synoptiker haben recht und Johannes irrt sich

Gemäß dieser Interpretation war das Letzte Abendmahl ein Passahmahl und fand am Abend (also zu Beginn) des 15. Nisan statt. Die Kreuzigung erfolgte noch am gleichen jüdischen Tag, ebenfalls am 15. Nisan. Der Neutestamentler Joachim Jeremias hat in seinem Standardwerk *Die Abendmahlsworte Jesu*[21] sehr überzeugend argumentiert, dass das Letzte Abendmahl ein Passahmahl gewesen sei, und seine Theorien fanden viele Befürworter. In den vielen Evangelienkommentaren, die ich herangezogen habe, habe ich häufig die Meinung gefunden, dass die Synoptiker recht haben und Johannes sich hinsichtlich des Letzten Abendmahls irrt.

Die Forscher, die die Ansicht vertreten, Johannes läge hinsichtlich des Zeitpunkts und der Art des Letzten Abendmahls falsch, argumentieren, seine Darstellungen seien eher theologischer als historischer Natur.[22] Diese Forscher legen vor allem nahe, für Johannes sei es theologisch vorrangig gewesen, dass Jesus zu der Zeit gestorben sei, als die Passahlämmer geschächtet wurden, da Jesus im Johannesevangelium als das »Lamm Gottes« bezeichnet wird (Joh 1,19). Johannes habe deswegen die Kreuzigung auf den 14. Nisan datiert, auf den Tag, an dem die Opferlämmer geschächtet wurden, um mehr einem theologischen Symbolismus als den historischen Fakten gerecht zu werden.

2. Es herrscht Übereinstimmung zwischen Johannes und den Synoptikern

Viele Forscher sind der Meinung, dass die Synoptiker richtig liegen, wenn sie das letzte Abendmahl als ein Passahmahl bezeichnen, und dass Johannes die historischen Zusammenhänge keineswegs verdreht und – richtig interpretiert – durchaus einer Meinung mit ihnen ist. Donald Carson beispielsweise argumentiert so, dass wir uns bei Johannes' Worten: »Vor dem Passahfest aber ... Und bei einem Abendessen ...« (Joh 13,1–2), daran erinnern sollen, dass Jesus den Jüngern die Füße gewaschen hat (Joh 13,3–12). Carson ist der Meinung, dass die Fußwaschung unmittelbar vor dem Mahl stattgefunden haben müsse, sodass Johannes darauf aufmerksam machen wolle, dass Jesus direkt vor dem Passahmahl den Jüngern die Füße gewaschen habe und sich dann niedergesetzt hätte, um das Passahmahl mit ihnen einzunehmen.[23]

Wie aber interpretieren diese Forscher dann Johannes 18,28, wo es heißt, die Juden hätten aus Reinheitsgründen während der Verhandlung Jesu das Prätorium des Pontius Pilatus nicht betreten, damit sie das Passahmahl essen könnten? Carson schreibt: »Es ist an dieser Stelle verlockend, zu verstehen, dass die Aussage ›um das Passahmahl essen zu können‹ sich nicht auf das Passahmahl selbst bezieht, sondern auf das Fest der Ungesäuerten Brote, das sieben Tage lang dauerte. Es gibt genügend Hinweise darauf, dass ›das Passahmahl‹ sich auf das tatsächliche Passahmahl selbst und zugleich auf das darauffolgende Fest der Ungesäuerten Brote beziehen kann.«[24] Carson vertritt also die Meinung, dass mit den Worten »das Passahmahl essen« nicht das Passahmahl selbst gemeint sei, sondern dass diese sich auf ein weniger bedeutendes Mahl später in der Woche beziehen können.

Hinsichtlich Johannes 19,31, dass Jesus einen Tag vor einem besonderen Sabbat gekreuzigt worden sei, vertreten Carson und andere (zum Beispiel Craig Blomberg), den Standpunkt, dass die Formulierung »denn der Tag jenes Sabbat war groß« nicht mehr bedeute, als dass der normale wöchentliche Sabbat der Sabbat der Passahwoche gewesen sei, und nicht, dass er mit dem besonderen Sabbat am 15. Nisan zusammenfalle.[25]

Zusammengefasst lässt sich festhalten, dass zahlreiche Forscher der Meinung sind, das Letzte Abendmahl sei ein Passahmahl gewesen, und Johannes könne so interpretiert werden, dass er sich ihnen anschließe. Gemäß dieser Theorie – und in Übereinstimmung mit dem ersten Ansatz – fand das Letzte Abendmahl am Abend des beginnenden 15. Nisan statt, und die Kreuzigung folgte später am gleichen jüdischen Tag, also immer noch am 15. Nisan.

3. Das Letzte Abendmahl war ein dem Passahmahl ähnliches Mahl

Einige Forscher meinen, das Letzte Abendmahl, so wie die Synoptiker es beschreiben, sei streng genommen kein Passahmahl, sondern ein diesem ähnliches Mahl gewesen. John Meier beispielsweise sagt: »Aus der Befürchtung heraus, seine Feinde hätten ihn zwecks eines bevorstehenden finalen Angriffs umringt, und somit davon ausgehend, dass er eventuell nicht in der Lage wäre, das bevorstehende Passahmahl mit seinen Jüngern einzunehmen, hat Jesus stattdessen ein feierliches Abschiedsmahl kurz vor dem Passahmahl vorbereitet ... Dieses Mahl, wenngleich kein Passahmahl ... wäre selbstverständlich sowohl feierlicher als auch religiöser Natur gewesen, verbunden mit allen Äußerlichkeiten, die nach Jeremia unweigerlich Teil eines Passahmahls sind.«[26] Ähnlich beschreibt auch der anglikanische Bischof von Durham, Tom Wright, das letzte Abendmahl als ein »Quasi-Passahmahl«.[27] Diese und andere Forscher vertreten den Standpunkt, Jesus habe von seiner bevorstehenden Verhaftung gewusst oder sie zumindest vermutet und sein Passahmahl daher einen Abend vor dem offiziellen Zeitpunkt abgehalten. Die Befürworter einer solchen Theorie interpretieren die Aussage in Lukas 22,15: »Mit Verlangen habe ich mich danach gesehnt, dieses Passah mit euch zu essen, ehe ich leide« so, dass sie sich auf das bewusst vorverlegte Passah-ähnliche Mahl beziehe, das sie abhalten würden. Forscher, die zu diesem Schluss kommen, betonen, dass das *Passahlamm* den zentralen Bestandteil eines wahren Passahmahls darstelle, obwohl die Synoptiker an keiner Stelle davon sprechen, dass im Zusammenhang mit dem Letzten Abendmahl ein Passahlamm geopfert, gebraten und gegessen worden sei. Diese Interpretation der Synoptiker weist eine weitgehende Übereinstimmung mit dem Johannesevangelium auf, wo es ausdrücklich heißt, dass das Letzte Abendmahl vor dem Passahfest stattgefunden habe: »Es war vor dem Passahfest« (Joh 13,1). Die Zeitabläufe stimmen ebenfalls überein, sodass das Letzte Abendmahl gemäß dieser Theorie in allen vier Evangelien am Abend des 14. Nisan stattgefunden habe, gefolgt von der Kreuzigung am gleichen jüdischen Tag. Diese Theorie wird von einer signifikanten Minderheit unter den Bibelforschern favorisiert.

4. Die Theorie der abweichenden Kalenderordnungen

Der jüdische Historiker Flavius Josephus dokumentiert den offiziellen jüdischen Kalender des ersten Jahrhunderts, der Zeit Jesu.[28] In diesem Kalender wird die Passahzeit genau dargestellt: Josephus beschreibt, dass das Schächten der Passahlämmer im Tempel in Jerusalem zwischen der neunten und elften Stunde (also zwischen 15 und 18 Uhr) am vierzehnten Tag des Nisan stattfand. Das Passahmahl selbst erfolgte nach Sonnenuntergang dieses Tages, also zu Beginn des 15. Nisan, da der jüdische Tag sich vom Abend des einen Tags bis zum Abend des nächsten erstreckt. In dem Theaterstück *Der Fiedler auf dem Dach*[29] gibt es eine beeindruckende Szene, in der eine jüdische Familie zum Tempel in Jerusalem geht und ihr Passahlamm geschlachtet wird. Danach gehen sie nach Hause zurück, stehen auf dem flachen Dach ihres Hauses und schauen zu, wie die Sonne untergeht. Sie wenden sich um, sehen, wie der volle Mond des Passahfestes aufgeht, steigen wieder hinab und genießen freudig ihr Passahmahl. Der fünfzehnte Tag des Monats fällt in die Zeit des Vollmonds, da ja der erste Tag des Monats der Tag der Neumondsichel ist, und ein Mondmonat entweder neunundzwanzig oder dreißig Tage lang ist.

MISCELLANEOUS FOR SALE

"The Four Dead Sea Scrolls"

Biblical Manuscripts dating back to at least 200 BC, are for sale. This would be an ideal gift to an educational or religious institution by an individual or group.

Box F 206, The Wall Street Journal.

Abb. 3: Anzeige im *Wall Street Journal* vom 1. Juni 1954, in der einige der Schriftrollen vom Toten Meer zum Verkauf angeboten wurden.

Seit der Entdeckung der Handschriften, die in den Höhlen von Qumran in der Nähe des Toten Meeres gefunden und dann verkauft wurden (siehe Abbildung 3), wissen wir, dass die jüdische Gemeinde in Qumran neben dem offiziellen jüdischen Kalender auch einen Sonnenkalender verwendete, demgemäß ein Jahr aus 364 Tagen bestand. Das Jahr wurde in vier Viertel zu je 91 Tagen unterteilt, und jedes Viertel war drei Monate mit zweimal 30 und einmal 31 Tagen lang. Im Jahr 1957 überraschte die französische Forscherin Annie Jaubert die Fachwelt mit der erstaunlichen These, Jesus habe das Letzte Abendmahl zur Passahzeit gemäß diesem Kalender abgehalten.[30] Ein interessantes Merkmal dieses Kalenders ist, dass sich das 364 Tage lange Jahr in exakt 52 Wochen zu je sieben Tagen unterteilen lässt. Damit entspricht einem festgelegten Datum, beispielsweise dem 14. Nisan, immer der gleiche Wochentag, was sehr praktisch war. (Man muss nur einmal darüber nachdenken, wie praktisch es heute für uns wäre, wenn der 24. Dezember jedes Jahr auf den gleichen Tag fiele.) Darüber hinaus dauerte der Tag innerhalb der Gemeinde von Qumran, da sie ja einem Sonnenkalender folgte, von Sonnenaufgang bis Sonnenaufgang. Den Schriftrollen vom Toten Meer entnehmen wir, dass die Qumran-Gemeinde ihr jährliches Passahfest am 14. Nisan beging, was Jahr für Jahr ein Dienstag war.

Jaubert brachte die These ins Spiel, dass Jesus und seine Jünger das Letzte Abendmahl gemäß dem Qumran-Kalender am Dienstagabend abgehalten habe und ein paar Tage später, am Freitag, gekreuzigt worden sei. Sie vertrat die Meinung, die Synoptiker hätten den Qumran-Kalender verwendet und demnach das Letzte Abendmahl als ein tatsächliches, nicht nur als Quasi-Passahmahl beschrieben. Johannes dagegen habe sich am offiziellen jüdischen Kalender orientiert, sodass er ebenfalls korrekt davon ausgegangen sei, das Letzte Abendmahl habe vor dem offiziellen Passahfest stattgefunden. Gemäß dieser Theorie nennen alle vier Evangelien den 14. Nisan – des offiziellen Kalenders – als das Datum der Kreuzigung.

Neben dieser existieren auch noch andere Theorien hinsichtlich voneinander abweichender Kalendarien.[31] Dennoch sind die meisten Forscher von diesen Theorien nicht überzeugt, und es ist nur eine kleine Gruppe, die sich darauf eingelassen hat, auch wenn Papst Benedikt XVI. vor einiger Zeit die Annahmen Jauberts als nicht unwahrscheinlich bezeichnet hat. Darauf werde ich im Kapitel 7 noch näher eingehen.

Folgende Tabelle fasst die wichtigsten Interpretationen der Evangelien hinsichtlich des Datums des Letzten Abendmahls sowie der Kreuzigung noch einmal zusammen.

Interpretation		**Entsprechendes Datum der Kreuzigung**
1. Die Synoptiker haben recht	Johannes irrt sich	15. Nisan
2. Die Synoptiker haben recht	Johannes kann als übereinstimmend interpretiert werden	15. Nisan
3. Johannes hat recht	Die Synoptiker haben recht, wenn das Letzte Abendmahl ein Quasi-Passahmahl war	14. Nisan
4. Johannes hat recht	Die Synoptiker haben recht, wenn sie einen anderen Kalender verwendet haben	14. Nisan

Eine vorläufige Einschätzung

Als ich damit begann, mir Gedanken über das Letzte Abendmahl zu machen, wurde mir schnell klar, dass keiner der bisher dargestellten Interpretationsansätze mich wirklich zufriedenstellte.

Interpretation Nr. 1 würde bedeuten, dass Johannes die historischen Fakten zugunsten einer theologisch-symbolischen Interpretation verfälscht hätte. Wie wir gesehen haben, behauptet Johannes, dass das Passahmahl nicht nur nach dem Letzten Abendmahl, sondern auch nach den Verhandlungen und nach der Kreuzigung stattgefunden haben muss. Diese Datierung des Passahmahls zieht sich wie ein Faden durch das Gewebe der Darstellung des Johannes. Verändert man die Position dieses Fadens, droht das gesamte Gewebe auseinanderzufallen. Johannes verfolgte beim Verfassen seines Evangeliums eindeutig theologische Motive, vor allem formulierte er es so, dass die Menschen glauben konnten, dass Jesus der Sohn Gottes war (siehe Joh 20,31). Dennoch muss man sich bei all dem fragen, ob er dafür die chronologische Folge der Ereignisse im Zusammenhang mit der Kreuzigung tatsächlich verfälscht hätte. Abgesehen davon kann die Darstellung Jesu als Passahlamm sicherlich nicht als ein Hauptmotiv des Johannesevangeliums bezeichnet werden.[32]

Das Problem der Interpretation Nr. 2 ist, dass man sie nicht als natürliche Interpretation des Johannesevangeliums bezeichnen kann. Wenn Johannes beispielsweise berichtet, dass das Mahl (das Letzte Abendmahl) unmittelbar vor dem Passahfest stattgefunden habe (Joh 13,1), scheint mir dies eine *bewusste* Zeitangabe des Verfassers zu sein. Darauf folgt die Beschreibung, dass das Mahl bereits aufgetragen worden sei (Joh 13,2), und dann die Fußwaschung (Joh 13,3–12). Damit scheint klar, dass laut Johannes *sowohl* das Passahmahl *als auch* die Fußwaschung *vor* dem Passahfest stattgefunden haben. Bei John Meier heißt es: »Johannes verortet das Mahl bewusst kurz vor Passah (Joh 13,1).«[33]

Wenn Johannes schreibt, die Juden hätten während der Verhandlung Jesu vor Pilatus daran gedacht, ihr Passahmahl essen zu wollen (Joh 18,28), lautet die griechische Formulierung für »das Passah essen« *phagein to pascha*. Dies entspricht genau den Worten, die die Synoptiker verwenden, um zu beschreiben, was beim Letzten Abendmahl vorging (Mt 26,17; Mk 14,12; Lk 22,8, 15). Darüber hinaus sagt Johannes explizit über das Ende der Verhandlung: »Es war aber Rüsttag des Passah« (Joh 19,14). Beides scheint darauf hinzuweisen, dass es sich tatsächlich um das wirkliche Passahmahl zu Beginn der Passahwoche gehandelt hat, und nicht um ein weniger bedeutendes Mahl später in der gleichen Woche.

Interpretation Nr. 3 ist insofern problematisch, als Matthäus, Markus und Lukas das Letzte Abendmahl unisono als Passahmahl beschreiben, nicht als ein dem Passahmahl ähnliches oder Quasi-Passahmahl. Die Synoptiker halten fest, dass Jesus selbst das Mahl als Passahmahl bezeichnet habe, und das hätten sie ganz sicher nicht getan, wenn sie nicht davon überzeugt gewesen wären. Der Einwand, keiner von ihnen erwähne ein Passahlamm, ist nicht so schwerwiegend, wie man vielleicht meinen möchte. Dass ein Lamm zum Passahmahl dazugehört, war allgemein bekannt – so bekannt, dass man es nicht eigens erwähnen musste, sondern als gegeben voraussetzen konnte.

Interpretation Nr. 4 bringt die Schwierigkeit mit sich, dass lediglich eine der Theorien der abweichenden Kalenderordnungen detailliert ausgeführt wurde und in der wissenschaftlichen Welt Befürworter gefunden hat, und zwar die von Annie Jaubert. Sie geht allerdings davon aus, dass das Passah der Qumran-Gemeinde *vor* dem im offiziellen jüdischen Kalender stattgefunden habe, wohingegen ich darlegen werde, dass dies *nach* dem offiziellen Passahfest war (siehe Kapitel 7). Damit wird Jauberts Theorie hinfällig, und es bleibt keine überzeugende Theorie der abweichenden Kalenderordnung übrig.

Somit verfügen alle Interpretationen des letzten Abendmahls, die ich hier zusammengefasst habe, über gravierende Schwächen, die bereits von vielen Bibelforschern benannt worden sind. R.T. France beispielsweise schreibt: »Aber in welchem Sinn war dieses [Letzte Abendmahl] ein Passahmahl? Die Diskussion über die voneinander abweichenden Darstellungen bei Johannes und den Synoptikern ist sehr komplex, und das Rätsel bleibt ungelöst.«[34] Das vorliegende Buch präsentiert also einen neuen Lösungsansatz für ein altes Problem.

Das Letzte Abendmahl und der Zeitpunkt der Kreuzigung

Wie wir gesehen haben, herrschen unter den Bibelexegeten die unterschiedlichsten Meinungen darüber, welcher Interpretation man Glauben schenken kann. Die bisher dargestellten Theorien legen als Datum der Kreuzigung den 14. oder den 15. Nisan nahe, und die Forscher können nicht mit Gewissheit sagen, welches Datum korrekt ist. Außerdem haben wir eine große Spanne an möglichen Jahren, in denen das Ereignis stattgefunden haben kann: die Jahre 26 bis 36 (siehe Kapitel 2). Können wir die Auswahl enger eingrenzen? Wenn wir die Anzahl infrage kommender Jahre verringern können, gelingt es uns vielleicht auch, die Unhaltbarkeit mancher Datierungsversuche des Letzten Abendmahls zu belegen.

Für den Versuch, uns dem Problem anzunähern, könnte eine eher moderne Analogie hilfreich sein. Stellen wir uns einmal vor, die Polizei fände das Skelett eines Mannes, der im vergangenen Jahrhundert ermordet wurde. Die forensischen Untersuchungen ergeben, dass der Mord in den Jahren zwischen 1926 und 1936 stattgefunden haben muss. Zudem finden sich Dokumente, die besagen, dass der Mann an einem Freitag starb. Doch dann tauchen ein paar widersprüchliche Indizien auf, von denen einige darauf hinweisen, er müsse am 14. April gestorben sein, anderen zufolge wäre es aber der 15. April. Was können wir tun, um uns dem genauen Todesdatum anzunähern?

Die einfachste Variante wäre wohl die, die ich zunächst verwendet habe: Wir nutzen die Möglichkeiten einer Internet-Suchmaschine und geben den Begriff »Kalender« ein. Einer der ersten Treffer führt mich zu einer Website mit Kalendern der Jahre 1900 bis zur Gegenwart. Als ich dort das Jahr 1926 eingab, erfuhr ich, dass der 14. April in diesem Jahr auf einen Mittwoch, der 15. auf einen Donnerstag fiel. Wenn der Mann also an einem Freitag starb, kann es nicht im Jahr 1926 gewesen sein. Mehr noch: Es kommen nur drei Jahre infrage, da im Jahr 1933 der 14. April und in den Jahren 1927 und 1932 der 15. April Freitage waren. Die Kalender jener Jahre belegen also eindeutig, dass diese drei Jahre die einzigen sind, in denen der Mann ermordet worden sein kann. Wenn die Polizisten in unserer Vorstellung beharrlich weiterforschen und weitere Indizien finden, kommen sie unter Umständen zu dem Resultat, dass 1927 und 1933 als Todesjahre zu früh bzw. zu spät gewesen sein müssen, sodass schließlich Freitag, der 15. April 1932 als einzig mögliches Todesdatum übrigbleibt. Mithilfe dieser Methode werde ich im nächsten Kapitel versuchen, mich dem exakten Datum der Kreuzigung anzunähern. Dafür ziehen wir zuerst die drei zentralen Indizien heran, die wir in diesem und im letzten Kapitel erarbeitet haben, um die möglichen Daten herauszufinden. Wir haben entdeckt, dass Jesus in den Jahren zwischen 26 und 36 gestorben ist, dass der Todestag ein Freitag war und dass als Datum der 14. oder der 15. Nisan infrage kommen. Diese drei Anhaltspunkte führen uns zu der Frage: In welchem der Jahre zwischen 26 und 36 n. Chr. fielen der 14. oder der 15. Nisan auf einen Freitag?

Um diese Frage beantworten zu können, müssen wir jüdische Kalender der entsprechenden Jahre heranziehen. Und schon haben wir ein Problem, denn leider existieren keinerlei Aufzeichnungen jüdischer Kalender dieser Jahre in Jerusalem. Das könnte zu dem Schluss führen, dass es unmöglich sei, das exakte Datum des Todes Jesu zu bestimmen.

Als ich zu Beginn meiner Beschäftigung mit dieser Frage im Jahr 1981 zum ersten Mal auf dieses Problem stieß, fragte ich mich, ob die Astronomie helfen könnte. Die Wissenschaftler orientieren sich an den Bewegungsabläufen des Mondes und der Erde, um die

Daten historischer Verfinsterungen zu berechnen. Können wir bei dem Versuch, den jüdischen Kalender des ersten nachchristlichen Jahrhunderts zu rekonstruieren, ähnlich vorgehen? Immerhin wissen wir, dass der erste Tag eines Monats über das erste Sichtbarwerden der Sichel nach dem Neumond definiert wurde. Können wir die Daten dieser Neumonde errechnen?

Im nächsten Kapitel werden wir dies versuchen, indem wir uns an niemand Geringerem als einem der bedeutendsten Wissenschaftler aller Zeiten orientieren: Bereits Isaac Newton (1643–1727) nutzte ebenfalls die Möglichkeiten der Astronomie, um das Datum der Kreuzigung herauszufinden. Allerdings stehen uns heute exaktere Methoden zur Berechnung der Planetenbewegungen zur Verfügung, als es zu seiner Zeit der Fall war. Außerdem werden wir die Fragen zahlreicher Forscher beantworten, die daran zweifeln, dass man die Astronomie zu diesem Zweck als verlässliche Methode heranziehen kann. Ihre berechtigten Zweifel beziehen sich auf frühere Kalenderrekonstruktionen, nicht aber auf den neuen Rekonstruktionsansatz, der den Inhalt des nächsten Kapitels bildet.

Zusammenfassung

Zuvor wollen wir aber noch einmal die Resultate der letzen beiden Kapitel zusammenfassen. Zuerst haben wir, ausgehend von den bekannten Daten der Amtszeiten des Kaisers Tiberius, des Hohenpriesters Kaiphas und des Statthalters Pilatus, zweifelsfrei herausgefunden, dass die Kreuzigung in den Jahren zwischen 26 und 36 stattgefunden hat. Dann sahen wir, dass sich aufgrund der biblischen Belege eindeutig sagen lässt, dass Jesus an einem Freitag gestorben ist. Schließlich zeigte sich, dass Johannes anderer Meinung als die Synoptiker zu sein scheint, wenn es darum geht, ob das Letzte Abendmahl ein Passahmahl war oder nicht. Vier Interpretationen des Letzten Abendmahls wurden angeführt, die ergaben, dass Jesus entweder am 14. oder 15. Nisan starb (Nisan = der erste Monat des jüdischen Jahres, vergleichbar März/April unseres Kalenders). Um nun also das genaue Datum der Kreuzigung bestimmen zu können und um die weiteren Umstände des Letzten Abendmahls näher zu untersuchen, müssen wir herausfinden, in welchem Jahr zwischen 26 und 36 n. Chr. der 14. oder 15. Nisan auf einen Freitag fiel.

Datum der Kreuzigung	
Wochentag	Freitag
Jüdischer Tag	14. oder 15. Nisan
Zeitraum	26–36 n. Chr.

4
Lässt sich der jüdische Kalender der Zeit Jesu rekonstruieren?

»Einige der bedeutendsten Wahrheiten des Judentums sind nicht in den vorhandenen Texten, sondern in der Zeit zu finden, im jüdischen Kalender selbst.«

Jonathan Sacks,
Oberrabbiner Großbritanniens und des Commonwealth[35]

Der jüdische Kalender muss für das Leben der Juden in der Zeit Jesu eine mindestens ebenso zentrale Rolle gespielt haben, wie es mit unserem Kalender heute der Fall ist. Beispielsweise wurde der 1. Nisan im Frühling als der Beginn des religiösen Jahres bezeichnet (das zivile Jahr dagegen, das in amtlichen Angelegenheiten benutzt wurde, begann im Herbst). In den ersten beiden Wochen des Nisan war es üblich, dass die Juden aus vielen Ländern nach Jerusalem pilgerten, um dort das Passahfest zu begehen. Am 10. Nisan wurde das Passahlamm ausgesucht, das am 14. Nisan im Jerusalemer Tempel geopfert wurde, wie es im Buch Exodus vorgeschrieben wird. Am 15. Nisan wurde das Passahmahl gegessen und in diesem Rahmen der Ereignisse des Exodus gedacht. Am 16. mögen die Juden zugesehen haben, wie die Gerste auf den Feldern geerntet wurde, nachdem sie zuvor am selben Tag der feierlichen Zeremonie beigewohnt haben, bei der die Priester die ersten Garben der Gerste geschwungen haben, wie das Buch Levitikus[36] es vorgibt, und dergleichen mehr.

Der jüdische Kalender muss für die jüdischen Menschen im ersten nachchristlichen Jahrhundert sowohl in religiöser wie in landwirtschaftlicher Hinsicht von so immenser Bedeutung gewesen sein, dass es mir schlichtweg unmöglich erscheint, die Berichte, die von den Augenzeugen an die Evangelisten weitergegeben wurden, könnten in irgendeiner Weise unklar darüber gewesen sein, ob Jesus am 14. oder am 15. Nisan gestorben ist. Dies gilt besonders deshalb, da diese beiden Tage, an denen die Opferlämmer geschächtet, gebraten und verspeist wurden, die beiden bedeutendsten Tage des religiösen jüdischen Kalenders waren. Es kann natürlich sein, dass *wir*, zweitausend Jahre später, uns darüber unklar sind, mit Sicherheit jedoch nicht die Evangelisten. Und dennoch scheinen sich – wie wir im letzten Kapitel gesehen haben – Johannes und die Synoptiker darüber uneinig zu sein, ob das Letzte Abendmahl vor oder nach dem Passahmahl stattgefunden hat. Hat Johannes recht? Oder die Synoptiker? Oder beide? Oder keiner von ihnen? Lässt sich die Wahrheit diesbezüglich, um das Eingangszitat von Jonathan Sacks anzuführen, »im jüdischen Kalender selbst« finden? Ich bin der Meinung, dass es sich genau so verhält, und wenn wir die Wahrheit über die letzte Woche im Leben Jesu herausfinden wollen, müssen wir zu einem Verständnis des jüdischen Kalenders zur Zeit Jesu gelangen.

Im letzten Kapitel habe ich darauf hingewiesen, dass die Zuhilfenahme der Astronomie uns die Möglichkeit bieten könne, in der Zeit rückwärts zu reisen, uns einige Jahrhunderte zurückzuversetzen und den Kalender zu rekonstruieren, der in der Zeit Jesu das Leben bestimmte. In diesem Kapitel nun möchte ich beschreiben, wie dies vonstatten gehen kann.

Außerdem werde ich mich den Zweifeln zahlreicher Wissenschaftler widmen, die bestreiten, dass die Astronomie ein zuverlässiges Mittel darstellt, um den damaligen jüdischen Kalender zu rekonstruieren, aufgrund des Faktors des bewölkten Himmels, der ein Erkennen des Neumonds verhindert, sowie des Problems der Schaltmonate, die die Priester einfügten. Ich werde darlegen, dass es Möglichkeiten gibt, beides zu berücksichtigen. Im nächsten Kapitel werden wir sehen, ob in den Evangelien hinreichende

Hinweise zu finden sind, die uns dabei helfen können, das exakte Datum des Todes Jesu zu bestimmen.

Die Astronomie und der jüdische Kalender

Im ersten Jahrhundert nach Christus basierte der Jüdische Kalender auf der Empirie: Jeder neue Monat begann an dem Abend, an dem man die Neumondsichel zuerst sehen konnte, kurz nach Sonnenuntergang. Der Mond selbst stellte gewissermaßen den jüdischen Kalender am Himmel dar (siehe Abbildung 4.1). Die Priester des Tempels in Jerusalem hatten eigens hierfür Männer, die jeden Monat nach der neuen Mondsichel Ausschau hielten. Sobald mindestens zwei dieser vertrauenswürdigen Beobachter meldeten, die Sichel gesehen zu haben, wurden sie von den Priestern einer Befragung unterzogen. Und wenn die Priester zu dem Resultat kamen, die Aussagen seien glaubwürdig, ließen sie durch Trompetensignale in ganz Jerusalem den Neumond und den neuen Monat verkünden. Auf den Hügeln wurden Feuer entzündet, und Boten wurden durch das Land gesandt, die die Nachricht verbreiteten.

Zunächst ist es hilfreich zu verstehen, warum die Neumondsichel nur für eine kurze Zeit zu sehen ist, bevor sie wieder verschwindet. In Jerusalem wird die Sichel etwa fünfzehn Minuten nach Sonnenuntergang sichtbar und bleibt es dann zirka eine halbe Stunde lang, ehe sie für den Rest der Nacht unsichtbar wird. Wie lässt sich dieses »merkwürdige« Verhalten des Neumonds erklären?

Wie jeder weiß, sehen wir die Sonne jeden Tag im Osten auf- und im Westen untergehen. Folglich können wir sie, wenn wir kurz vor dem Sonnenuntergang in Richtung Westen schauen, gerade eben noch am Horizont sehen. Zur Zeit des Neumonds steht der Mond in diesem Moment ein kleines Stück oberhalb der Sonne am westlichen Himmel (siehe Abb. 4.2a). Er ist dann unsichtbar, da er zu nah an der Sonne ist (er ist gewissermaßen im Schein der Sonne »verloren«).

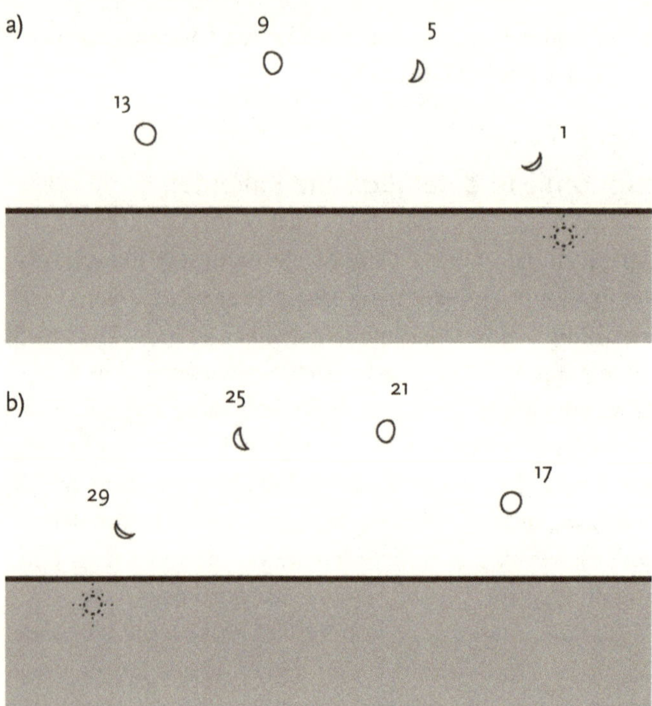

Abb. 4.1: *Die Gestalten des Mondes im Mondmonat.*
Die Zahlen beziehen sich auf den jeweiligen Tag des Monats. a) Der zunehmende Mond (größer werdend); b) Der abnehmende Mond (kleiner werdend). Der geübte Betrachter kann anhand der Form des Mondes den Tag annähernd genau bestimmen (± 1 Tag).

Die Sonne geht unter, verschwindet vom Horizont, der Himmel verdunkelt sich, und etwa fünfzehn Minuten später wird die dünne Sichel des Neumonds sichtbar, da der Mond nicht länger in ihrem Licht »verloren« ist (siehe Abbildung 4.2b). Der Mond bewegt sich jedenfalls in der gleichen Richtung um die Erde wie die Sonne und geht ebenfalls im Westen unter. (Dies natürlich aus der Perspektive des Betrachters, beruhend auf der Rotation der Erde um ihre

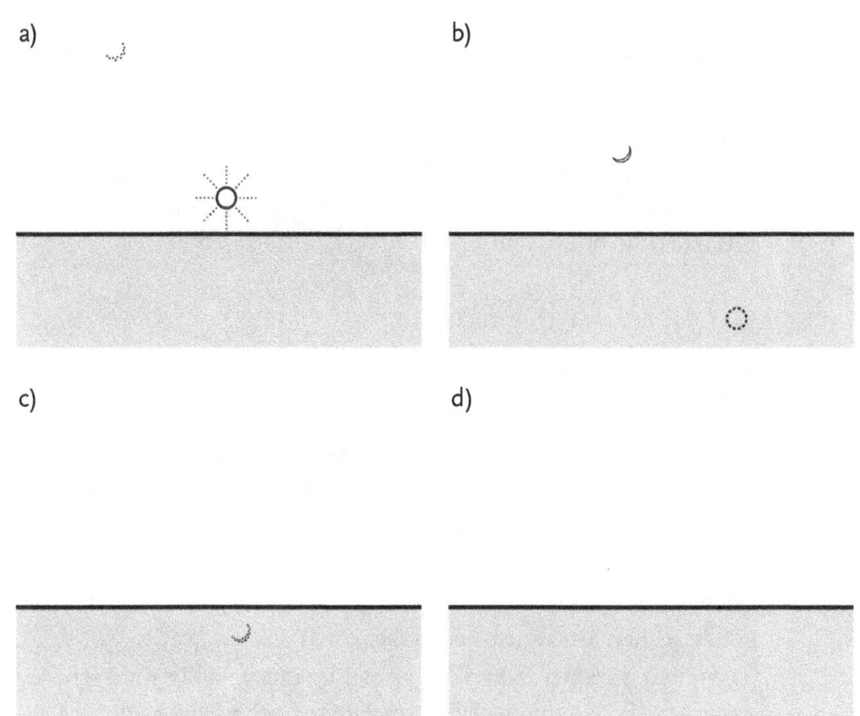

Abb. 4.2: *Sichtbarkeit der Mondsichel nach dem Neumond (Abendhimmel).* a) Kurz vor Sonnenuntergang: Sonne und Mond stehen am westlichen Himmel. Der Mond ist im Licht der Sonne »verloren« und noch nicht zu sehen; b) Eine halbe Stunde später ist die Sonne untergegangen und der Mond wird am Horizont sichtbar; c) Eine ganze Stunde später ist der Mond ebenfalls untergegangen und daher ebenfalls nicht mehr sichtbar; d) Mitternacht: Sonne und Mond befinden sich unterhalb des Horizonts und können nicht mehr gesehen werden.

eigene Achse innerhalb von 24 Stunden.) Der Neumond ist dann normalerweise etwa eine halbe Stunde lang sichtbar, ehe auch er am Horizont verschwindet (siehe Abbildung 4.2c) und für den Rest der Nacht nicht mehr sichtbar ist (siehe Abbildung 4.2d).

Sichtbarkeit der Neumondsichel

Zeit	**Sichtbarkeit**
tagsüber	nicht sichtbar
direkt bei Sonnenuntergang	nicht sichtbar
etwa 15 – 45 Minuten nach Sonnenuntergang	sichtbar
Rest der Nacht	nicht sichtbar

Es muss nicht überraschen, dass namhafte Wissenschaftler, die über keinerlei astronomische Kenntnisse verfügen, Fehler begehen, sobald es um historische Kalendersysteme geht. Beispielsweise schreibt der Altorientalist Mark Cohen in seinem Buch über die kultischen Kalender des antiken Nahen Ostens: »Diese Situation [bezogen auf den Beginn des Monats nach dem Mondkalender] muss besonders behandelt werden, wenn die Sichel des Neumonds zuerst in den frühen Morgenstunden erschien.«[37]

Wie wir gesehen haben, ist es astronomisch völlig unmöglich, dass man die Neumondsichel am Morgen sehen kann (siehe Abbildung 4.3). In die gleiche Richtung geht Nikos Kokkinos, wenn er schreibt: »Dennoch ist es nicht unmöglich, dass man den Neumond nach Sonnenaufgang des nächsten Tages (gemäß dem Julianischen Kalender) entdeckte, etwa zwölf Stunden später.«[38] Doch es ist schlechthin unmöglich, die Neumondsichel kurz nach Sonnenaufgang zu sehen, da sie sich zu dieser Zeit unterhalb des Horizonts befindet und daher nicht gesehen werden *kann* (siehe Abbildung 4.3b).

Ebenso unmöglich ist es, den Neumond morgens zu entdecken, wenn er über dem Horizont »aufgegangen« ist, da er aufgrund des Sonnenlichts am hellen Himmel nicht zu sehen ist (siehe Abbildung 4.3c). Mittags stehen zwar Sonne und Mond höher am Himmel als in Abbildung 4,2c, aber der Mond ist aufgrund des Sonnenlichts dennoch unsichtbar. Ich betone diese Details deswegen so

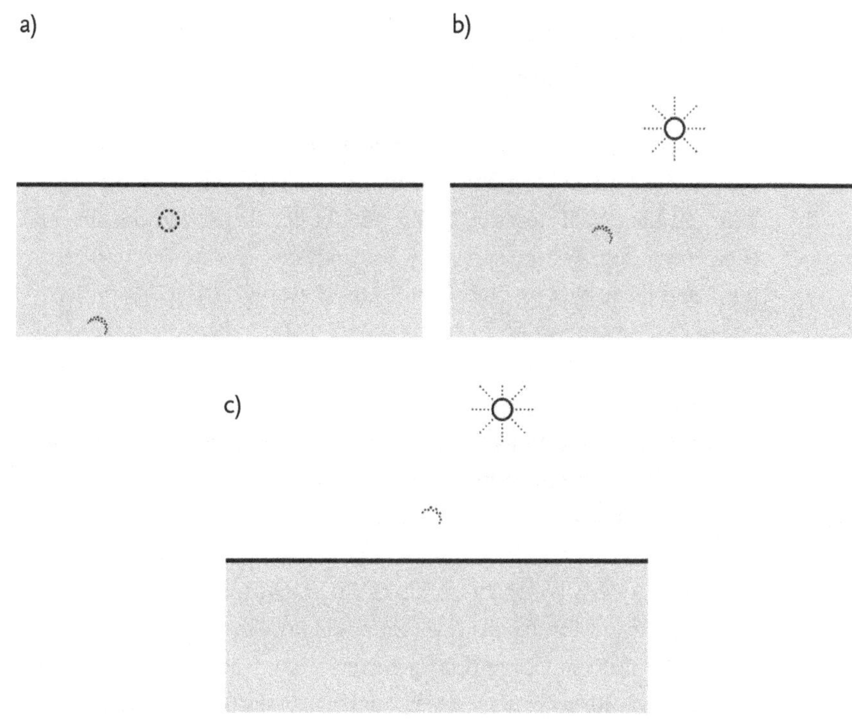

Abb. 4.3: *Die Nichtsichtbarkeit des Neumonds am Morgenhimmel.*
a) Kurz vor Sonnenaufgang befinden sich Sonne und Mond unterhalb des Horizonts und sind daher nicht sichtbar; b) Unmittelbar nach Sonnenaufgang befindet sich der Mond immer noch unter dem Horizont und ist demnach nicht sichtbar; c) Eine Weile nach Sonnenaufgang befinden sich sowohl Sonne wie auch Mond oberhalb des Horizonts, aber der Mond ist im Sonnenlicht »verloren« und daher nicht sichtbar.

deutlich, da sie – wie sich noch herausstellen wird – faszinierenderweise von Bedeutung sind, wenn wir uns mit der Beantwortung der ungeklärten Fragen hinsichtlich der letzten Tage im Leben Jesu beschäftigen werden.

Eine Rekonstruktion des jüdischen Kalenders im ersten Jahrhundert n. Chr.

Als ich zu Beginn meiner Auseinandersetzung mit diesem Thema auf den Gedanken kam, die Astronomie als Hilfsmittel heranzuziehen, fand ich bald heraus, dass ich nicht der Erste war, der diesen Weg einschlug. Schon einige vor mir hatten dasselbe versucht, unter ihnen Isaac Newton, der berühmte Wissenschaftler des 17. Jahrhunderts. Newtons Erkenntnisse wurden von zahlreichen weniger bekannten Forschern weiterentwickelt, bis schließlich im Jahr 1934 der bedeutende Oxforder Historiker und Astronom J. K. Fotheringham eine verbesserte Kalenderrekonstruktion präsentierte, auf die die Bibelforscher bis heute zurückgreifen.

Dies ist allerdings nicht ganz unproblematisch. Die Rekonstruktion des jüdischen Kalenders des ersten nachchristlichen Jahrhunderts ist insofern kompliziert, als es nicht genügt, die Himmelsbewegungen des Mondes und der Erde wie bei einer DVD zurückzuspulen. Um die Sachlage richtig zu verstehen und die anstehenden Probleme zu lösen, müssen wir noch einmal zur Astronomie zurückkehren, wie sie zu Beginn dieses Kapitels beschrieben wurde. Lassen Sie mich noch einmal zusammenfassen, was wir bisher herausgefunden haben: Der jüdische Kalender des ersten nachchristlichen Jahrhunderts war ein Mondkalender, dementsprechend begann der neue Monat mit dem ersten Erscheinen der Neumondsichel. Diese Mondsichel ist zur entsprechenden Zeit am westlichen Abendhimmel kurz nach Sonnenuntergang zu sehen. Der erste Tag des neuen Monats beginnt demnach an diesem Abend.

Es ist nun entscheidend, sich klarzumachen, dass der Mond selbst für das Auge nicht sichtbar ist, da er sich im Licht der Sonne »verliert«. In der Phase befindet sich der Mond in seiner Umkreisung der Erde zwischen der Erde und der Sonne (siehe Abbildung 4.4a). Die Astronomen bezeichnen den Moment, wenn Mond, Sonne und Erde in einer Linie stehen, als *Konjunktion*.

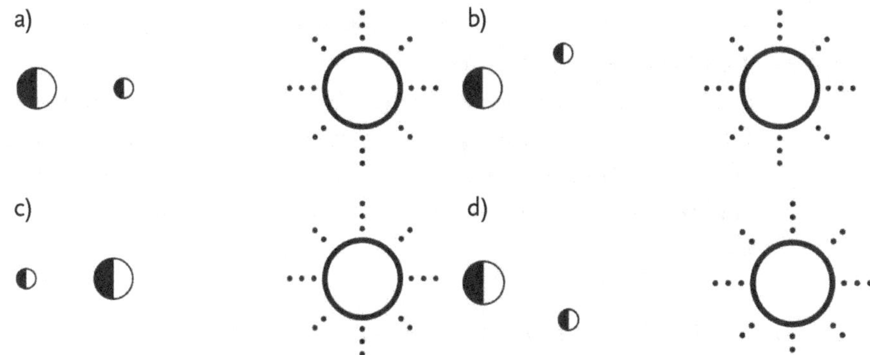

Abb. 4.4: a) Konjunktion: Der Mond (Mitte) steht zwischen Sonne (rechts) und Erde (links). Von der Erde aus kann der Mond nicht gesehen werden, da das Sonnenlicht zu hell ist; b) Erstes Erscheinen der Neumondsichel. Etwa einen Tag nach der Konjunktion wird der Mond als schmale Sichel kurz nach Sonnenuntergang am Abendhimmel sichtbar; c) Zwei Wochen nach der Konjunktion begegnen wir dem Phänomen des Vollmonds, wenn der Mond am Himmel hinter der Erde der Sonne gegenübersteht; d) Letzte Sichtbarkeit des »alten Mondes« als Sichel. Der Mond nähert sich erneut der Konjunktion und ist kurz vor Sonnenaufgang als schmale Sichel am Morgenhimmel sichtbar.

Zu dieser Zeit ist der Mond für das bloße Auge unsichtbar, da seine dunkle Seite der Erde zugewandt ist.[39] Erst eine gewisse Zeit nach der Konjunktion (normalerweise etwa 30 Stunden später) wird das erste schwache Erscheinen der Mondsichel sichtbar (siehe Abbildung 4.4b). Zwei Wochen nach dieser Konjunktion begegnen wir dem Phänomen des Vollmonds, wenn der Mond der Sonne genau gegenübersteht und bei Sonnenuntergang auf- und bei Sonnenaufgang untergeht (siehe Abbildung 4.4c). Wenn der Mond sich der Konjunktion nähert, ist er zuletzt – etwa dreißig Stunden vor der Konjunktion – als schmale Sichel am Morgen zu sehen (siehe Abbildung 4.4d). Deshalb gibt es in jedem Mondmonat zwei oder drei

Nächte, in denen der Mond nicht sichtbar ist; es ist die Zeit zwischen dem Verschwinden des »alten Mondes« am Morgenhimmel und dem Wiedererscheinen des »neuen Mondes« am Abendhimmel. In vielen alten Kulturen, zum Beispiel in Ägypten, glaubte man, der Mond sei in dieser Phase tot und befände sich in der Unterwelt. Sein Wiederauftauchen in Form der Neumondsichel empfand man jeden Monat aufs Neue als Wiedergeburt des Mondes.

Sichtbarkeit des Mondes in jedem Mondmonat

Konjunktion (Mond, Sonne und Erde in einer Linie)	Mond unsichtbar
Etwa 30 Stunden später	erstes Erscheinen der Neumondsichel
Etwa 14 Tage später	Vollmond
Etwa 14 Tage später	»alte« Mondsichel zuletzt sichtbar
Etwa 30 Stunden später	Mond unsichtbar

Für Astronomen ist es eine relativ einfach Aufgabe, die Bewegungen des Mondes um die Erde und die der Erde um die Sonne zurückzuverfolgen, um so die Zeiten der Konjunktionen des ersten Jahrhunderts nach Christus zu berechnen. Ungleich schwieriger dagegen ist es, zu berechnen, wann die schmale Neumondsichel nach einer Konjunktion zuerst sichtbar gewesen ist. Daher bemühten sich die meisten Wissenschaftler zwischen der Ära Newtons und den 1930er Jahren gar nicht erst, zu errechnen, wann die Neumondsichel zuerst sichtbar wurde, und ermittelten stattdessen die Zeit der Konjunktion. Dann addierten sie die üblichen 30 Stunden hinzu, um zu dem Zeitpunkt zu gelangen, von dem sie meinten, die Sichel müsste das Stadium der ersten Sichtbarkeit erreicht haben.

Bei dieser Dreißig-Stunden-Regel, und das darf nicht vergessen werden, handelt es sich lediglich um einen Durchschnittswert. Die tatsächliche Zeit aber, die zwischen einer Konjunktion und dem ersten Erscheinen der Neumondsichel in Jerusalem verstreicht, bewegt sich innerhalb eines Zeitraums von mindestens siebzehn und maximal zweiundvierzig Stunden. Demzufolge gelangten die früheren astronomischen Rekonstruktionsversuche des jüdischen Kalenders des ersten Jahrhunderts unserer Zeitrechnung bis etwa zum Jahr 1930 zu einem falschen Tag als Beginn des Monats. Was wiederum zur Folge hatte, dass die Bibelforscher den astronomischen Methoden zur Berechnung des jüdischen Kalenders gegenüber skeptisch waren – mit gutem Recht.

Fotheringhams Berechnungen

1934 veröffentlichte J. K. Fotheringham eine bahnbrechende Studie.[40] Darin propagierte er ein wirklichkeitsgetreueres Kriterium für das erste Erscheinen des Neumonds als die Dreißig-Stunden-Regel, die bis dahin angewendet worden war, und seine Berechnungen führten tatsächlich dazu, dass sich die Erscheinung des Neumonds besser vorhersagen bzw. rekonstruieren ließ als bisher.

Eine Zeit lang waren zahlreiche Bibelforscher hellauf begeistert von dieser neuen Methode, bis irgendwann einige Neumonde beobachtet wurden, die – gemäß Fotheringham – zu diesem Zeitpunkt gar nicht hätten stattfinden dürfen. Verständlicherweise ebbte die Begeisterung unmittelbar darauf wieder ab, da sich zeigte, dass die neue Methode ebenfalls nicht frei von Fehlern war, sondern nur etwa eine Genauigkeit von 90% aufwies. Der anerkannte Theologe Joachim Jeremias schrieb beispielsweise: »Nach einiger Zeit mussten Fotheringham und Schoch aufgrund einer von vielen in Kubebe gemachten Neulicht-Beobachtung zugeben, dass ihre Formel nicht stimmte. [...] Wir fassen zusammen: Die astronomische Chronologie führt leider auf kein gesichertes Ergebnis.«[41]

Waddingtons Berechnungen

Im Jahr 1981 arbeitete ich in Oxford und machte mir in meiner Freizeit Gedanken über die problematische Datierung der Kreuzigung Jesu. Fast 50 Jahre waren vergangen, seit Fotheringham an der gleichen Universität gearbeitet und im Jahr 1934 seine Studie veröffentlicht hatte. Ich wusste, dass die Astronomie innerhalb der vergangenen 50 Jahre enorme Fortschritte gemacht hatte; beispielsweise war man inzwischen in der Lage, einen Menschen mit der Präzision einer Nähmaschine auf den Mond zu schicken.

Und so fragte ich mich, ob man nicht auch Fotheringhams Forschungsergebnisse optimieren könnte. Dafür allerdings bedurfte ich einer professionellen Unterstützung, und so suchte ich den Oxforder Astrophysiker Graeme Waddington auf. »Graeme«, sagte ich, »wären Sie daran interessiert, herauszufinden, ob es nicht vielleicht möglich wäre, Fotheringhams Forschungsergebnisse von 1934 auf den neusten Stand zu bringen? Die Astronomie muss sich doch seit 1934 weiterentwickelt haben.«

Waddington nahm die Herausforderung an und entwickelte ein paar erstklassige Computerprogramme, die einem völlig anderen Ansatz folgten als Fotheringhams Berechnungen – zusammengefasst:

Ob man den Neumond sehen kann oder nicht, hängt von einer Vielzahl verschiedener Faktoren ab, unter anderem davon, wie dunkel der Himmel nach dem Sonnenuntergang ist, was wiederum mit der Position der Sonne unterhalb des Horizonts zusammenhängt; von der Position des Mondes am Himmel während und nach dem Sonnenuntergang; von der Helligkeit der schmalen Neumondsichel; davon, wie sehr diese durch die Atmosphäre verringert wird, und dergleichen mehr. Waddington bezog all dies in seine Berechnungen mit ein und berücksichtigte darüber hinaus sogar den Einfluss der Unebenheit der Mondoberfläche auf die Helligkeit der Sichel. Weitere Details zu seiner Arbeit finden sich in einem Artikel, den wir in der führenden naturwissenschaftlichen Zeitschrift *Nature* veröffentlichten.[42]

An dieser Stelle sei angemerkt, dass Artikel, ehe sie in *Nature* veröffentlicht werden, einer umfangreichen Prüfung durch Experten unterliegen. Üblicherweise gibt es zwei Gutachter, die anonym bleiben. Aufgrund der großen öffentlichen Aufmerksamkeit, die unser Artikel auslösen würde, sobald man ihn veröffentlichte, wurden in diesem Fall vier Gutachter herangezogen. Da diese Gutachter überaus positiv auf den eingereichten Text reagierten, teilte man uns ausnahmsweise ihre Identität mit. Es handelte sich um einen Experten im Bereich Astronomie, einen Spezialisten im Bereich antiker Kalendersysteme, einen Religionswissenschaftler und um einen Bischof mit Fachkenntnissen hinsichtlich der Biografie Jesu. Für mich war es besonders wichtig, dass unsere Berechnungen sowohl von einer naturwissenschaftlichen als auch von einer theologischen Instanz abgesegnet würden, was auch der Grund dafür war, dass wir unseren Artikel bei *Nature* und nicht bei einer theologischen Zeitschrift einreichten. Und tatsächlich kamen die Experten zu dem Ergebnis, dass unsere Berechnungen zweifellos präziser waren als die Fotheringhams, sodass unserem Artikel die Ehre zuteil wurde, in *Nature* veröffentlicht zu werden.

Darüber hinaus überprüfte Waddington seine Kalkulationen anhand von 1.282 aufgezeichneten Beobachtungen des Neumonds, und die Trefferquote lag bei 100%, inklusive all derjenigen Fälle, in denen Fotheringham sich geirrt hatte. Man kann sie also tatsächlich als zuverlässig bezeichnen. Die folgende Tabelle zeigt Waddingtons Berechnungen hinsichtlich des 14. Nisan, ausgehend vom ersten Moment, in dem die Neumondsichel sichtbar wurde (der das Datum des 1. Nisan markiert) für die Jahre 26–36 nach Christus.

Der 14. Nisan des jüdischen Kalenders in Jerusalem, 26–36 n. Chr.

Jahr (n. Chr.)	Tag	Datum des 14. Nisan
26	Sonntag	21. April
27	Donnerstag	10. April*
28	Dienstag	30. März
29	Montag	18. April+
30	Freitag	7. April+
31	Dienstag	27. März
32	Sonntag	13. April*
33	Freitag	3. April
34	Mittwoch	24. März
35	Dienstag	12. April
36	Samstag	31. März

Das Datum des 14. Nisan bezieht sich auf den Tag des Julianischen Kalenders (von Mitternacht bis Mitternacht), der zur 6. Stunde am 14. Nisan beginnt und zur 6. Stunde am 15. Nisan endet.
* Der 14. Nisan der Jahre 27 und 32 n. Chr. hätte auch am nächsten Tag sein können, wenn der Neumond aufgrund schlechter Sichtbarkeit nicht rechtzeitig gesehen worden wäre.
+ In jedem dieser Fälle ist es nicht unmöglich, aber doch höchst unwahrscheinlich, dass der 14. Nisan am Tag vorher gewesen ist.

Lassen Sie mich ein paar Worte zu dieser Tabelle und ihren Fußnoten sagen. Wir können den hier genannten Daten durchaus Glauben schenken, abgesehen von folgenden Daten, zu denen Waddington vermerkt, dass die Neumondsichel sehr schlecht sichtbar war und an denen es demzufolge unklar ist, ob das Licht des Neumonds zuerst an diesem oder am nächsten Tag zu sehen war. Vor allem der 14. Nisan der Jahre 27 und 32 könnte auch – aufgrund dessen, was die Wissenschaftler eine »eingeschränkte atmosphärische Sichtbarkeit« nennen und was so viel wie »ein nicht sehr klarer Himmel« heißt – einen Tag später stattgefunden haben. Gleichzeitig könnten auch der 14. Nisan in den Jahren 29 und 30 n. Chr. einen Tag früher gewesen sein, wenn der Nachthimmel besonders klar war. Es ist bemerkenswert, dass Graeme Waddingtons Berechnungen innerhalb der Tabelle im Grunde mit den früheren Ergebnissen Fotheringhams übereinstimmen. (Kleinere Abweichungen werden in den nächsten Kapiteln noch besprochen.)

Vor allem aber ist es wichtig zu erkennen, dass die Berechnungen selbst aufdecken, dass es in gewissen Fällen unwesentlich ist, ob der Neumond in der einen Nacht oder der folgenden zuerst sichtbar wurde. Ich werde im nächsten Kapitel jeweils beide Möglichkeiten in meiner Analyse berücksichtigen. Die Tabelle kann also, solange man sie korrekt interpretiert, *alle* Möglichkeiten abdecken. Vor allem aber kann sie herangezogen werden, um die Schlüsselfrage des vorigen Kapitels zu beantworten: In welchen Jahren wischen 26 und 36 n. Chr. fielen der 14. oder 15. Nisan auf einen Freitag?

Wie lassen sich die Daten des jüdischen Kalenders auf den Julianischen übertragen?

Der 14. Nisan in der Tabelle (Sonntag, 21. April, 26 n. Chr. etc.) ist das für den *Julianischen* Kalender errechnete Datum. Wie ich im zweiten Kapitel beschrieben habe, entspricht dies der Konvention unter Historikern und Religionswissenschaftlern, wenn es um Daten geht, die vor der Gregorianischen Kalenderreform des Jahres 1582 liegen. Dennoch gibt es ein kleines Problem, wenn man Daten des jüdischen Mond-Kalenders auf den Julianischen Sonnen-Kalender überträgt, da der jüdische Tag vom Sonnenuntergang bis Sonnenuntergang, und der Julianische (wie er von den Römern damals verwendet wurde und wie wir es auch heute noch tun) den Tag über die Zeitspanne von Mitternacht bis Mitternacht definiert.

Wie also lassen sich Daten vom jüdischen in den Julianischen Kalender übertragen, wenn die Tage innerhalb dieser beiden Kalenderordnungen zu unterschiedlichen Zeiten beginnen? Diese Problematik ist eine fortwährende Quelle der Verunsicherung, sogar unter den Gelehrten, es besteht diesbezüglich allerdings grundsätzlich Einigkeit unter Historikern in Bezug auf das anzuwendende Verfahren, dem ich mich in diesem Buch ebenfalls anschließe. Diese Konvention besagt, dass der Tag des Julianischen Kalenders (Mitternacht bis Mitternacht) auf denjenigen jüdischen Tag (Sonnenuntergang bis Sonnenuntergang) übertragen wird, der sechs Stunden *früher* begann. Nehmen wir zum Beispiel den ersten Tag der Tabelle. Was ist also gemeint, wenn wir sagen, dass im Jahr 26 n. Chr. Sonntag, der 21. April des Julianischen Kalenders dem 14. Nisan des jüdischen Kalenders entsprach? Es heißt, dass Sonntag, der 21. April zum größten Teil mit dem 14. Nisan übereinstimmt, nämlich von Mitternacht bis 18 Uhr inklusive Teilen des 15. Nisan, von 18 Uhr an bis Mitternacht.

Beispiel der Umrechnung von Kalendertagen vom Julianischen in den jüdischen Kalender

Datum des Julianischen Kalenders	Datum des jüdischen Kalenders
21. April, Mitternacht bis Mitternacht	14. Nisan, Mitternacht bis Sonnenuntergang, plus 15. Nisan, Sonnenuntergang bis Mittag

Ich führe dies hier bewusst so ausführlich aus, da die meisten Historiker und Religionswissenschaftler dies nicht tun. Wie ich aber immer wieder betone, ist es von großer Bedeutung, die antiken Kalendersysteme vollständig und restlos zu verstehen, wenn es um eine Rekonstruktion der letzten Tage im Leben Jesu geht.

Die Zweifel der Religionswissenschaftler

Wie haben die Religionswissenschaftler auf die präzisierten Berechnungen der Daten des 14. und 15. Nisan reagiert, die Waddington und ich in *Nature* publiziert haben (siehe Tabelle, S. 74)? Wir sahen bereits, dass die Wissenschaftler mit den früheren astronomischen Berechnungen Fotheringhams und seiner Vorgänger vertraut waren und ihre Skepsis aufgrund der nicht ganz fehlerlosen Ergebnisse nachvollziehbar war. Inzwischen scheinen viele Forscher von der Genauigkeit meiner gemeinsam mit Waddington veröffentlichten Studie in *Nature* von 1983 überzeugt zu sein, sodass sie häufig in Bibelkommentaren und andern Publikationen zitiert wird (zum Beispiel in der 1998 neuen und überarbeiteten Auflage von Jack Finegans *Handbook of Biblical Chronology*, in John Meiers *A Marginal Jew. Rethinking the Historical Jesus*, 1991, und anderen). Dennoch sind die meisten Forscher nicht in der Lage, diese skeptische Haltung vollkommen hinter sich zu lassen, wie man an einem Zitat John Meiers sieht, das für viele andere spricht: »Daher muss der provisorische Charakter all dieser Berechnungen betont werden.«[43]

Warum aber sind Meier und die meisten anderen Religionswissenschaftler so skeptisch gegenüber der astronomischen Rekonstruktion des jüdischen Kalenders, die Waddington und ich erarbeitet haben? Wir haben in 1282 Beispielen demonstriert, dass man anhand mathematischer Methoden, wenn man sie richtig anwendet, das Eintreten des Neumonds in der Vergangenheit wie auch in der Zukunft berechnen kann, und lagen dabei nicht ein einziges Mal falsch. Die Antwort lautet: Die Wissenschaftler haben die *Richtung* ihrer Kritik modifiziert. Obwohl sie inzwischen – anders als gegenüber den Berechnungen Fotheringhams und seiner Vorgänger – die Exaktheit unserer modernen Kalkulationen akzeptiert haben, stellen sie nun die Relevanz solcher Methoden hinsichtlich des jüdischen Kalenders infrage, und zwar aus zwei Gründen, die man durchaus ernst nehmen muss. Ich zitiere Meier, da er seine Zweifel besonders deutlich formuliert: »Auf den ersten Blick scheint das Heranziehen der Wissenschaft zur Lösung des Problems der biblischen Chronologie [die Datierung der Kreuzigung] sehr vielversprechend, doch wenn man zu einer klaren systematischen Lösung gelangen will, gilt es, mehr als nur eine Hürde zu überwinden.«[44] Meier beschreibt zwei solche Hindernisse hinsichtlich »einer klaren systematischen Lösung«: Erstens die Möglichkeit eines bewölkten Himmels, der den Neumond verdeckt, und zweitens die Möglichkeit eines Schaltjahres.

Das Problem eines bedeckten Himmels

Hierzu sagt Meier: »Die Aussage [zweier Augenzeugen, das erste Licht des Neumonds gesehen zu haben] hängt daher nicht davon ab, ob das Licht des Neumonds tatsächlich existierte, sondern davon, ob sie es *gesehen* haben *(Hervorhebung durch den Verf.)*. Wolken, Regen, Nebel oder andere atmosphärische Störungen, über die wir heute nichts zu sagen vermögen, könnten die Sichtbarkeit des Neumonds verzögert haben.«[45]

Dieser Aspekt des bewölkten Himmels, auf den Meier hinweist, ist gerechtfertigt, und es hat in der Vergangenheit weder durch beispielsweise Fotheringham noch durch Waddingtons und meinen Artikel von 1983 in *Nature* eine befriedigende Gegendarstellung gegeben. In Jerusalem herrscht eher ein mediterranes als ein Wüstenklima, somit sind Wolken und Regen in den Monaten März und April nicht ungewöhnlich. Obwohl also von Juni bis September der Niederschlag gegen Null tendiert, sind es im März durchschnittlich 64 Millimeter und 28 Millimeter im April.[46] Dennoch ist die Anzahl der durchschnittlichen Sonnenstunden in diesen Monaten hoch, da der meiste Regen nachts oder in Form von kurzem intensiven Platzregen tagsüber niedergeht. Grob geschätzt beträgt die

Wahrscheinlichkeit von Wolken, die die Sichtbarkeit des Neumonds zu dieser Jahreszeit in Jerusalem beeinträchtigen könnten, etwa 10%. War aber das Klima dort vor 2000 Jahren das gleiche wie heute? Die meisten Forscher bejahen dies, was sich unter anderem auch damit belegen lässt, dass am Ölberg auch heute noch Olivenbäume gedeihen, geradeso wie vor 2000 Jahren.

Nur fünf Kilometer östlich Jerusalems verändern sich Klima und Bodenverhältnisse zu wüstenartigen Verhältnissen, und an Niederschlag fällt nur noch die Hälfte dessen, was man in Jerusalem verzeichnet. »Die Wolken verschwinden regelmäßig, sobald sie über den Ölberg ziehen [der sich im Osten der Stadt befindet].«[47] Es ist daher nicht abwegig, anzunehmen, dass die Tempelpriester die Zeugen angewiesen haben könnten, sich fünf Kilometer östlich Jerusalems zu postieren, wo eine Wolkendecke, die den Mond verhüllen würde, deutlich unwahrscheinlicher, und somit die Möglichkeit, den Neumond zu sehen, deutlich erhöht wäre. Diese Beobachter hätten sich dann auf ihre Kamele gesetzt, um nach Jerusalem zu reiten und zu verkünden, ob der Neumond zu sehen war oder nicht. Dies müsste in der Zeit um März/April vor dem Ende der Dämmerung geschehen sein, wenn die ersten Sterne sichtbar wurden, also etwa neunzig Minuten nach Sonnenuntergang. Da die Sichel des Neumonds etwa fünfzehn Minuten nach Sonnenuntergang am Himmel erscheint, wäre genügend Zeit geblieben, in die Stadt zurückzukehren. Dennoch stellt sich nach wie vor die Frage, wie man mit dem Kalender vorging, wenn ein bewölkter Himmel oder ein Sandsturm die Sicht auf den Mond erschwerte.

Der Abstand zwischen zwei Neumonden beträgt 29,53 Tage. Durchschnittlich ist der Neumond also alle 29,5 Tage zu sehen. Da ein Monat aus einer bestimmten Anzahl einzelner Tage besteht, sind einige Mond-Monate 29, andere 30 Tage lang. Ein Mond-Monat kann weder aus 28 noch aus 31 Tagen bestehen.

Was aber geschah, wenn der Abend des 29. Tages bewölkt war und die Beobachter sich außerstande sahen, ein mögliches Erscheinen der Neumondsichel zu erkennen? Leider findet sich in der gesamten jüdischen Literatur kein Bericht, der diese Frage beantwortet. Dennoch wird die Beobachtung des Mondes wahrscheinlich höchste Priorität gehabt haben, und der Beginn des Monats wird wohl wegen eines bedeckten Himmels um einen Tag verschoben worden sein.[48] Wenn ein bewölkter Himmel den Beginn des Monats um einen Tag nach hinten verschoben hat, können wir dies in unsrer Tabelle problemlos berücksichtigen, indem wir zu jedem Tag einen hinzuzählen. So wird beispielsweise das Datum 14. Nisan des Jahres 26 Montag, der 22. April anstelle von Sonntag, dem 21. April. Die folgende Tabelle zeigt die Tage für den 14. Nisan der Zeitspanne zwischen 26 und 36 n. Chr. unter Berücksichtigung des Umstands, dass ein bewölkter Himmel den Beginn des Monats um einen Tag verzögert hat.

Die Auswirkung einer Verschiebung des Monatsbeginns durch bedeckten Himmel auf das Datum des 14. Nisan in Jerusalem zwischen 26 und 36 . Chr.

Jahr (n. Chr.)	Wochentag	14. Nisan fällt auf:
26	Montag	22. April
27	Freitag	11. April
28	Mittwoch	31. März
29	Dienstag	19. April
30	Samstag	8. April
31	Mittwoch	28. März
32	Montag	14. April
33	Samstag	4. April
34	Donnerstag	25. März
35	Mittwoch	13. April
36	Sonntag	1. April

Dieser Tabelle können wir entnehmen, dass im Fall einer Verschiebung des Monatsbeginns durch ungünstige Witterung der 14. Nisan im Jahr 27 auf einen Freitag (11. April) und der 15. Nisan im Jahr 34 (26. März) auf einen Freitag gefallen wäre. Ich werde diese Varianten im nächsten Kapitel in Betracht ziehen, in dem es um die Beantwortung der Frage geht, in welchen Jahren der 14. oder 15. Nisan auf einen Freitag fiel.

Über all dies hinaus sollten wir uns auch der Frage widmen, ob zwei aufeinanderfolgende bewölkte Abende dafür gesorgt haben können, den Monatsbeginn um zwei Tage zu verzögern. Denn da ein Mondmonat entweder 29 oder 30 Tage lang ist, gilt es zu bedenken, wie man vorging, wenn der Himmel sowohl am 29. als auch am 30. Tag bedeckt war. Die naheliegende Lösung wäre, dass in Fällen, in denen an beiden Tagen die Witterung eine klare Sicht verhinderte, die jüdischen Priester in jedem Fall den Beginn des neuen Monats proklamiert hätten, da sie wussten, dass ein Mondmonat nicht 31 Tage lang sein konnte. Und wir haben tatsächlich Belege dafür, dass man genau so vorging. Der tannaitische Kommentar *Sifra Emor* 10 (Paragraph 229.1) sagt ausdrücklich, dass ein Monat in dem Fall als ein 30-tägiger zu gelten hatte, wenn der Mond nicht am 29. Tag zu sehen war. Demnach kann die Verzögerung des Monatsbeginns um einen Tag als die maximale Verzögerung aufgrund schlechter Witterungsbedingungen betrachtet werden. Wir können also bedenkenlos von der Gültigkeit der Tabellen dieses Kapitels ausgehen, und zwar nicht nur für die Situation einer guten Sicht auf den Neumond, sondern auch dann, wenn wir den Umstand berücksichtigen, dass der Himmel möglicherweise bedeckt war. Ein derartig exaktes Kalkulationsverfahren, das auch die Möglichkeit eines bedeckten Himmels einbezieht, hat es bisher noch nicht gegeben.[49]

Das Problem der Schaltjahre

John Meier und andere Forscher bringen noch ein weiteres Problem zur Sprache: Die Schaltjahre. Bei Meier heißt es dazu: »Um den

Mondkalender dem aktuellen Sonnenkalender anzupassen, müsste dem jüdischen Kalender immer wieder ein Schaltjahr eingefügt werden. Im ersten nachchristlichen Jahrhundert gab es hinsichtlich der Schaltjahre aller Wahrscheinlichkeit nach keinen regulären Zyklus; sie wurden hinzugefügt, wann immer die entsprechende Obrigkeit aus der jeweiligen Situation heraus (vor allem aufgrund landwirtschaftlicher Aspekte) beschloss, dass sie notwendig waren. Wir können nicht mit Sicherheit sagen, ob es in den Jahren zwischen 29 und 34 ein Schaltjahr gegeben hat. Demnach bleiben alle Aussagen darüber rein spekulativ.«[50]

Meier weist zurecht auf die Problematik der Schaltjahre hin, ist aber im Unrecht, wenn er meint, alle Aussagen zu diesem Thema seien »rein spekulativ«, denn wir können die Schaltjahre vorbehaltlos in unsere Berechnungen mit einbeziehen. Und tatsächlich haben wir das in unserem Artikel in *Nature* bereits getan. Um auf diese zweite Kritik Meiers reagieren zu können, bedarf es der genauen Kenntnis des Phänomens der Schaltjahre. Jedermann weiß, wie es sich in unseren gegenwärtigen Kalendern mit den Schaltjahren verhält, aber wie wurden sie im jüdischen Kalender des ersten nachchristlichen Jahrhunderts gehandhabt?

Wir haben gesehen, dass manche Mondmonate 29, andere 30 Tage lang sind. Zwölf Mondmonate, die zu gleichen Teilen aus 29- und 30-tägigen Monaten bestehen, ergeben 354 Tage. Ein Sonnenjahr hat aber etwa 365 Tage. Also hat ein Mondjahr circa 11 Tage weniger als ein Sonnenjahr. Aufgrund landwirtschaftlich und religiös geprägter Festtage waren die Juden angehalten, die Mondmonate im Einklang mit den Jahreszeiten zu halten, und sie durften sich gleichzeitig nicht zu weit vom Sonnenjahr entfernen. Dies gelang ihnen, indem sie einen weiteren Mondmonat hinzufügten, Einschaltungs- oder »Schaltmonat« genannt, notfalls am Ende des Mondjahres, also vor dem Nisan. In gleicher Weise wird heute der Gregorianische Kalender im Gleichklang mit dem echten Sonnenjahr gehalten, indem wir dem Februar zum gegebenen Zeitpunkt einen »Schalt-Tag« hinzufügen. Die Juden mussten ihren Mondkalender im Einklang mit dem Sonnenjahr halten, da beispielsweise am 14. Nisan die Passahlämmer geopfert wurden und sie dafür vorbereitet sein mussten, und am 16. Nisan wurden im Tempel von den Priestern die ersten Gerstengarben geschwungen. Wenn die Gerste noch nicht reif war, gab es an diesem Festtag, den man das Erstlingsfrüchtefest nannte, nichts zu schwingen. Wäre die Gerste dagegen überreif, wäre der Ertrag verloren, da die Ernte nicht begonnen werden durfte, bevor die ersten Garben im Tempel geschwungen wurden. Demnach war der Gleichklang von Mond- und Sonnenjahr von größter Bedeutung.

Aus der jüdischen Literatur wissen wir, dass in verschiedenen Phasen der Geschichte des jüdischen Volkes unterschiedliche Methoden angewandt wurden, die Schaltmonate zu ergänzen. Es ist aber belegt, dass im ersten Jahrhundert nach Christus diese Regelung vom Sanhedrin, dem Hohen Rat, dem der Hohepriester vorstand, jährlich festgelegt wurde. Dabei orientierte man sich an bestimmten Kriterien, deren wichtigstes das Äquinoktium-Gesetz war, das Gesetz der Tagundnachtgleiche. Dieses besagte, dass das Passahfest nach der Frühlings-Tagundnachtgleiche stattfinden musste, dem Tag im Frühling also, wenn Tag und Nacht gleich lang sind (lat. *aequus* = gleich; *nox* = Nacht). Bischof Anatolius von Laodicea in Syrien etwa schrieb in seinem »De ratione paschali« (Osterkanon) um 270 n. Chr.: »Dies [Äquinoktium-Gesetz] ist nicht unsere eigene Zählung, es war den Juden schon lange vor Jesus Christus bekannt und wurde von ihnen streng beachtet. Man kann es aus den Schriften des Philo, Josephus und Musäus lernen ... Wenn diese Fragen zum Exodus erläutern, sagen sie, es sei notwendig, dass das Passah nach der Frühlings-Tagundnachtgleiche stattfindet.« (Interessanterweise beschloss das Konzil von Nizäa im Jahr 325 n. Chr., dass Ostern nach der Frühlings-Tagundnachtgleiche stattzufinden habe, was bis heute Gültigkeit hat.)

Wenn gegen Ende eines jüdischen Jahres abgesehen werden

konnte, dass das Passahfest vor der Tag- und Nachtgleiche stattfinden würde, wurde die Einfügung eines zusätzlichen Monats vor dem Nisan veranlasst. Die Tabellen innerhalb dieses Kapitels, die sich auf den 14. Nisan beziehen, wurden auf dieser Grundlage erstellt.

Ein Schaltmonat konnte dem Nisan aber auch dann vorangestellt werden, wenn man mit der Ernte, beispielsweise aufgrund extrem schlechten Wetters, zu spät dran war – man musste ja für die Festlichkeiten im Tempel am 16. Nisan etwas vorzuweisen haben –, oder wenn die Lämmer noch zu jung waren. Man bedenke, was für eine Macht dies für den Hohen Rat bedeutete! Ich habe mir schon oft gewünscht, dem Kalender einen zusätzlichen Monat hinzufügen zu können, wenn sich ein Termin schneller näherte, als mir lieb war. Gleichzeitig gibt es keine Macht ohne Verantwortung, und man stelle sich einmal vor, wie sehr der Hohe Rat kritisiert worden wäre, wenn er unnötigerweise einen zusätzlichen Monat veranlasst hätte – die Folge wären überreiche Früchte gewesen, sodass die Ernte verloren gewesen wäre. Daraus hätte sich eine Futterknappheit für die Tiere ergeben, denn Gerste wurde hauptsächlich als Futter verwendet.

Leider verfügen wir über keinerlei historische Dokumente hinsichtlich der Schaltmonate in den Jahren zwischen 26 und 36 n. Chr. Daher ist es möglich, dass der Nisan aufgrund außergewöhnlich schlechten Wetters einen Monat später stattfand, als wir es in den Tabellen in diesem Kapitel angegeben haben. Waddington hat seine Serie von Berechnungen allerdings wiederholt durchgeführt und dabei die Möglichkeit eines Schaltmonats aufgrund schlechten Wetters in *allen* Jahren zwischen 26 und 36 n. Chr. berücksichtigt. Seine Berechnungen, die in unserem Artikel in *Nature* enthalten sind, zeigen, dass in diesen Jahren, wenn man den Nisan um einen Monat verschoben hätte, der 14. Nisan in keinem der Jahre auf einen Freitag gefallen wäre. Der 15. Nisan wäre nur im Jahr 34 (23.April) auf einen Freitag gefallen. Wir haben also die Möglichkeit etwaiger Schaltjahre bei unseren Berechnungen vollständig berücksichtigt. Damit haben wir allen Bedenken Meiers und anderer Forscher Rechnung getragen, die sich auf die Verwendung und die Verlässlichkeit unseres rekonstruierten Kalenders beziehen, sodass er meiner Meinung nach als verlässlich betrachtet werden darf.

Zusammenfassung

In diesem Kapitel haben wir einige wichtige Resultate erarbeitet: Im ersten nachchristlichen Jahrhundert begann jeder Monat damit, dass man die Sichel des Neumonds erkennen konnte. Wir haben gezeigt, dass es möglich ist, diesen historischen Kalender mithilfe moderner astrologischer Methoden zu rekonstruieren. Die aufgrund dieser Methoden erarbeiteten Berechnungen stimmen mit über tausend belegten Datierungen des Neumonds überein und entsprechen den historisch belegten Fakten in jedem einzelnen Fall, sodass wir ihnen vorbehaltlos vertrauen können. Der so errechnete Zeitpunkt des 14. Nisan in Jerusalem in den Jahren zwischen 26 und 36 ist in einer Tabelle dieses Kapitels enthalten.

Zahlreiche Religionswissenschaftler bestätigen prinzipiell die Exaktheit dieser modernen Berechnungen, bleiben gegenüber ihrer Anwendung jedoch aus zwei Gründen skeptisch: Erstens aufgrund der Möglichkeit eines bedeckten Himmels, der das Erkennen der Neumondsichel beeinträchtigt haben könnte, und zweitens aufgrund etwaiger Schaltjahre. Hinsichtlich der Problematik des bewölkten Himmels habe ich dargelegt, dass der Beginn eines Monats sich maximal um einen Tag verschoben haben kann. Der Zeitpunkt des 14. Nisan in den Jahren zwischen 26 und 36 n. Chr. für den Fall, dass ein bewölkter Himmel den Beginn des neuen Monats um einen Tag verzögert hat, ist Gegenstand einer weiteren Tabelle innerhalb dieses Kapitels. Mithilfe dieser und der ihr vorangehenden Tabelle können wir sagen, wann der 14. oder 15. Nisan auf einen

Freitag fiel, ob nun der Beginn des Monats durch einen bewölkten Himmel verschoben wurde oder nicht.

Die Möglichkeit, dass die Priester ein Schaltjahr proklamiert haben, was bedeutete, dass sie vor den Nisan einen zusätzlichen Monat eingefügt hätten, ist ebenfalls in unseren Berechnungen berücksichtigt worden. Für diesen Fall können wir festhalten, dass in der Zeitspanne zwischen 26 und 36 n. Chr. der 14. Nisan, wenn es ein solches Schaltjahr gegeben haben sollte, in keinem dieser Jahre auf einen Freitag gefallen wäre; nur der 15. Nisan fiel auf Freitag, den 23. April des Jahres 34. Demnach können wir den Bedenken einiger Forscher überzeugend entgegentreten, die diese hinsichtlich der Anwendung moderner Astronomie zur Rekonstruktion des jüdischen Kalenders des ersten nachchristlichen Jahrhunderts artikuliert haben. Daher bin ich der Meinung, dass wir diesem Kalender vorbehaltlos vertrauen können. Er stellt uns ein sicheres und zuverlässiges Gerüst zur Verfügung, dessen wir bedürfen, wenn wir die letzten Tage im Leben Jesu rekonstruieren wollen.

Im nächsten Kapitel werden wir uns auf diesen Kalender sowie auf eine Reihe von Hinweisen in der Bibel stützen, um das *genaue* Datum des Todes Jesu zu ermitteln. Außerdem werden wir sehen – für einige mag es vielleicht überraschend klingen –, dass unser rekonstruierter Kalender uns darüber hinaus in die Lage versetzt, ein Licht auf die näheren Umstände des Letzten Abendmahls zu werfen und dabei zwei der am häufigsten ins Feld geführten Darstellungen einiger Religionswissenschaftler zu verwerfen. In diesem nächsten Kapitel werden wir zwei bedeutende Schlüsselstücke des großen Puzzles der letzten Tage Jesu ineinanderfügen.

5
Das Datum der Kreuzigung

»Denn auch unser Passah, Christus, ist geschlachtet.«
1 Kor 5,7

»Nun aber ist Christus aus den Toten auferweckt, der Erstling der Entschlafenen.«
1 Kor 15,20

Im letzten Kapitel habe ich ausgeführt, dass die Astronomie herangezogen werden kann, um den jüdischen Kalender des ersten nachchristlichen Jahrhunderts zu rekonstruieren. Nun wollen wir sehen, ob wir unseren rekonstruierten Kalender und zusätzlich einige biblische und historische Quellen verwenden können, um nicht nur das Jahr, sondern darüber hinaus auch den exakten Monat und sogar den Tag zu bestimmen, an dem Jesus starb. Wenn wir das genaue Datum kennen, versetzt uns dies in die Lage, eine Antwort auf die Frage geben zu können, ob das Letzte Abendmahl ein Passahmahl war oder nicht. Besonders im 3. Kapitel haben wir uns mit vier möglichen Interpretationen der Evangelien beschäftigt, die sich mit dem Datum und den näheren Umständen des Letzten Abendmahls auseinandersetzten. In diesem Kapitel wollen wir zeigen, dass zwei dieser Interpretationen ausgeschlossen werden können. Und wir werden sehen, dass sich sowohl biblische als auch außerbiblische Hinweise auf erstaunliche Weise ineinanderfügen.

Die Datierung der Kreuzigung

Beginnen wir damit, uns daran zu erinnern, was wir bereits erarbeitet haben. In den Kapiteln 2 und 3 habe ich gezeigt, dass die Kreuzigung im Zeitraum zwischen den Jahren 26 bis 36 stattgefunden haben muss, und zwar an einem Freitag, entweder dem 14. oder 15. Nisan gemäß dem offiziellem jüdischen Kalender, ausgehend von einer korrekten Auslegung des Johannesevangeliums sowie der Synoptiker. Nahezu alle Religionswissenschaftler stimmen hinsichtlich dieser drei Behauptungen überein, und ich bin der Meinung, sie tun dies zweifellos mit Recht.

Im 4. Kapitel habe ich auf einen astronomischen Ansatz zurückgegriffen, mit dessen Hilfe sich der offizielle jüdische Kalender für Jerusalem rekonstruieren lässt, und in Form von Tabellen die Wochentage des 14. Nisan der Jahre 26 bis 36 n. Chr. aufgelistet, all dies unter Berücksichtigung der Möglichkeit eines bedeckten Himmels, der das Erkennen der erscheinenden Neumondsichel verzögert haben könnte. Außerdem habe ich die Möglichkeit in Betracht gezogen, dass die Priester dem Kalender am Ende des jüdischen Jahres einen »Schaltmonat« hinzugefügt haben könnten, da der vorausgegangene Winter unter Umständen außergewöhnlich kalt war. Ziehen wir die Tabellen des vorigen Kapitels heran, können wir zu einer weiteren Eingrenzung der möglichen Daten der Kreuzigung gelangen, indem wir auf die Tage blicken, an denen in der Zeitspanne zwischen 26 und 36 n. Chr. der 14. oder 15. Nisan auf einen Freitag fiel. Diese Daten finden wir in der folgenden Tabelle:

Mögliche Daten der Kreuzigung

Jüdischer Tag	Evangelien-Interpretation	Datum (Julianischer Kalender)
14. Nisan	Johannes korrekt. Synoptiker korrekt, entweder indem sie das Letzte Abendmahl als Passah-ähnliches Mahl bezeichnen oder einen abweichenden Kalender verwendet haben.	Freitag, 11. April 27 n.Chr. Freitag, 7. April 30 n.Chr. Freitag, 3. April 33 n.Chr.
15. Nisan	Synoptiker korrekt. Johannes irrt entweder oder kann als gleicher Meinung mit den Synoptikern ausgelegt werden.	Freitag, 11. April 27 n.Chr. Freitag, 26. März 34 n.Chr. Freitag, 23. April 34 n.Chr.

Freitag, den 11. April 27 n.Chr. finden wir in der Tabelle sowohl für den 14. als auch für den 15. Nisan. Das kommt daher, wie Waddingtons Berechnungen gezeigt haben, dass Freitag, der 11. April des Jahres 27, abhängig von den atmosphärischen Umstanden und dem Monatsbeginn der 14. oder 15. Nisan gewesen sein kann, da der Tag, an dem man die Neumondsichel zuerst sehen konnte, sehr unsicher ist, wie ich im letzten Kapitel ausgeführt habe. Dazu kommt, dass der 15. Nisan – vorausgesetzt, dass der Monatsbeginn aufgrund schlechter Sichtverhältnisse um einen Tag verschoben wurde – am 26. März des Jahres 34 auf einen Freitag gefallen wäre. Und wenn man wegen eines besonders harten Winters den Monat um einen ganzen Monat verschoben hätte (eingefügter »Schaltmonat«), wäre der 15. Nisan am 23. April des Jahres 34 ebenfalls auf einen Freitag gefallen. Um all diese Möglichkeiten abzudecken, habe ich alle Varianten in die Tabelle eingefügt.

Es ist interessant festzuhalten, dass die Daten dieser Tabelle mit jenen Daten, die Fotheringham als mögliche Daten für die Kreuzigung angegeben hat,[51] identisch sind, abgesehen davon, dass Waddingtons exaktere Berechnungen zeigen, dass der 11. April 27 sowohl auf den 14. wie auch auf den 15. Nisan gefallen sein könnte, und dass der 26. März und der 23. April des Jahres 34 ebenfalls zu den Möglichkeiten zu zählen ist. Mithilfe von computergesteuerten Berechnungen können die Astronomen heute mit äußerster Präzision einen Menschen auf dem Mond oder einen Roboter auf dem Mars landen lassen. Demnach können wir auch der obigen Tabelle, die mit modernsten astronomischen Methoden erstellt wurde, hochgradig vertrauen. Diese Daten sind tatsächlich die *einzigen infrage kommenden* Zeitpunkte der Kreuzigung.

Wir können dieser Tabelle also entnehmen, dass die Kreuzigung nur in den Jahren 27, 30, 33 und 34 stattgefunden haben kann. Alle anderen Jahre kommen nicht infrage. Einige zeitgenössische Forscher haben eingewandt, die Kreuzigung könnte möglicherweise auch im Jahr 36 stattgefunden haben,[52] doch wenn wir einen Blick auf die Tabelle werfen, sehen wir, dass dies unmöglich ist. So nähern wir uns der Erkenntnis an, dass die Methoden der Astronomie uns in die Lage versetzen können, alte Kalenderarien zu rekonstruieren, historische biblische Fragen zu beantworten und mögliche Fehlinterpretationen zu widerlegen. Aber können wir uns noch näher an das Datum der Kreuzigung herantasten? Um das herauszufinden, müssen wir noch einige zusätzliche Hinweise der Bibel und weitere historische Quellen heranziehen.

Die Hinweise zu Johannes dem Täufer

Lukas liefert uns ein weiteres Teil des Puzzles, indem er präzisiert, wann Johannes der Täufer sein Amt antrat. Das ist in Bezug auf die Datierung der Kreuzigung von Belang, da Jesus zu ihm kam, um sich taufen zu lassen, nachdem Johannes bereits zu predigen begonnen hatte. Also muss das Datum der Kreuzigung nach dem

Zeitpunkt liegen, an dem Johannes mit seinem öffentlichen Wirken begonnen hat.

Es kann keinen Zweifel daran geben, dass Lukas das Jahr genau nennen wollte, in dem Johannes seine Tätigkeit als Prediger aufnahm, und es als historisches Datum verankern wollte. Er schreibt: »Aber im fünfzehnten Jahr der Regierung des Kaisers Tiberius, als Pontius Pilatus Statthalter von Judäa war und Herodes Vierfürst von Galiläa und sein Bruder Philippus Vierfürst von Ituräa und der Landschaft Trachonitis und Lysanias Vierfürst von Abilene, unter dem Hohenpriester Hannas und Kaiphas, geschah das Wort Gottes zu Johannes, dem Sohn des Zacharias, in der Wüste. Und er kam in die ganze Landschaft am Jordan und predigte die Taufe der Buße zur Vergebung der Sünden ...« (Lk 3,1–3).

Lukas nennt nicht nur das Jahr – »im fünfzehnten Jahr der Regierung des Kaisers Tiberius« –, sondern indem er beschreibt, wer die verschiedenen Provinzen Roms verwaltete, bettet er das Geschehen darüber hinaus in sein politisches Umfeld ein: Pontius Pilatus war Statthalter von Judäa, Herodes Vierfürst von Galiläa und so weiter. (Hierbei handelt es sich übrigens nicht um Herodes den Großen, sondern um dessen Sohn, Herodes Antipas.)

Welches Jahr war »das fünfzehnte Jahr der Regierung des Kaisers Tiberius«? Wie wir in Kapitel 2 gesehen haben, übernahm Tiberius im Jahr 12 n. Chr. gemeinsam mit seinem Stiefvater, dem regierenden Kaiser Augustus, die Regierungsgeschäfte. Augustus starb am 19. August des Jahres 14, und der römische Senat ernannte Tiberius weniger als einen Monat später, am 17. September, zum neuen Kaiser. Hat Lukas, wenn er schreibt, Johannes der Täufer habe sein Amt als Prediger im fünfzehnten Jahr der Herrschaft des Tiberius begonnen, nun aber vom Jahr 12 oder vom Jahr 14 an gezählt?

Lukas berichtet, er habe sein Evangelium für eine Person namens Theophilus niedergeschrieben (Lk 1,3), und davon ausgehend, wie Lukas ihn anspricht, war dieser Theophilus wahrscheinlich ein römischer Beamter.[53] Der Stil, in dem Lukas schreibt, »Aber im fünfzehnten Jahr der Regierung des Kaisers Tiberius ...«, ist typisch für die griechischen und römischen Geschichtsschreiber seiner Epoche. Wie also haben römische Historiker in jener Zeit die Regierungsjahre des Tiberius gezählt? Wie bereits im 2. Kapitel erwähnt, heißt es bei John Meier: »Tatsächlich bezeichnen alle bedeutenden Historiker – namentlich Tacitus, Sueton und Dio Cassio –, die die Herrschaft des Tiberius beschreiben, das Jahr 14, das Todesjahr des Augustus, als den Beginn seiner Kaiserzeit.«[54]

Annähernd alle modernen Wissenschaftler stimmen darin überein, dass die »fünfzehn Jahre«, die Lukas in Kapitel 3,1–2 nennt, vom Jahr 14 an gezählt werden müssen. Dennoch gibt es einige Forscher, unter ihnen Rainer Riesner, die davon ausgehen, man müsse die Jahre der Herrschaft des Tiberius vom Beginn seiner gemeinsamen Regierung mit Augustus an zählen.[55] Es gibt allerdings keinerlei Gründe, dieser Meinung zu folgen, und Meier kommentiert dies ein wenig bissig: »Lukas, der fest entschlossen versucht, den Gepflogenheiten der griechisch-römischen Geschichtsschreibung treu zu bleiben, hätte sich kaum dafür entschieden, einer gänzlich unbekannten Zählung gegenüber einer gemeinhin akzeptierten den Vorzug zu geben.«[56] Darüber hinaus belegt außerdem ein antiker Münzfund (siehe Kapitel 2, Abb. 2), dass Tiberius die Herrschaft im Jahr 14 n. Chr. antrat.

Somit ist es eindeutig, dass das fünfzehnte Jahr der Regentschaft des Tiberius ausgehend vom Zeitpunkt seiner Ernennung durch den römischen Senat am 17. September des Jahres 14 n. Chr. berechnet werden muss. Wenn wir die Jahre seiner Regierung nach heutiger Weise zählen würden, würden wir es so ausdrücken, dass das erste Regierungsjahr vom 17. September 14 bis zum 17. September 15 gedauert hat, sodass sich demnach das fünfzehnte Jahr vom 17. September 28 bis zum 17. September 29 erstreckte. Dennoch müssen wir noch einmal darauf hinweisen, dass die Art und Weise, wie wir heute zählen, nicht notwendigerweise der entspricht, die die Menschen im ersten nachchristlichen Jahrhundert angewandt haben.

Da Lukas sein Schreiben dem Römer Theophilus gewidmet hat und da er im Kapitel 3,1–2 über den römischen Kaiser Tiberius schreibt, noch dazu im Stil römischer Geschichtsschreiber, können wir davon ausgehen, dass er die allgemein übliche römische Methode der Zählung der Regierungsjahre verwendet, wenn er das fünfzehnte Jahre der Regentschaft des Tiberius nennt. Es ist bekannt, dass römische Geschichtsschreiber jener Zeit, wie etwa Tacitus, die Amtszeit der jeweiligen Kaiser vom 1. Januar des Kalenderjahres an zählen, das auf das Jahr der Amtsübernahme folgte.[57] Dementsprechend beziffert der römische Geschichtsschreiber das erste Jahr der Regierung des Tiberius auf die Zeit vom 1. Januar bis zum 31. Dezember des Jahres 15 n.Chr. (und analog das letzte Jahr der Regierung des Augustus auf den 1. Januar bis zum 31. Dezember 14 n.Chr.), da das römische Jahr, entsprechend dem Julianischen Kalender, am 1. Januar begann. Wenn wir all dies berücksichtigen, meinte Lukas mit dem »fünfzehnten Jahr der Regierung des Kaisers Tiberius« wahrscheinlich die Zeit vom 1. Januar bis zum 31. Dezember des Jahres 29.

Aber können wir wirklich sicher sein, dass Lukas die allgemein übliche römische Methode der Zählung der Regierungsjahre als Grundlage nahm? Er kann auch einen jüdischen Kalender verwendet haben. Wenn er sich am religiösen jüdischen Kalender orientiert hat, demzufolge das Jahr im Frühling beginnt, so muss man, wie Finegan gezeigt hat, das fünfzehnte Jahr des Tiberius vom Frühling 29 bis zum Frühling des Jahres 30 zählen. Hat er aber den zivilen jüdischen Kalender herangezogen, nach dem das Jahr im vorangegangenen Herbst begann, dauerte das fünfzehnte Jahr von Herbst 28 bis zum Herbst 29 n.Chr.

Das fünfzehnte Jahr der Regierung des Tiberius	
Römischer Julianischer Kalender	1. Januar – 31. Dezember 29 n. Chr.
Religiöser jüdischer Kalender	Frühling 29 – Frühling 30 n. Chr.
Ziviler jüdischer Kalender	Herbst 28 – Herbst 29 n. Chr.

Folglich ist der erste mögliche Zeitpunkt, zu dem Johannes der Täufer sein Amt als Prediger antrat, der Herbst des Jahres 28, was bedeutet, dass die Kreuzigung unter keinem Umständen früher, also etwa schon im Jahr 27, stattgefunden haben kann. Aus unserer Liste der möglichen Jahre der Kreuzigung können wir also das Jahr 27 streichen. Das stimmt mit dem überein, was wir über das Leben des Pilatus wissen: Wie wir gesehen haben, wurde Pilatus im Jahr 26 n. Chr. Statthalter von Judäa. Die meisten Forscher gehen davon aus, dass Pilatus bereits einige Zeit vor der Kreuzigung Statthalter war (siehe Lk 13,1 und 23,12). Allein schon aus diesem Grund ist das Jahr 27 als Jahr der Kreuzigung höchst unwahrscheinlich.

Die Hinweise beim Apostel Paulus

Nachdem wir das Jahr 27 als einen zu frühen Zeitpunkt für die Kreuzigung ausgeschlossen haben, können wir jetzt das Jahr 34 als zu spät aussortieren, da es in Widerspruch mit dem Zeitpunkt der Konversion des Paulus stehen würde. Die späteren Ereignisse im Leben des Paulus können wir mit einiger Sicherheit datieren. Von diesen zurückdatierend und die zeitlichen Angaben zu Rate ziehend, die Paulus selbst nennt (etwa »drei Jahre« oder auch »vierzehn Jahre«, siehe Gal 1,18 und 2,1), kommen zahlreiche Wissenschaftler zu der Annahme, dass Paulus' dramatische Wandlung auf dem Weg nach Damaskus im Jahr 34 n. Chr. stattgefunden hat.[58] Andere datieren Paulus' Konversion auf das Jahr 31 oder 32.[59] unter anderem, weil sie die Kreuzigung auf das Jahr 30 datieren. Wenn man davon ausgeht, dass in seinem Leben die drei Jahre nach Galater 1,18 und die vierzehn Jahre nach Galater 2,1 aufeinander folgten – was die nächstliegende Interpretation wäre, da er selbst schreibt: »Darauf, nach drei Jahren, ging ich nach Jerusalem hinauf ... Darauf, nach vierzehn Jahren, zog ich wieder nach Jerusalem hinauf« (Gal 1,18–2,1) –, belegt Robert Jewetts sorgfältige Analyse, dass die Bekehrung des Paulus nicht später als im Jahr 34 stattgefunden haben kann.[60]

Es existieren überzeugende Überlieferungen, die bis ins zweite nachchristliche Jahrhundert zurückgehen und besagen, dass die Bekehrung achtzehn Monate nach der Kreuzigung stattfand.[61] Dieser Zeitraum stimmt mit den zahlreichen bekannten Ereignissen überein, die zwischen der Kreuzigung Jesu und der Bekehrung des Paulus stattgefunden haben. Demnach kann die Kreuzigung nicht erst im Frühling des Jahres 34 stattgefunden haben, jedenfalls gibt es keine Zeugnisse, die darauf hinweisen, und daher schließe ich dieses späte Datum ebenfalls aus.[62]

Die Chronologie der Kreuzigung nach Johannes ist korrekt

Da nun die Jahre 27 und 34 n. Chr. aus der Tabelle in diesem Kapitel als mögliche Zeitpunkte für die Kreuzigung gestrichen werden konnten, bleiben nur noch zwei Daten übrig: Freitag, der 7. April des Jahres 30 und Freitag, der 3. April des Jahres 33. Beide fallen dem offiziellen jüdischen Kalender entsprechend auf den 14. Nisan, und das ist ein sehr wichtiges Resultat. Als Erstes ist zu bemerken, dass dank dieser Erkenntnis zwei mögliche Interpretationen des Letzten Abendmahls, die ich im 3. Kapitel angesprochen habe, ausgeschlossen werden können. Das heißt im Klartext: Die beiden Varianten »Die Synoptiker haben recht; Johannes irrt sich; Kreuzigung am 15. Nisan« und »Die Synoptiker haben recht; Johannes kann als übereinstimmend interpretiert werden; Kreuzigung am 15. Nisan« können ausgeschlossen werden. Dies sind nun allerdings genau die Interpretationen, die von den meisten Religionswissenschaftlern favorisiert werden. Ich konnte jedoch zeigen – und ich meine, absolut zweifelsfrei –, dass diese beiden Sichtweisen nicht korrekt sein können. Also kann das Letzte Abendmahl kein Passahmahl gewesen sein, das am entsprechenden Tag des jüdischen Kalenders, dem 15. Nisan, abgehalten wurde. Und demzufolge hat Johannes recht, wenn er die Kreuzigung auf den 14. Nisan datiert. Die Ansicht zahlreicher Forscher, Johannes habe die Kreuzigung aus Gründen der theologischen Symbolhaftigkeit und auf Kosten der historischen Faktentreue auf den 14. Nisan verlegt, ist demnach falsch.

Biblisch und kalendarisch mögliche Daten der Kreuzigung

Jüdischer Tag	Evangeliendarstellung	Datum (Julianischer Kalender)
14. Nisan	Johannes hat recht. Die Synoptiker haben recht, entweder da das Letzte Abendmahl ein Passah-ähnliches Mahl war oder da sie einen anderen Kalender verwendeten.	Freitag, 7. April 30 Freitag, 3. April 33

Einige Forscher vertreten die Ansicht, auch die astronomischen Berechnungen schlössen die Möglichkeit einer Datierung der Kreuzigung auf den 15. Nisan nicht vollkommen aus. Joachim Jeremias behauptet beispielsweise auf der Grundlage seiner Interpretation der Fotheringhamschen Berechnungen: »Sie [die astronomische Chronologie] stellt fest, dass wahrscheinlich Freitag, 7. April 30, und Freitag, 3. April 33, auf den 14. Nisan fielen, was der johanneischen

Chronologie entsprechen würde. Sie schließt aber die Möglichkeit nicht völlig aus, dass Freitag, 27. April 31 (als erheblich schwächere Möglichkeit auch Freitag, 7. April 30), auf den 15. Nisan fiel, was mit der synoptischen Chronologie übereinstimmen würde.«[63] Ich möchte hier betonen, dass Waddingtons präzise Berechnungen eindeutig belegen, dass weder Freitag, der 27. April 31 noch Freitag, der 7. April 30 auf einen 15. Nisan gefallen sein können. Die Berechnungen schließen das unmissverständlich aus. Lassen Sie mich, da es von so eminenter Wichtigkeit ist, noch einmal wiederholen, dass die Kreuzigung an einem 14. Nisan stattgefunden hat, in Übereinstimmung mit Johannes entweder am Freitag, dem 7. April des Jahres 30 oder am Freitag, dem 3. April des Jahres 33.

Die symbolische Bedeutung des Todes Jesu am 14. Nisan und seiner Auferstehung am 16. Nisan

Flavius Josephus (*Geschichte des Jüdischen Krieges*, 6.432) berichtet, dass die Passahlämmer im ersten Jahrhundert am 14. Nisan zwischen 15 und 17 Uhr nachmittags im Tempel in Jerusalem geschächtet worden seien. Wir sind soeben zu dem Ergebnis gelangt, dass Jesus an eben diesem Tag, dem 14. Nisan, starb, und die Evangelien ergänzen, dass er in der neunten Stunde gestorben sei (Mt 27,45–50; Mk 15,33–37; Lk 23,44–46), also um 15 Uhr nachmittags, zu der Zeit, als die Passahlämmer geschächtet wurden. Die bemerkenswerte Symbolik, Jesus als Opferlamm darzustellen, finden wir in den Schriften des Apostels Paulus, so etwa im 1. Korintherbrief: »Denn auch unser Passahlamm, Christus, ist geschlachtet« (1 Kor 5,7).

Wenn wir noch eine spätere Passage desselben Briefes betrachten, ist ersichtlich, wie präzise Paulus bei der Verwendung dieser Symbolik zu Werke ging: »Nun aber ist Christus aus den Toten auferweckt, der Erstling der Entschlafenen« (1 Kor 15,20). Paulus bezieht sich hier auf Christi Auferstehung, die für ihn, der frühesten christlichen Tradition folgend, am dritten Tag nach der Kreuzigung stattfand (1 Kor 15,4), also am Sonntag nach dem Freitag.[64]

Was meint Paulus, wenn er das Wort »Erstling« in Bezug auf Christus nennt? Sein Publikum im ersten Jahrhundert wird hier keinerlei Zweifel gehabt haben: Das alttestamentarische Buch Levitikus beschreibt, was die Juden das Erstlingsfest nannten, bei dem die Gerstenernte gefeiert wurde. »Dann sollt ihr eine Garbe der Erstlinge eurer Ernte zum Priester bringen. Und er soll die Garbe vor dem Herrn schwingen zum Wohlgefallen für euch; am andern Tag nach dem Sabbat soll der Priester sie schwingen« (Lev 23,10–11).

Welcher Tag ist mit »am andern Tag nach dem Sabbat« gemeint? Segal argumentiert, dass in einer gewissen Phase der Geschichte die Sichtweise der Sadduzäer hinsichtlich des Datums des Schwingens der Gerste überwogen habe, in einer anderen dagegen die der Pharisäer.[65] Es stellt sich also die Frage, welche Ansicht zur Zeit Christi überwog. Die Religionswissenschaftler sind sich uneinig, doch die unmissverständlichen Zeugnisse der jüdischen Autoren Philo und Flavius Josephus scheinen ein deutliches Bild zu liefern. Philo von Alexandria (ca. 20 v. Chr. – 45 n. Chr.) beschreibt in *De specialibus legibus* (2.144–75), dass die erste Gerstengarbe am zweiten Tag des Fests in den Tempel gebracht wurde, also am 16. Nisan. Flavius Josephus stimmt darin mit ihm überein und schreibt: »Am zweiten Tag des Festes der ungesäuerten Brote (es ist dies der sechzehnte Tag) ... bringt man ihm die Erstlinge der Gerste dar ... Von da an ist es jedem gestattet, mit der Ernte zu beginnen« (*Jüdische Altertümer*, 3.250f.).[66] Daher halte ich es für unbestreitbar, dass das Erstlingsfest in der Zeit Christi am 16. Nisan gefeiert wurde.

Feste und Festtage um Passah innerhalb des jüdischen Kalenders zur Zeit Christi	
1. Nisan	Beginn des religiösen jüdischen Jahres
10. Nisan	Auswahl der Passahlämmer
14. Nisan	Schächten der Lämmer zwischen 15 und 17 Uhr
15. Nisan	Passahmahl: 1. Tag des Festes der ungesäuerten Brote
16. Nisan	Erstlingsfest: Eröffnung der Gersten-Ernte

Eine interessante Beschreibung der Darbietung der Gerstengarben und wie sie im Tempel geschwungen wurden findet sich in der Mischna, einer Gesetzessammlung aus den Jahren um 200 n. Chr., in der es heißt: »Am Abend des ersten Tages des Passah-Festes pflegten Boten des Tempels zu den Gerstenfeldern nahe Jerusalems zu gehen und in einer festlichen Zeremonie eine Handvoll Gerste zu ernten, die dann über dem Altar geschwungen wurden ... Mit der Zeremonie am 16. Nisan wurde den Menschen gestattet, von der frischen Ernte des Jahres zu genießen« (Mischna Menachot 10.3 und 10.6).

Paulus verwendet das Symbol des Erstlings in geschickter Weise, um auf die Auferstehung hinzuweisen. Er beschreibt, dass so, wie das Schwingen der ersten Gerstengarben den Startschuss für das Einbringen der Ernte darstellte, die Auferstehung Christi den Beginn der Auferstehung und des »Einbringens« der »Entschlafenen«) einleitet. Die Chronologie, die dieser von Paulus benutzten Symbolik zugrundeliegt, ist höchst exakt. Wir haben gesehen, dass die Kreuzigung am Freitag, dem 14. Nisan stattfand. Die Auferstehung am darauffolgenden Sonntag geschah demnach am 16. Nisan, also genau an dem Tag, an dem die Priester die Erstlinge der Gerste im Tempel schwangen.

Dabei ist die doppelte Symbolik, die Christus einerseits als Passahlamm, andererseits als Erstling derer, die vom Tod auferstehen werden bezeichnet, besonders auffallend. Indem er diese Symbolik verwendet, bestätigt Paulus, dass die Kreuzigung am 14. und die Auferstehung am 16. Nisan stattgefunden hat, andernfalls wäre ihr die Grundlage entzogen. Es ist sehr unwahrscheinlich, dass Paulus sich dieser *doppelten* Symbolik bedient hätte, wenn *beide* Ereignisse nur einen Tag auseinander gelegen hätten. Paulus hat sich aufgrund *dieser* Daten für dieses Symbolpaar entschieden, und dementsprechend stimmt seine implizite Chronologie der Ereignisse im Zusammenhang mit der Kreuzigung, die im um 55 n. Chr. verfassten 1. Korintherbrief, einem der frühesten Zeugnisse des Neuen Testaments, dokumentiert ist, mit den Darstellungen des Johannesevangeliums – nach Meinung vieler Forscher das Evangelium, das als letztes, etwa im Jahr 90, verfasst wurde – überein. Beide Zeugnisse entsprechen auch der Chronologie der synoptischen Evangelien, die wahrscheinlich in den Jahren 60–90 niedergeschrieben wurden, immer vorausgesetzt, das Letzte Abendmahl war kein Passahmahl, das am entsprechenden Tag des offiziellen jüdischen Kalenders stattfand.

Jack Finegan vertritt eine unter vielen Wissenschaftlern verbreitete Meinung, wenn er schreibt: »Das Datum des 14. Nisan als Todesdatum Jesu stützt sich größtenteils auf das Johannesevangelium.«[67] Doch auch wenn es das Johannesevangelium nicht gäbe, ginge aus den Schriften des Paulus implizit hervor, dass Jesus am 14. Nisan starb. Viele Forscher vertreten die Meinung, die Chronologie der Kreuzigung, wie die Synoptiker sie beschreiben, sei wahrscheinlich eher korrekt als die des Johannesevangeliums, da die synoptischen Evangelien früher verfasst wurden. Doch die Kreuzigungs-Chronologie, wie sie bei Paulus nachzulesen ist, geht sogar noch weiter zurück, etwa auf das Jahr 55, und Paulus stimmt mit Johannes überein. Und sogar die Synoptiker sagen nicht wirklich etwas anderes, vorausgesetzt, das Letzte Abendmahl war kein echtes Passahmahl, oder es war ein solches, das allerdings nach einer anderen Kalenderordnung als dem offiziellen jüdischen Kalender begangen wurde.

Wenn wir davon ausgehen, dass die Kreuzigung am Freitag, dem 14., und die Auferstehung am Sonntag, dem 16. Nisan stattgefunden hat, so entspricht der 16. Nisan des Kreuzigungs-Jahres dem Tag nach dem üblichen Sabbat in der Passah-Woche. Daher wären in diesem Jahr sowohl die Pharisäer als auch die Sadduzäer damit einverstanden gewesen, dass das Erstlingsfest am 16. Nisan stattgefunden hätte. Somit hätte die Chronologie, die der Symbolik bei Paulus zugrunde liegt, für beide jüdische Gruppierungen gleichermaßen exakt gegolten. Gibt es in der frühen außerbiblischen Literatur irgendwelche Hinweise darauf, ob Jesus am 14. oder 15. Nisan gestorben ist oder nicht? Mir sind nur zwei bekannt. Im apokryphen *Petrusevangelium* (Vers 3) heißt es ausdrücklich, dass Jesus am Abend vor dem Passah-Fest gestorben sei, also am 14. Nisan. Eine jüdische Quelle, der Babylonische Talmud (Sanhedrin 43a), sagt: »Am Vorabend des Passahfestes hängte man Jeschu«, der vorher auch als »Jeschu, der Nazarener« bezeichnet wird (»Jesus« ist die griechische Entsprechung des semitischen »Jeschu«). Es herrscht also eine bemerkenswerte Einhelligkeit unter allen Quellen, dass die Kreuzigung am 14. Nisan stattgefunden hat; folglich sind die einzigen infrage kommenden Daten für die Kreuzigung Freitag, der 7. April 30, und Freitag, der 3. April des Jahres 33.

Lassen sich innerhalb der Bibel Hinweise finden, die uns Aufschluss darüber geben, welches der beiden Daten korrekt ist?

Können wir das Datum der Kreuzigung präzisieren?

Ich bin der Meinung, dass es ein einfaches und unmittelbares Argument gibt, das uns in die Lage versetzt, die Kreuzigung eindeutig zu datieren, und zwar folgendes: Jesus begann sein öffentliches Wirken später als Johannes, dessen Aufgabe es war, ihm den Weg zu bereiten. Lukas beschreibt, dass Johannes der Täufer seine Tätigkeit als Prediger im fünfzehnten Jahr der Herrschaft des Tiberius begann, und ich habe dargestellt, dass das früheste hierfür infrage kommende Datum der Herbst des Jahres 28 n. Chr. war. Johannes vermerkt drei unterschiedliche Passahzeiten während des Wirkens Jesu (dasjenige zur Zeit der Kreuzigung mitgezählt), sodass der früheste mögliche Zeitpunkt des ersten Passah-Festes während des Wirkens Jesu der Frühling des Jahres 29 ist, das zweite Passah wäre im Frühling 30 und das dritte im Frühling 31. Dementsprechend kann die Kreuzigung nicht im Jahr 30 stattgefunden haben, was bedeutet, dass nur der 3. April des Jahres 33 in Betracht kommt. In meinen Augen ist dies ebenso einfach wie schlüssig.

Diesem Argument liegt der jeweils früheste Zeitpunkt zugrunde, zu dem Johannes der Täufer und Jesus mit ihrem öffentlichen Wirken begonnen haben können. Wie wir weiter oben in diesem Kapitel gesehen haben, orientierte sich Lukas bei seiner Berechnung des fünfzehnten Jahres der Herrschaft des Tiberius am römischen Kalender, was bedeuten würde, dass Johannes seine Tätigkeit irgendwann in der Zeit zwischen dem 1. Januar und dem 31. Dezember des Jahres 29 n. Chr. aufgenommen hat. Aus den Evangelien geht eindeutig hervor, dass er bereits eine Zeitlang gepredigt und getauft hatte, ehe er Jesus taufte. Das macht es sehr unwahrscheinlich, dass das erste Passah der Zeit des Wirkens Jesu im Frühling des Jahres 29 lag, und spricht eher für das Frühjahr 30 oder sogar 31. Viele Forscher gehen davon aus, dass es zusätzlich zu den drei Passah-Festen innerhalb der Zeit des Wirkens Jesu, die im Johannesevangelium ausdrücklich genannt werden, noch ein weiteres Passah-Fest gab, dass Johannes zwar nicht erwähnt, auf das sich aber aufgrund verschiedener zeitlicher Andeutungen in seinem Evangelium rückschließen lässt.[68] Ist dies zutreffend, kann man sagen, dass das öffentliche Wirken Jesu drei Jahre lang währte, dass das erste Passah-Fest dieser Zeit das des Jahres 30 gewesen ist und dass die Kreuzigung im Jahr 33 stattfand. Wenn aber andererseits in die Zeit des Wirkens nur drei Passah-Festzeiten fielen, währte dieses öffentliche Wirken nur zwei Jahre lang, das erste Passah war das des Jahres 31 und die Kreuzigung im Jahr 33. So oder so, meiner Meinung nach ist es eindeutig, dass wir das Jahr 30 als Jahr der Kreuzigung ausschließen können. Dementsprechend kommt als einzig mögliches Datum nur noch der 3. April des Jahres 33 infrage.[69]

Wie alt war Jesus, als sein öffentliches Wirken begann?

In der Bibel finden sich nur zwei Angaben hinsichtlich des Alters Jesu. Lukas berichtet: »Und er selbst, Jesus, war ungefähr dreißig Jahre alt, als er auftrat ...« (Lk 3,23). Bei Johannes dagegen heißt es, die Juden hätten während der Zeit seines Wirkens zu ihm gesagt: »Du bist noch nicht fünfzig Jahre alt und hast Abraham gesehen?« (Joh 8,57) Bei beiden Angaben handelt es sich um runde Zahlen. Wie Hoehner ausführt, geht es den Juden in Joh 8,57 vor allem darum, die Jugend Jesu zu betonen, die im Kontrast zu seiner Behauptung steht, er sei bereits vor Abraham gewesen, daher sollten wir die »fünfzig Jahre« nicht wörtlich nehmen.[70]

Wenn wir noch einmal zu Lukas zurückkehren, ist es interessant, die Präzision, mit der er darstellt, dass Johannes der Täufer sein Amt »im fünfzehnten Jahr der Herrschaft des Tiberius« begonnen habe, mit der Ungenauigkeit zu vergleichen, mit der er den Beginn des Wirkens Jesu darstellt: Er war »ungefähr dreißig Jahre alt«. Es scheint, als habe Lukas das genaue Jahr der Geburt Jesu nicht gekannt, sodass er nur ein ungefähres Alter nennen kann. Hoehner stellt die Frage: »Welchen Spielraum kann man ansetzen bei einer Formulierung wie ›ungefähr dreißig Jahre‹? Es scheint plausibel, von nicht mehr als zwei oder drei Jahren in beide Richtungen auszugehen.«[71] Paul Maier vertritt den Standpunkt, Lukas' »ungefähr dreißig Jahre« könnten durchaus jedes Alter zwischen 26 und 34 bedeuten.[72]

Ich habe an anderer Stelle erörtert, dass Jesus im April des Jahres 5 v. Chr. geboren sei.[73] Möglicherweise hat Jesu Wirken in der

Öffentlichkeit bereits vor dem ersten Passah-Fest seiner Zeit begonnen, beispielsweise im Herbst des Jahres 29, dementsprechend sein öffentliches Wirken etwa einen Zeitraum von dreieinhalb Jahren einnahm. Wenn Jesus im April des Jahres 5 v. Chr. geboren worden wäre, wäre er 33 Jahre alt gewesen, als sein Wirken in der Öffentlichkeit begann (wobei man nicht vergessen darf, dass es kein *Jahr Null* beim Übergang der Jahre 1 v. Chr. zu 1 n. Chr. gibt). Dies stimmt mit der Angabe in Lukas 3,23 überein, wo es heißt, er sei »ungefähr 30 Jahre alt« gewesen. Wenn das Wort »ungefähr« eine Abweichung von nicht nur drei, sondern vier Jahren zulässt, wäre das erste Passah-Fest in der Zeit des Wirkens Jesu das des Jahres 31 gewesen und die Zeit seines Wirkens hätte sich über zweieinhalb Jahre erstreckt. In jedem Fall starb er am 3. April 33 im zeitlichen Umkreis seines 37. Geburtstags.

»46 Jahre ist an diesen Tempel gebaut worden«

Es gibt einen weiteren gewichtigen Hinweis hinsichtlich der Datierung der Kreuzigung: den faszinierenden Aspekt der »Tempel-Anspielung«. Im Rahmen der Darstellung des ersten Passahfests innerhalb der Wirkenszeit Jesu beschreibt Johannes, die Juden hätten zu Jesus, als er im Hof des Tempels stand, gesagt: »46 Jahre ist an diesen Tempel gebaut worden …« (Joh 2,20). Was meinten die Juden damit? Hätten sie sich dabei auf den ursprünglichen Bau des Tempels durch Salomon im Jahr 966 v. Chr. bezogen, ergäbe ihre Aussage keinen Sinn. Flavius Josephus berichtet allerdings, der Tempel sei durch Herodes wiederaufgebaut worden: »Im achtzehnten Jahre seiner Regierung nahm Herodes, nachdem er die oben erwähnten Bauten ausgeführt hatte, ein noch schwierigeres Werk in Angriff. Er ging nämlich daran, den Tempel Gottes in weit größerem Umfang und viel höher zu errichten; denn er glaubte, dieses Werk müsse, wenn er es vollendete, wie es auch wirklich der Fall war, herrlicher sein als alles, was er bisher zustande gebracht ...« (*Jüdische Altertümer* 15.380). Hierbei handelt es sich um Herodes den Großen, der noch lebte, wenn Jesus im Jahre 5 v. Chr. geboren wurde (vgl. Mt 2,1), nicht um seinen Sohn Herodes Antipas.

Josephus teilt uns also mit, dass Herodes den Tempel »im achtzehnten Jahre seiner Regierung« wiedererrichtet habe. Glücklicherweise wissen wir, wann das war, denn kurz vorher, in Abschnitt 15.354, heißt es in den *Altertümern*: »Im siebzehnten Jahre der Regierung des Herodes kam der Cäsar [Augustus] nach Syrien.« Der römische Historiker Cassius Dio berichtet in seiner *Römischen Geschichte* exakt, wann Kaiser Augustus nach Syrien kam: im Frühling des Jahres 20 v. Chr. Dies bedeutet das Ende des 17. Jahres der Herrschaft des Herodes, denn wir wissen, dass laut Flavius Josephus Herodes' Amtszeit am 1. Nisan begann, dem Beginn des religiösen jüdischen Jahres. Demnach war Herodes' 18. Jahr, in dem er begann, der Tempel wiederzuerrichten, das Jahr vom 1. Nisan 20 bis zum 1. Nisan 19 v. Chr.[74]

Kehren wir noch einmal zu Johannes 2,20 und zu der Frage zurück, was die Juden gemeint haben, als sie sagten, es habe 46 Jahre gedauert, diesen Tempel zu errichten. Es gibt zwei griechische Worte, die die Evangelisten, Flavius Josephus etc. für »Tempel« verwenden, und es ist von Bedeutung, sich des Unterschieds zwischen ihnen bewusst zu sein. Das erste Wort, *hieron*, meint die gesamte Tempelanlage, einen größeren Komplex also, der den inneren Tempel, drei dazugehörende Höfe, Lagerräume und so weiter mit einbezieht. *Hieron* ist das Wort, das beispielsweise Johannes in 2,14f. für Tempel verwendet: »Und er fand im Tempel die Ochsen-, Schaf- und Taubenverkäufer und die Wechsler sitzen. Und er machte eine Geißel aus Stricken und trieb sie alle aus dem Tempel hinaus ...« (Joh 2,14f.).

Das zweite griechische Wort, *naos*, bezieht sich dagegen spezifisch auf den inneren Kultraum (das Vestibül, den Altar und das

Allerheiligste). Es war eher *naos* als *hieron*, was man als die Wohnstatt Gottes empfand.[75]

In Johannes 2,20 ist es das Wort *naos*, das mit »Tempel« übersetzt wird, es ist also vom geheiligten Innenraum die Rede, nicht vom gesamten Gebäudekomplex des Tempels. Bald nach dem Bericht des Wiederaufbaus der gesamten Tempelanlage durch Herodes im 18. Jahr seiner Herrschaft, schildert Flavius Josephus die umfangreichen Vorbereitungsarbeiten, die notwendig waren, ehe der Bau beginnen konnte: »Denn erst als er tausend Wagen zum Anfahren der Steine beschafft, zehntausend erfahrene Werkmeister ausgewählt, tausend Priestern priesterliche Gewänder gekauft, sie teils in der Steinmetzkunst, teils im Zimmerhandwerk hatte unterrichten lassen, *und überhaupt alles aufs sorgfältigste vorbereitet hatte, nahm er das Werk in Angriff*« (*Jüdische Altertümer* 15.390). Josephus fährt später mit der Beschreibung fort, dass: »... der eigentliche Tempelbau [naos] von den Priestern in einem Jahre und sechs Monaten errichtet worden war ...« (*Jüdische Altertümer* 15.421). Die Arbeit am Tempelkomplex wurde nicht vor dem Jahr 64 n.Chr. fertiggestellt, sechs Jahre vor der Zerstörung durch die Römer. Eine Schlüsselfrage liegt also darin, wie lange die Vorbereitungsarbeiten gedauert haben, ehe die 18 Monate des tatsächlichen Baus begannen. Wenn sie etwa sechs Monate gedauert haben und Herodes mit dem Wiederaufbau des Tempels im achtzehnten Jahr seiner Herrschaft begann, das, wie wir gesehen haben, das Jahr vom 1. Nisan 20 bis zum 1. Nisan des Jahres 19 v.Chr. war, dann besagen Josephus' Schilderungen, dass Herodes die Arbeiten am inneren Teil des Tempels, dem *naos*, etwa zwei Jahre später abgeschlossen haben muss, was uns in das Jahr vom 1. Nisan 18 – 1. Nisan 17 v.Chr. führt. Das ist auch die Meinung zahlreicher Wissenschaftler.[76]

Kehren wir noch einmal zu Johannes 2,20 zurück, »46 Jahre ist an diesen Tempel [*naos*] gebaut worden«, so stellen wir fest, dass dieser Vers etwas Merkwürdiges beinhaltet. Die meisten Übersetzungen lesen sich so, als ob die Arbeit an der Fertigstellung des Innenraums des Tempels auch nach 46 Jahren noch immer *andauere*. Flavius Josephus dagegen berichtet, wie wir gesehen haben, dass der Bau des inneren Tempels lediglich 18 Monate in Anspruch genommen habe; es seien die anderen Gebäude des Tempels gewesen, die noch fertiggestellt werden mussten. Finegan, Hoehner und andere betonen, dass das griechische Wort in Joh 2,20, das häufig mit »bauen« übersetzt wird, in der Vergangenheitsform verwendet wird, sodass die eigentliche Bedeutung dieses Verses lautet: »Der innere Teil des Tempels [*naos*] wurde vor 46 Jahren erbaut.«

Addiert man nun 46 Jahre zu dem Nisan-bis-Nisan-Jahr 18/17 v. Chr., in dem der innere Tempel gemäß Flavius Josephus fertiggestellt wurde, und ruft man sich in Erinnerung, dass in der historischen Zählung des Übergang vom Jahr 1 v. Chr. zum Jahr 1 n. Chr. kein *Jahr Null* existiert, so gelangen wir zum Jahr, das vom Nisan 29 bis zum Nisan 30 dauerte. Dementsprechend fand das erste Passahfest während Jesu öffentlichem Wirken im Frühjahr 30 n. Chr. statt, und folglich haben die Juden ihm mitgeteilt, dass der Tempel zu jener Zeit bereits seit 46 Jahren stehe.

Die »Tempel-Anspielung« steht demnach im Einklang mit einer drei Jahre währenden Wirkenszeit Jesu, die vom ersten Passahfest im Jahr 30 bis zur Kreuzigung im Jahr 33 reicht. Die Wissenschaftler, die für eine Kreuzigung im Jahr 30 plädieren, schlagen andere Interpretationen des Verses Johannes 2,20 vor; so habe Johannes möglicherweise die verschiedenen Ereignisse unterschiedlicher Passahfeste verwechselt, insbesondere das Ereignis der Reinigung des Tempels, sodass die »Tempel-Anspielung« sich auf das letzte anstatt auf das erste Passahfest Jesu beziehe, was eine Kreuzigung im Jahr 30 nach sich zöge. Die Frage nach der Anzahl und den Zeitpunkten unterschiedlicher Tempelreinigungen ist allerdings eine andere als die nach der »Tempel-Anspielung« der 46 Jahre, ich werde gleich noch auf sie zurückkommen. Meine Interpretation dieser Anspielung wird von vielen Wissenschaftlern, unter ihnen

Hoehner und Finegan, geteilt und kann als die *natürliche Interpretation* des Verses Joh 2,20 betrachtet werden.

Andere Religionswissenschaftler wie beispielsweise Ormond Edwards[77] behaupten, der Tempel-Hinweis deute auf das Jahr 31 anstelle des Jahres 30 als Jahr des ersten Passahfestes. Sie betonen die zahlreichen Vorbereitungen, derer es laut Flavius Josephus bedurft habe, ehe der Wiederaufbau des Tempels habe beginnen können, und argumentieren weiter, diese Vorarbeiten hätten ein Jahr oder gar 18 Monate in Anspruch genommen, die man zur Zeit des Wiederaufbaus des inneren Tempelbereichs, wie Josephus sie schildert, hinzuzählen müsse. Ist diese Interpretation korrekt, erstreckte sich die Wirkenszeit Jesu über einen Zeitraum von zwei Jahren und endete im Jahr 33 mit der Kreuzigung. Ohne weitere Informationen können wir nicht sicher sein, ob Jesu öffentliches Wirken zwei oder drei Jahre lang gedauert hat, und so führe ich in der folgenden Tabelle beide Möglichkeiten aus. Unabhängig davon ist eine Kreuzigung im Jahr 30 allerdings ausgeschlossen, sodass als einzige Möglichkeit das Jahr 33 bleibt.

Schlüsseldaten zum öffentlichen Wirken Jesu und Johannes' des Täufers

Ereignis	**Zeitpunkt**
Johannes der Täufer beginnt sein Wirken	1. Januar – 31. Dezember 29
Erstes Passahfest der Wirkenszeit Jesu	Frühling 30 oder 31
Kreuzigung	3. April 33

Die Reinigung des Tempels

Folgen wir Johannes 2,13–17, so warf Jesus die Geldwechsler im ersten Jahr seines Wirkens auf dramatische Weise in zeitlicher Nähe zum Passahfest aus dem Tempel. Der Darstellung der Synoptiker zufolge fand die Reinigung des Tempels in der letzten Woche des Lebens Jesu statt. Offensichtlich haben also entweder Johannes oder die Synoptiker recht, oder Jesus ist mindestens zwei Mal im Tempel eingeschritten, einmal zu Beginn und einmal gegen Ende seiner Wirkenszeit.

Die meisten Gelehrten gehen davon aus, dass die Synoptiker zu Recht sagen, die Reinigung des Tempels habe sich in Jesu letzter Lebenswoche ereignet. R. T. France schreibt etwa: »Es ist anzunehmen, dass es unter den vielen Faktoren, die zu Jesu Tod geführt haben, einen gegeben hat, der alle Vorwürfe, die die Juden gegen ihn erhoben, am meisten vereinigt hat: dass man ihn als einen Gegner des Tempels betrachtete ... Falls diese Einschätzung der Bedeutung des Ereignisses korrekt ist, unterstützt dies die allgemeine Meinung, dass das Ereignis eher während Jesu letztem Besuch in Jerusalem stattfand als zu Beginn seines Wirkens, wie Johannes schreibt. Ein solcher Gipfel der Herausforderung gegenüber dem Tempel und seinen Würdenträger konnte nicht ungeahndet bleiben.«[78]

Gab es also sowohl im ersten wie auch im letzten Jahr seines Wirkens eine Tempelreinigung durch Jesus? Die meisten Forscher bezweifeln dies. France beispielsweise fährt fort: »Die Wahrscheinlichkeit, dass dies zwei Mal geschah, ist etwa so hoch wie die, dass es sowohl zu Beginn als auch am Ende des 2. Weltkriegs eine Landung der Alliierten in der Normandie gegeben hat.«[79] Ich bin da nicht so sicher. Falls Jesus die Geldwechsler und anderen Händler im ersten Jahr seines Wirkens aus dem Tempel geworfen hätte, wären sie vermutlich bald darauf zurückgekehrt. Wenn er also in der letzten Woche seines Lebens den Tempel erneut aufgesucht hat, traf er sie aller Wahrscheinlichkeit wieder dort an. Es ist alles andere als unwahrscheinlich, dass er sie ein zweites Mal hinausgeworfen hat, im Gegenteil: Man könnte sogar argumentieren, dass es äußerst inkonsequent gewesen wäre, hätte er es nicht getan.

Ich bin dem Rechtsanwalt Andrew Bartlett sehr dankbar für den folgenden Kommentar: »Man darf mit gutem Grund annehmen,

Abb. 5: *Rembrandt: »Christus vertreibt die Wechsler aus dem Tempel«*, Radierung 1635. Das Bild zeigt Jesus mit einer »Geißel aus Stricken«, siehe Joh 2,15.

dass Jesus sich bei jedem seiner Besuche in Jerusalem veranlasst sah, auf die eine oder andere Weise gegen das zu protestieren, was er als Missbrauch des Tempels betrachtete. Abgesehen von ihrer chronologischen Einordnung weichen die beiden Darstellungen auch in Details voneinander ab. Erwartungsgemäß zeigt ein Vergleich der beiden Berichte, dass Jesus seine Kritik verschärft. Er steigert sie vom: ›Macht nicht das Haus meines Vaters zu einem *Kaufhaus*‹ (Joh 2,16) beim ersten Mal zum: ›Ihr aber habt es zu einer *Räuberhöhle* gemacht‹ (Mk 11,17, Lk 19,46, Mt 21,13) beim zweiten Mal. Der Eindruck, den dies auf die Obrigkeit gemacht hat, wird in beiden Fällen ein sehr unterschiedlicher gewesen sein. Beim ersten Ereignis dürfte man ihn als einen übereifrigen Pilger in Begleitung einiger Freunde betrachtet haben, dem gegenüber eine verbale Zurechtweisung ausreichte (Joh 2,18–20). Beim zweiten Mal allerdings trat Jesus ihnen gegenüber als bekannter Prophet mit großer Anhängerschaft auf, der sie mit einer unmissverständlichen Herausforderung konfrontierte, sodass sich die Verantwortlichen entschieden, eine dauerhafte Lösung herbeizuführen (Mk 11,18, Lk 19,47f., Mt 26,3f.).«

Pilatus' merkwürdiges Verhalten während der Kreuzigung

Das Wissen darum, dass sich die Kreuzigung im Jahr 33 und nicht im Jahr 30 ereignet hat, hilft uns, die Haltung des Pilatus während der Verhandlungen nachvollziehen zu können. Die Frage, warum Pilatus in den Evangelien in diesem Zusammenhang als schwacher Charakter und Spielball der Juden dargestellt wird, wohingegen Philo, Josephus und auch Lukas (»Zu dieser Zeit waren aber einige zugegen, die ihm von den Galiläern berichteten, deren Blut Pilatus mit ihren Schlachtopfern vermischt hatte«, Lk 13,1) ihn als einen skrupellosen und anti-jüdisch eingestellten Herrscher beschreiben, hat zahlreiche Forscher beschäftigt. Pilatus wurde im Jahr 26 n. Chr. durch Lucius Aelius Seianus, dessen anti-jüdische Gesinnung ebenfalls bekannt ist, zum Prokurator von Judäa ernannt; der Historiker Philo berichtet sogar, Seianus habe das jüdische Volk vernichten wollen (Philo, *Legatio ad Gaium*, 159ff.). Später jedoch beschreibt Philo, dass der römische Kaiser Tiberius Seianus am 18. Oktober 31 n. Chr. wegen Volksverhetzung habe hinrichten und darüber hinaus verkünden lassen, dass die Juden im Römischen Reich nicht schlecht behandelt werden dürften. Demzufolge ist das Porträt eines Pilatus, der sich schwach und den Juden willfährig zeigt, wie es in den Evangelien im Zusammenhang mit den Verhandlungen gezeichnet wird, durchaus nachvollziehbar, wenn man von einer Kreuzigung ausgeht, die nach jenem Oktober des Jahres 31 stattgefunden hat.

Zusammenfassung

Die gesamte Beweislage in Bezug auf das Datum der Kreuzigung spricht dafür, dass Jesus am 3. April 33 um 15 Uhr starb.[80] Dieses Datum entspricht dem 14. Nisan des jüdischen Kalenders. Der Apostel Paulus zieht dieses Datum als Grundlage für seine symbolische Bezugnahme Christi als *Passahlamm* heran, da die Passahlämmer am 14. Nisan zwischen 15 und 17 Uhr nachmittags geopfert wurden. Darüber hinaus greift er darauf zurück, wenn es um sein Bild des auferstandenen Christus als *Erstling* derer geht, die von den Toten auferstehen, in Analogie mit dem Erstlingsfest der Gerstenernte am 16. Nisan. Diese zeitliche Folge steht außerdem in Übereinstimmung mit der Tempelreinigung Jesu im ersten Jahr seines Wirkens, wie sie bei Johannes beschrieben wird. Unter Umständen gab es im letzten Jahr seines Wirkens noch eine zweite Tempelreinigung (die Synoptiker).

In diesem Kapitel haben wir mithilfe einer großen Fülle biblischer und außerbiblischer Quellen Jesu Todesdatum ermittelt, unter Berücksichtigung des von uns rekonstruierten jüdischen Kalenders des ersten nachchristlichen Jahrhunderts. Im nun folgenden Kapitel stelle ich eine weitere neue Methode zur Datierung der Kreuzigung vor, die einem ganz und gar anderen Ansatz folgt und unabhängig von unserem rekonstruierten Kalender ist. Die entscheidende Frage lautet: Führt uns diese Methode zu dem gleichen Datum, das wir in diesem Kapitel hergeleitet haben: zum 3. April des Jahres 33?

6

Der Mond wird sich in Blut verwandeln

> Und als der Tag des Pfingstfestes erfüllt war, waren sie alle an einem Ort beisammen. Und plötzlich geschah aus dem Himmel ein Brausen, als führe ein gewaltiger Wind daher, und erfüllte das ganze Haus, wo sie saßen.
> Und sie wurden alle mit Heiligem Geist erfüllt und fingen an, in anderen Sprachen zu reden, wie der Geist ihnen gab, auszusprechen. Petrus aber stand auf mit den Elfen, erhob seine Stimme und redete zu ihnen: Männer von Judäa und ihr alle, die ihr zu Jerusalem wohnt, dies sei euch kund, und hört auf meine Worte! Denn diese sind nicht betrunken, wie ihr meint, denn es ist die dritte Stunde des Tages; sondern dies ist, was durch den Propheten Joel gesagt ist: »Und es wird geschehen in den letzten Tagen, spricht Gott, das ich von meinem Geist ausgießen werde auf alles Fleisch ... Und ich werde Wunder tun oben im Himmel und Zeichen unten auf der Erde: Blut und Feuer und qualmender Rauch; die Sonne wird verwandelt werden in Finsternis und der Mond in Blut, ehe der große und herrliche Tag des Herrn kommt. Und es wird geschehen: Jeder, der den Namen des Herrn anrufen wird, wird gerettet werden.
>
> *Apg 2,1–2; 4; 14–17; 19–21*

Man führe sich diese dramatische Szene vor Augen. Petrus sprach die oben zitierten Worte am Tag des Pfingstfests zu der Menschenmenge, die sich in Jerusalem versammelt hatte, um dort dieses Fest zu begehen, das zweite der drei großen jüdischen Feste. Gerade einmal sieben Wochen waren vergangen, seit Jesus gekreuzigt worden war, zu der Zeit, da die Lämmer für das Passahfest geopfert wurden, dem ersten der drei großen jüdischen Feste. In ganz

Jerusalem müssen Gerüchte umgegangen sein, Jesus sei von den Toten auferstanden und habe mit einigen seiner Begleiter nicht nur gesprochen, sondern sogar mit ihnen gegessen.

Im Zeitraum zwischen der Kreuzigung und Pfingsten blieben Jesu Jünger sehr zurückgezogen, versammelten sich im »Obersaal« in Jerusalem (Apg 1,13), aus Angst vor den Juden (Joh 20,19 und 26) hinter verschlossenen Türen, und sprachen untereinander über die bewegenden Ereignisse, an denen sie teilgenommen hatten (Apg 1,15–26). Am Pfingsttag allerdings waren die ängstlichen Jünger wie umgewandelt. Die Apostelgeschichte schildert, sie seien »mit Heiligem Geist erfüllt« gewesen (Apg 2,4), hätten ihren »Obersaal« verlassen und den Menschen, die sich in Jerusalem versammelt hätten, um das Pfingstfest zu feiern, die Ereignisse um Jesu Leben verkündet. Ihre Worte seien mit einer solchen Leidenschaft und Hingabe aus ihnen herausgeströmt, dass man sie für betrunken gehalten habe (Apg 2,13).

Dann stand Petrus auf und wandte sich an die Menge. Zuerst teilte er den Menschen mit, dass die Jünger nicht betrunken seien, denn es sei ja erst 9 Uhr morgens. Hätte sich die Szene in unserer Zeit abgespielt, hätte er vielleicht hinzugefügt, dass die Kneipen, Bars und Clubs noch geschlossen seien! Er sagte, was die Menschen hier erlebten, sei nichts Geringeres als die Erfüllung der Weissagungen des Propheten Joel.

Man stelle sich die aufgeladene Atmosphäre innerhalb der Menschenmenge vor, als Petrus diese Worte sprach. Einige der Menschen mögen Zeugen der Kreuzigung gewesen sein, gerade einmal sieben Wochen vorher. Viele von ihnen haben wahrscheinlich die Gerüchte um die Auferstehung mitbekommen. Sie alle hatten gerade eben die verwandelten Jünger Jesu miterlebt, die mit erstaunlicher Kraft und Überzeugung gesprochen hatten. Petrus teilte der Menge mit, dass sie sich an einem Wendepunkt der Geschichte befänden, in einer Zeit, in der sich eine der großen Prophezeiungen erfüllt habe, Gott ließe seinen Geist ausströmen wie nie zuvor, und jeder, der den Namen des Herrn anrufe, werde gerettet werden. Ich nehme an, es wird einigen der Zuhörer kalt den Rücken heruntergelaufen sein, als Petrus diese kraftvollen Worte sprach, wogegen andere eher große Feindseligkeit empfunden haben dürften.

Wie sollen wir Petrus' Pfingstpredigt interpretieren?

Was meinte Petrus *genau* mit den Worten: »Dies ist, was durch den Propheten Joel gesagt ist«, und wie wird die Gemeinde seine Worte wohl verstanden haben? Die meisten Forscher meinen, dass – obwohl Petrus behauptete, *Teile* der Prophezeiungen Joels, insbesondere die Ausgießung des Heiligen Geistes, seien in Erfüllung gegangen – die vollständige Erfüllung der Prophezeiung erst noch bevorstünde. C. K. Barrett beispielsweise legt dar, »der große und herrliche Tag des Herrn« (Apg 2,20) sei »der letzte Tag ... der Tag des Gerichts ... der Tag, an dem der Herr Jesus Christus aus dem Himmel herabsteigt, um die Geschicke des Volkes Gottes zu vollenden«. Barrett meint ferner, die himmlischen Zeichen, die Wunder in den Himmeln seien noch nicht eingetreten, stellten jedoch das unmittelbare Vorspiel für das Erscheinen Christi dar.[81]

Diese Interpretation Barretts und zahlreicher anderer Bibelforscher, Petrus habe die meisten seiner Zitate des Propheten Joel auf die *Zukunft* bezogen, ist sicher möglich. Dennoch behaupte ich, sie entspricht nicht der *natürlichen* Interpretation der Worte des Petrus. Petrus leitete seine Zitate aus Joel 2,28–32 mit den Worten ein: »Hört auf meine Worte ... dies ist, was durch den Propheten Joel gesagt ist«. Er behauptete also, die jüngsten Ereignisse seien die Erfüllung der Prophezeiung, die er in der Folge zitieren würde. Würde sich der letzte Teil der Prophezeiung nicht auf die jüngsten Ereignisse, sondern auf Geschehnisse in der Zukunft beziehen, warum hat Petrus das Zitat dann nicht an einer passenden Stelle abgebrochen und die Stellen ausgespart, die die Zukunft betreffen?

Oder warum hat Lukas, der Verfasser der Apostelgeschichte, dies nicht getan?

Dementsprechend liegt eine andere Interpretation der Worte des Petrus nahe, und zwar die, dass Petrus damit sagen wollte, die jüngsten Ereignisse seien die Erfüllung der *gesamten* Prophezeiung, auf die er sich bezog. Diese Interpretation möchte ich in diesem Kapitel genauer untersuchen, da sie uns möglicherweise einen weiteren Hinweis auf das exakte Datum der Kreuzigung bietet.[82]

Die Auffassung, Petrus habe die gesamte Prophezeiung Joels im Jahr der Kreuzigung als erfüllt betrachtet, erfährt Unterstützung durch den angesehenen Religionswissenschaftler F. F. Bruce, der zum entsprechenden Kapitel der Apostelgeschichte schreibt: »Die ›letzten Tage‹ begannen mit dem Erscheinen Christi auf Erden und werden mit seinem Wiedererscheinen vollendet werden; dieses sind die Tage, während derer die Zeit, die kommen wird, und das gegenwärtige Zeitalter sich überschneiden. Daher die Sicherheit, mit der Petrus die Worte des Propheten wiedergeben und behaupten konnte: ›Dies ist, was durch den Propheten Joel gesagt ist.‹«[83] In der Folge nimmt Bruce direkt Bezug auf Apg 2,19–21: »Und ich werde Wunder tun oben im Himmel und Zeichen unten auf der Erde ... die Sonne wird verwandelt werden in Finsternis und der Mond in Blut.« Bruce schreibt: »Die Wunder und Zeichen, die in der Welt der Natur offenbar werden sollen, könnten in ihrer unmittelbaren Umgebung von größerer Relevanz sein, als manchmal angenommen wird ... Genauer gesagt, wenig mehr als sieben Wochen waren verstrichen, seit die Menschen in Jerusalem während des frühen Nachmittags am Karfreitag tatsächlich die Verdunklung der Sonne miterlebt hatten; und später am selben Nachmittag mag der österliche Mond aufgrund der außergewöhnlichen Finsternis tatsächlich blutrot am Himmel erschienen sein. Diese Phänomene werden nun als Vorboten des Tages des Herrn interpretiert – sicherlich ein Tag des Gerichts, unmittelbarer allerdings der Tag der göttlichen Erlösung all jener, die seinen Namen angerufen haben.«[84]

Das Ereignis, das man als die Ausgießung des Geistes erlebte, fand am Pfingsttag statt. Es mag einer Erwähnung wert sein, dass so wie das Erstlingsfrüchtefest der Gerste in der Passah-Woche stattfand, wie wir in Kapitel 5 gesehen haben, am 16. Nisan, Pfingsten ein weiteres Erstlingsfest war, diesmal das des Weizens (Levitikus 23,15). Dieses Erstlings- oder Wochenfest (Schavuot) fand exakt sieben Wochen nach dem 16. Nisan statt (50 Tage nach der Zählweise der Juden, aber 49 Tage, also sieben Wochen mit je sieben Tagen, nach unserer heutigen Zählweise).[85]

William Neil schreibt, Petrus habe die Auferstehung als Erfüllung der Verheißungen hinsichtlich der »letzten Tage« betrachtet: »Petrus nennt die Verse Joel 2,28–32, in denen der Prophet in einer apokalyptischen Passage von den Zeichen des messianischen Zeitalters spricht, die die Ausgießung des Geistes Gottes und weitere Zeichen der Natur beinhalten. Petrus betrachtet die Pfingsterfahrung der Jünger sowie die Wundertaten während des öffentlichen Wirkens Jesu, allen voran die Auferstehung, als allgemeine Erfüllung der Verheißungen Gottes durch seinen Propheten und als Ankündigung des Nahens der ›letzten Tage‹.«[86]

Die Sonne wird verwandelt werden in Finsternis

Setzen wir mit unserer Interpretation fort: Petrus gab die Worte des Propheten Joel wieder und bekräftigte, durch die jüngsten Ereignisse habe sich die gesamte Prophezeiung erfüllt. Ist dies der Fall, lässt sich »Die Sonne wird verwandelt werden in Finsternis« (Apg 2,20) offensichtlich auf die drei Stunden der Dunkelheit während der Kreuzigung (Lk 23,44) beziehen, und Petrus' Zuhörer werden es sicher auch so gesehen haben. Bruce legt dar: »Wenig mehr als sieben Wochen waren verstrichen, seit die Menschen in Jerusalem während des frühen Nachmittags am Karfreitag tatsächlich die Verdunklung der Sonne miterlebt hatten.«[87]

Gibt es eine natürliche Erklärung für diese Verdunklung? Lukas beschreibt die Dunkelheit so: »Und es war schon um die sechste Stunde (d.h. Mittag); und es kam eine Finsternis über das ganze Land bis zur neunten Stunde (d.h. 15 Uhr), da sich die Sonne verfinsterte« (Lk 23,44f.). Es wurde mehrfach behauptet, eine Sonnenfinsternis sei der Grund für diese Verdunklung gewesen, eine solche kann aber nur zur Zeit des Neumonds eintreten, und die Kreuzigung fand am 14. Nisan statt, in der Mitte des jüdischen Monats, also zur Vollmondzeit. Abgesehen davon beträgt die Dauer einer Sonnenfinsternis ein paar Minuten, nicht mehrere Stunden. Andere Forscher vertreten die Meinung, die Sonne hätte sich infolge eines Sandsturms (Chamsin) verdunkelt. In meinem Buch *Und der Dornbusch brannte doch* beschreibe ich einen Sandsturm, den ich einmal in Kuwait miterlebt habe. Das Sonnenlicht war mehrere Stunden lang vollkommen wie ausgelöscht, sodass ich mittags in meinem Hotelzimmer das Licht einschalten musste.[88]

Sandstürme mit dem Namen Chamsin oder Scirocco sind im Mittleren Osten im Frühling nichts Ungewöhnliches. Der Name Chamsin leitet sich vom arabischen Wort für »fünfzig« ab, da der Zeitraum, in dem die Sandstürme auftreten, von Mitte März an etwa fünfzig Tage beträgt. Bekräftigung könnte diese Theorie durch die apokryphen »Sibyllinischen Orakel« (Oracula Sibyllina) finden. Dort heißt es: »alsbald wird auch Staubwirbel vom Himmel herfahren gegen die ganze Erde, und der Glanz der Sonne wird vom Himmel mitten [am Tage] verschwinden«.[89] Darüber hinaus ist die griechische Wortform für »Finsternis wird sein« im Orakeltext identisch mit dem Wort, das Lukas in 23,45 verwendet: »... da sich die Sonne *verfinsterte*«. Daher bin ich der Meinung, dass sich die Worte »Die Sonne wird verwandelt werden in Finsternis« (Apg 2,20), aus der Pfingstpredigt des Petrus auf die dreistündige Dunkelheit während der Kreuzigung beziehen, die durch einen Sand- oder Staubsturm hervorgerufen worden sein könnte.

Sir Robert Hanbury Brown verdanken wir einen faszinierenden

Augenzeugenbericht eines Sandsturms im Sudan: »Am 26. Juni hatten wir den außergewöhnlichsten Sandsturm, den die Einwohner je erlebt haben … Es war windstill und die Sonne strahlte so hell wie immer an diesem wolkenlosen Himmel, als von einem Moment auf den anderen alles in Dunkelheit gehüllt wurde; eine matte gelbe Glut trübte die Atmosphäre ein. Ich beobachtete, wie sich eine große Anzahl immens hoher brauner Hügel [aus Sand] hoch oben in der Luft näherte. Dieses außergewöhnliche Phänomen näherte sich so schnell, dass wir uns innerhalb von ein paar Minuten in pechschwarzer Dunkelheit befanden … Diese Dunkelheit war so undurchdringlich, dass unser Versuch, unsere Hände zu sehen, die wir unmittelbar vor die Augen hielten, zum Scheitern verurteilt war. Nicht einmal die Umrisse waren zu erkennen.«[90]

Der Mond wird sich in Blut verwandeln

Da die Finsternis während der Kreuzigung eintrat, möchte ich der Frage nachgehen, ob es möglich ist, dass sich der Mond auch während der Kreuzigung »in Blut verwandelt« hat; immerhin werden die beiden Ereignisse in Apg 2,20 gemeinsam genannt: »Die Sonne wird verwandelt werden in Finsternis und der Mond in Blut«, und von beiden heißt es, sie werden eintreten, »ehe der große und herrliche Tag des Herrn kommt«, was ich mit der Auferstehung in Zusammenhang gebracht habe. Neben der Pfingstpredigt des Petrus liegt uns noch weiteres Textmaterial vor, aus dem hervorgeht, dass sich am Abend des Kreuzigungstages »der Mond in Blut« verwandelt. Im apokryphen »Bericht des Pilatus« heißt es. »Jesus wurde zu ihm gebracht durch Herodes, Archelaus, Philip, Hannas, Kaiphas und all die anderen Leute. Bei seiner Kreuzigung verfinsterte sich die Sonne; die Sterne wurden am Himmel sichtbar, und in aller Welt entzündeten die Menschen Lampen, von der sechsten Stunde bis zum Abend; der Mond erschien wie Blut.«[91]

Viele der apokryphen Schriften enthalten äußerst pathetische Texte, sodass sie sich schwerlich als zuverlässige historische Quellen heranziehen lassen. Tertullian berichtet in seiner *Kirchengeschichte* zweimal, Pilatus habe einen Bericht über die Umstände der Kreuzigung verfasst und diesen Kaiser Tiberius gesandt.[92] Die Manuskriptfragmente, die uns von Pilatus' Bericht erhalten sind, stammen sämtlich aus späterer Zeit, und in der Forschung bestehen geteilte Meinungen darüber, ob sie teilweise auf diesem sehr frühen, verlorenen Dokument basieren (wenn ein solches existiert hat), oder ob es sich bei diesem Bericht nicht vielmehr um eine christliche »Fälschung« handelt, für die man die Apostelgeschichte als Quelle verwendet hat. Die Mehrzahl allerdings geht von einer Fälschung aus, da der Bericht Jesus gegenüber ausgesprochen wohlwollend ist. Wenn der Bericht, der uns erhalten ist, auf dem originalen Bericht des Pilatus an Tiberius basiert, enthält er einen unabhängigen Beweis dafür, dass der Mond während der Kreuzigung wie Blut am Himmel erschien. Handelt es sich aber um eine christliche Fälschung, die aller Wahrscheinlichkeit nach von der Darstellung der Apostelgeschichte ausgeht, legt dies nahe, dass es eine Tradition gab, derzufolge der Mond während der Kreuzigung rot wie Blut erschien.

Liegen uns noch andere Texte vor, die besagen, der Mond sei während der Kreuzigung rot wie Blut erschienen? Die Antwort lautet Ja, und der entsprechende Text stammt von einem Theologen und Gelehrten, der für seine energische Opposition gegenüber unorthodoxen Glaubensvorstellungen bekannt ist: Bischof Kyrill von Alexandria. Kyrill war ein Mönch und Priester, der von etwa 378 – 444 n.Chr. in der ägyptischen Stadt Alexandria lebte, in der er später Bischof und Patriarch wurde. Etliche seiner umfangreichen theologischen Schriften sind erhalten geblieben, und in einer von ihnen heißt es, nachdem er die Finsternis während der Kreuzigung beschrieben hat, etwas Ungewöhnliches habe sich mit dem Mond ereignet, sodass dieser schien, als sei er in Blut verwandelt.[93] Kyrill weist darauf hin, dass der Prophet Joel solche Zeichen vorausgesagt habe. Er bringt also die Zeichen der Joel-Prophezeiung, die Petrus in seiner Pfingstpredigt zitiert, mit der Zeit der Kreuzigung in Zusammenhang.

Wir haben also drei Dokumente, die beschreiben, dass der Mond am Abend der Kreuzigung rot wie Blut erschien: die Apostelgeschichte, den Bericht des Pilatus und eine Schrift des Bischofs Kyrill von Alexandria. Als ich mich im Jahr 1981 mit dieser Thematik zu beschäftigen begann, wurde mir bewusst, dass die Beweislage dünn war. Lassen Sie mich also noch einmal zusammenfassen: Eine vorläufige Interpretation der Pfingstpredigt des Petrus (von der ich meine, sie sei korrekt), ist die, dass während der Kreuzigung der Mond rot wie Blut am Himmel erschien. Der Bericht des Pilatus, wahrscheinlich eine christliche Fälschung, die die Apostelgeschichte als Quelle heranzieht, bestätigt dies, was zu der Annahme führt, dass der rote Mond während der Kreuzigung eine Tradition unter einigen Christen war. Kyrill von Alexandria bestätigt das Phänomen ebenfalls und schreibt, damit habe sich die Weissagung des Propheten Joel erfüllt. Ich bin der Ansicht, dass der Pilatus-Bericht und die Darlegungen Kyrills mit gewisser Zurückhaltung als »Beweismaterial zweiten Grades« für die Aussage des Petrus in seiner Pfingstpredigt herangezogen werden können, dass der Mond am Abend der Kreuzigung rot wie Blut am Himmel erschienen sei.

Die Bedeutung des Mondes, der »in Blut verwandelt« wird

Während ich dies schreibe, habe ich ein Exemplar der *TIMES* neben mir, die Ausgabe vom 10. Januar 2001. Auf der Titelseite befindet sich ein überwältigendes Farbfoto einer Mondfinsternis, und die Bildunterschrift lautet: »Der blutrote Mond gestern Abend über dem Walisischen Grenzgebiet.« Im ersten Absatz unter dem Mondfoto heißt es: »Tausende Zuschauer, die den eisigen Temperaturen zum Trotz gekommen waren, um sich die totale Mondfinsternis der vergangenen Nacht anzuschauen, wurden mit dem faszinierenden Anblick eines der größten Wunder der Natur belohnt: Der Mond färbte sich blutrot.«

Warum sieht der Mond während einer Finsternis rot aus? Dafür gibt es eine hinreichende wissenschaftliche Erklärung (siehe Abb. 6.1).[94]

Man beachte die Übereinstimmung der Worte der *TIMES* mit denen, die Petrus zweitausend Jahre früher verwendet hat. Bei Petrus heißt es: »Die Sonne wird verwandelt werden in Finsternis und der Mond in Blut.« Die *TIMES* schreibt. »Der Mond färbte sich blutrot.« Daher ist es sehr aufschlussreich, dass Petrus, wenn er

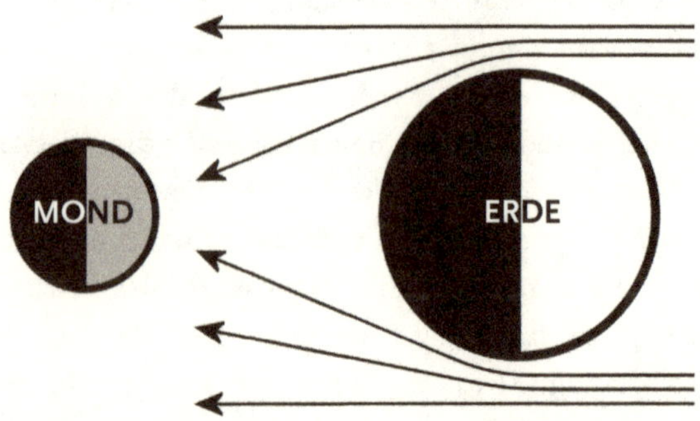

Abb. 6.1: *Warum der Mond sich blutrot färben kann.* Während einer Mondfinsternis befindet sich der Mond im Schatten der Erde und müsste demnach eigentlich schwarz sein. Dennoch werden Strahlen des Sonnenlichts durch die Erdatmosphäre in den Erdschatten hinein abgelenkt. Während dieses Durchgangs durch die Erdatmosphäre erfahren die Strahlen durch die Luftmoleküle, auf die sie treffen, eine Streuung, was vor allem die kürzeren (blauen und grünen) Wellenlängen des Lichts aus den Strahlen herausfiltert, sodass das Licht, das den Mond erreicht, rot ist. Der verfinsterte Mond reflektiert dieses rote Licht zurück zur Erde und erscheint somit selbst rot.

davon spricht, dass der Mond sich in Blut verwandle, auf das beeindruckende Naturschauspiel einer Mondfinsternis Bezug nimmt, ebenso, wie es bei der *TIMES* der Fall war. Um die Wahrscheinlichkeit dieser Übereinstimmung näher zu beleuchten, müssen wir herausfinden, ob die Menschen, die im ersten Jahrhundert nach Christus gelebt haben, üblicherweise eine Mondfinsternis mit dem Bild eines blutrot gefärbten Mondes in Verbindung gebracht haben.

Das Phänomen des »blutroten Mondes« in frühen Texten

In der antiken Literatur gibt es zahlreiche Bezugnahmen auf einen Mond, der sich blutrot gefärbt haben soll. Ich habe eine faszinierende kleine Auswahl derer zusammengetragen, die sich historisch datieren lassen. Die früheste datierbare Referenz habe ich bei dem römischen Geschichtsschreiber Quintus Curtius Rufus gefunden (1. Jahrhundert), der beschreibt, dass zwei Tage, nachdem Alexander der Große den Fluss Tigris überschritten habe, der Mond »in der Farbe des Blutes errötete« (*Geschichte Alexanders des Großen* 4.10.2). Die Angabe »zwei Tage, nachdem Alexander der Große den Tigris überschritten hatte«, bezieht sich auf den 20. September des Jahres 331 v. Chr., und astronomische Berechnungen ergeben, dass es in dieser Nacht eine Mondfinsternis gab. Wir können also zweifelsfrei behaupten, dass der »blutrot gefärbte Mond« hier auf eine Mondfinsternis zurückzuführen ist.

Der römische Historiker Cassius Dio (ca. 163 – ca. 229) beschreibt die große Verwirrung, die vor der zweiten Schlacht von Cremona im Lager des Kaisers Vitellius geherrscht habe, da der Mond sowohl wie blut gefärbt als auch schwarz erschienen sei (*Römische Geschichte* 65.11). Berechnungen ergeben, dass es tatsächlich zu dieser Zeit eine partielle Mondfinsternis gekommen ist, und zwar am 18. Oktober des Jahres 69 n. Chr. Eine weitere partielle Mondfinsternis auf der iberischen Halbinsel am 2. März 462 n. Chr. wird in den *Chroniken* des Hydatius (5. Jahrhundert) geschildert. »Am 2. März verwandelte sich der Vollmond zu Blut, als die Hähne nach dem Sonnenuntergang krähten.« Und wieder belegen astronomische Berechnungen, dass es exakt an diesem Tag dort eine Mondfinsternis gab.

Aus dieser kleinen Auswahl (und ich könnte sie nach Belieben fortsetzen) geht bereits hervor, dass die Formulierung vom Mond, der sich »in Blut verwandelt« innerhalb der großen Zeitspanne von 3000 v. Chr. bis 400 n. Chr. und sogar bis in die Wortwahl der *TIMES* in unserer Zeit als weit verbreitete Beschreibung einer Mondfinsternis herangezogen wird. Daher liegt es durchaus im Bereich des Möglichen, dass Petrus, der Pilatus-Bericht und Kyrill von Alexandria, wenn sie von einem Mond sprechen, der sich »in Blut verwandelt«, eine Mondfinsternis beschrieben haben könnten. Bisher scheint diese Schlussfolgerung in keinen Bibelkommentaren erwähnt worden zu sein, obwohl F. F. Bruce, wie wir gesehen haben, fast zu diesem Schluss gekommen wäre: »Wenig mehr als sieben Wochen waren verstrichen, seit die Menschen in Jerusalem während des frühen Nachmittags am Karfreitag tatsächlich die Verdunklung der Sonne miterlebt hatten; und später am selben Nachmittag mag der österliche Mond aufgrund der außergewöhnlichen Finsternis wirklich blutrot am Himmel erschienen sein.«[95]

Die Evangelien berichten von keiner Finsternis am Abend nach der Kreuzigung. Es muss allerdings bedacht werden, dass die Römer wie alle Nachbarn Israels die Himmelskörper verehrten, und dass es damals die Unterscheidung zwischen Astronomie und Astrologie noch nicht gab. Außer Juden und Christen glaubten alle daran, dass – wie es in Gen 1,14 heißt, die Sterne »als Zeichen und zur Bestimmung von Zeiten und Tagen und Jahren« dienten. Juden und Christen sahen das anders; sie hatten einen Gott, und es war ihnen ausdrücklich verboten, Sonne, Mond oder Sterne anzubeten.

Juden und Christen wurden in dem Glauben aufgezogen, dass die Sonne, der Mond und die Sterne gerade nicht »als Zeichen an den Himmel gesetzt« waren.

Nur in einem Evangelium, in dem des Matthäus, wird von dem Stern berichtet, der Jesu Geburt begleitete, und Matthäus weist darauf hin, dass es die heidnischen drei Könige, die Weisen aus dem Morgenland, gewesen seien, nicht die Juden, die seine Bedeutung erkannt haben (Mt 2,1–2). Die Evangelisten mussten sich in ihren Darstellungen gezwungenermaßen für eine Auswahl all der Ereignisse entscheiden, die im Zusammenhang mit der Kreuzigung stattfanden. Ein Ereignis wie das des Zerreißens des Vorhangs im Tempel während der Kreuzigung wird ihnen von theologisch weitaus größerer Bedeutung erschienen sein als beispielsweise eine Mondfinsternis, und tatsächlich findet auch in drei der vier Evangelien das Zerreißen des Vorhangs Erwähnung: Mt 27,51; Mk 15,38 und Lk 23,45. Daher bin ich der Meinung, wir sollten nicht darüber verwundert sein, dass die Evangelien nicht von einer Mondfinsternis während der Kreuzigung berichten.

In Jerusalem sichtbare Mondfinsternisse zwischen 26 und 36 n. Chr.

Ich habe bereits darauf hingewiesen, dass die naheliegende Interpretation der Pfingstpredigt des Petrus, des Berichts des Pilatus und der Worte Kyrills von Alexandria die ist, dass am Abend der Kreuzigung eine Mondfinsternis stattgefunden hat. Wir können diese These überprüfen, indem wir uns darüber informieren, ob in den Jahren zwischen 26 und 36, den Jahren also, die für die Kreuzigung infrage kommen (siehe Kapitel 2), während der Passahzeit in Jerusalem Mondfinsternisse belegt sind oder nicht. Ich bin nicht der Erste, der diesen Ansatz verfolgt. Im Jahr 1872 veröffentlichte J. R. Hind in *Nature* eine Studie über historische Verfinsterungen, und er schrieb, der »Mond habe sich an dem allgemein angenommenen Datum der Kreuzigung, dem 3. April 33, verfinstert«. Hinds Berechnung ergab allerdings auch, dass diese Mondfinsternis in Jerusalem nicht sichtbar war, und so wurde sie hinsichtlich der Datierung der Kreuzigung als irrelevant erachtet und geriet in Vergessenheit. Dies könnte eine Erklärung dafür sein, dass moderne Forscher wie Bruce keinerlei Zusammenhang zwischen einem blutroten Mond und einer Mondfinsternis während der Kreuzigung sehen.

Hinds Berechnungen aus dem Jahr 1872 waren jedenfalls fehlerhaft, da er die die Auswirkungen der Langzeitveränderungen der Erdrotation nicht berücksichtigte.[96] Die Durchführung solcher Berechnungen ist erst seit relativ kurzer Zeit möglich.[97] Mond- und Sonnenfinsternisse sind klar definierte astronomische Ereignisse, bei denen Mond, Sonne und Erde sich in einer exakten Linie befinden müssen. Aufgrund der notwendigen Genauigkeit müssen Berechnungen hinsichtlich der exakten Zeitpunkte historischer Verfinsterungen noch gründlicher sein als die, die wir herangezogen haben, um die alten Kalenderwerke zu rekonstruieren, ganz zu schweigen von dem unerlässlichen umfangreichen astronomischen Wissen, das unabdingbar hierfür ist. 1981 habe ich daher erneut den Oxforder Astrophysiker Graeme Waddington befragt, ob er alle zur Passahzeit in Jerusalem sichtbaren Mondfinsternisse der Zeit von 26–36 n. Chr. berechnen könne.

Waddington sagte zu, er stützte sich auf moderne astronomische Verfahrensweisen und berücksichtigte dabei Aspekte wie die variable Erdrotation für die Berechnung aller totalen und partiellen Mondfinsternisse. Gab es in Jerusalem überhaupt Mondfinsternisse in dieser Zeit? Die Antwort lautet Ja, und zwar genau eine einzige. Und wann fand sie statt? Am Freitag, dem 3. April des Jahres 33. Erst seit dem Jahr 1980 ist es überhaupt möglich, mit Sicherheit bestimmen zu können, dass es am Freitag, dem 3. April 33 eine in Jerusalem sichtbare Mondfinsternis gab, und dieser Tag ist, wie wir im letzten Kapitel gesehen haben, das wahrscheinlichste Datum der Kreuzigung. Erst die modernen wissenschaftlichen Verfahren haben unserer Generation Erkenntnisse über solche Zusammenhänge ermöglicht.

Waddington und ich haben unsere Interpretation der Mondfinsternis in Zusammenhang mit der Pfingstpredigt des Petrus in den Achtzigerjahren Jahren zwei Mal veröffentlicht.[98] Waddington hat seine Berechnungen in jüngster Zeit noch einmal aktualisiert und beruft sich dabei auf den neusten Forschungsstand hinsichtlich der historischen Veränderungen der Erdrotation, über den ich noch sprechen werde. Diese Berechnungen der Datierungen einzelner Verfinsterungen in der Zeit vor 2000 Jahren bieten eine Genauigkeit, die Schwankungen bis zu maximal drei Minuten zulässt.

Die Mondfinsternis am 3. April 33 n. Chr.

Wie wir gerade gesehen haben, gibt es nur eine mögliche Antwort auf die Frage, ob in den Jahren von 26 bis 36 n. Chr. zum infrage stehenden Zeitpunkt eine in Jerusalem sichtbare Mondfinsternis stattgefunden hat. Das ermittelte Datum – Freitag, der 3. April 33 – stimmt mit dem wahrscheinlichsten Datum der Kreuzigung überein, das wir im letzten Kapitel bestimmt haben. Ich möchte noch einmal betonen, dass die beiden Methoden, die ich für die Ermittlung dieses Datums herangezogen habe, vollkommen unabhängig voneinander sind. Die Ermittlung des Datums der Mondfinsternis steht beispielsweise in keinerlei Zusammenhang damit, wann Johannes der Täufer oder Jesus in Erscheinung getreten sind, oder damit, wann der Bau des Innenraums des Tempels abgeschlossen wurde. Diese bemerkenswerte Übereinstimmung in Bezug auf das Datum unter Verwendung zweier so vollkommen unterschiedlicher Ansätze legt in meinen Augen die Vermutung nahe, dass unsere oben dargestellte vorläufige Interpretation von Apostelgeschichte 2 aller Wahrscheinlichkeit nach korrekt ist.

Können wir noch mehr über die Mondfinsternis am Abend der Kreuzigung sagen? Die meisten Mondfinsternisse finden nachts statt, während wir üblicherweise schlafen, sodass wir sie nicht unbedingt sehen. Waddingtons Berechnungen ergeben allerdings, dass die Mondfinsternis am 3. April des Jahres 33 in Jerusalem zum Zeitpunkt des Mondaufgangs sichtbar war. Genau genommen könnte man sagen: Der Passah-Mond war, als er an diesem Abend aufging, verfinstert. Das müssen viele Menschen in Jerusalem, die auf den Aufgang des Mondes gewartet haben, damit sie ihr Passahmahl beginnen konnten, gesehen haben. Der Zeitpunkt lag mithin so, dass die meisten Menschen in Jerusalem die Mondfinsternis beobachtet haben müssen.

Wenn wie nun versuchen wollen, den Verlauf dieser Mondfinsternis detailliert zu rekonstruieren, kann uns die Astronomie behilflich sein. Der Beginn der Verfinsterung war von Jerusalem aus noch nicht sichtbar, da sich der Mond zu diesem Zeitpunkt unterhalb des Horizonts befand. Der verdunkelte Mond ging, von der Stadt aus betrachtet, hinter dem Ölberg auf, und zwar um etwa 18:20 Uhr. Dies markierte den Beginn des Sabbats von Freitagabend bis Samstagabend, und darüber hinaus den Beginn des Passahtages, des 15. Nisan 33. Bei der Mondfinsternis handelte es sich um eine partielle Finsternis, bei dem verdunkelten Teil des Mondes handelte es sich um den oberen Rand. Als der Mond aufging, war also das Erste, was man von ihm sah, verdunkelt.

Abbildung 6.2 zeigt den Mond, wie er sich dem Betrachter zu diesem Zeitpunkt den Berechnungen entsprechend präsentierte, als er zur Hälfte über dem Ölberg aufgegangen war. Er wird eine blutrote Farbe gehabt haben, mit Farbschattierungen, die von links oben nach rechts unten heller wurden. Man stelle sich das plastisch vor: Jesus starb gegen 15 Uhr am Nachmittag des 3. April 33, während die Passahlämmer geschächtet wurden. Die Menge, die der Kreuzigung beiwohnte, löst sich auf, die Menschen gehen nach Hause. Jesu Leichnam wird vom Kreuz genommen und eilig in

Abb. 6.2: *Der partiell verdunkelte Mond,* wie er sich am Freitag, dem 3. April des Jahres 33 präsentierte. Dieses berechnete, simulierte Bild zeigt den halb aufgegangenen Mond über dem Ölberg. Er wird blutrot verfärbt gewesen sein, von links oben nach rechts unten heller werdend.

eine Gruft gelegt, ehe der Sabbat begann, wie es Johannes 19,31–42 beschreibt. Ganz Jerusalem wartet darauf, dass der Mond aufgeht, der den Beginn des Passahfests markiert. Und anstatt des erwarteten vollen, gelben Passahmonds zeigt sich ihnen ein Mond, der in blutrote Farbe getaucht ist. Die Wirkung muss dramatisch gewesen sein. Unsere Berechnungen ergeben, dass die Finsternis gegen 19:11 Uhr beendet gewesen sein muss. Die Zuhörer der Pfingstpredigt des Petrus werden seine Worte vom Mond, der sich in Blut verwandeln wird, angesichts dieses beeindruckenden Ereignisses der Mondfinsternis, die viele von ihnen gesehen haben werden, sicher einzuordnen gewusst haben.

Kann ein Sandsturm allein dafür verantwortlich gewesen sein, dass sich der Mond blutrot verfärbt hat (wie Bruce es wohl annimmt), ohne dass eine Mondfinsternis stattgefunden hätte? Laut Lukas dauerte die Verfinsterung von der sechsten Stunde, also mittags, bis zur neunten Stunde, was 15 Uhr nachmittags entspricht (Lk 24,44). Wie wir gesehen haben, ging der Mond um 18:20 Uhr auf, der Sandsturm war also bereits seit über drei Stunden abgeklungen. Somit können wir den Sandsturm als Begründung für die Rotfärbung des Mondes ausschließen; es kann sich dafür nicht mehr genug Sand in der Luft befunden haben, auch wenn noch einige restliche Partikel die Verfärbung unterstützt haben mögen. Da wir also den Chamsin als Hauptgrund für die Rotfärbung des Mondes ausschließen können, bleibt die Mondfinsternis als einzig mögliche Erklärung. Dies bestätigt einmal mehr den 3. April des Jahres 33 als das Datum der Kreuzigung.

Von Jerusalem aus sichtbare Mondfinsternisse zur Passahzeit in den Jahren 26–36 n. Chr.

Zeit	**Datum**
18:20 Uhr (Mondaufgang) – 19:11 Uhr	Freitag, 3. April 33

Zusammenfassung

In seiner Pfingstpredigt, etwa sieben Wochen nach der Kreuzigung, erklärte Petrus, die Weissagungen des Propheten Joel seien erfüllt, nicht nur hinsichtlich der Ausgießung des Heiligen Geistes, sondern auch in Bezug darauf, dass die Sonne sich verfinstert und der Mond sich blutrot verfärbt habe. Die »natürliche Interpretation« der Worte des Petrus wäre die, dass er sich auf Ereignisse der jüngsten

Vergangenheit bezieht, durch die sich die Weissagungen erfüllt hätten. Das Ereignis, das man als die Ausgießung des Heiligen Geistes begriff, fand sicherlich am Pfingsttag selbst statt. Die Aussage über die Sonne, die sich in Finsternis verwandeln werde, bezieht sich offensichtlich auf die drei Stunden der Dunkelheit während der Kreuzigung, möglicherweise infolge eines Sandsturms.

Hinsichtlich des blutrot verfärbten Mondes in Zusammenhang mit der Pfingstpredigt des Petrus liegen uns zwei weitere Quellen vor, in denen von einem roten Mond während der Kreuzigung die Rede ist: der apokryphe Bericht des Pilatus und die Schriften Kyrills von Alexandria. Beide berichten davon, dass der Mond am Abend der Kreuzigung blutrot erschienen sei.

Der Mond, »der sich in Blut verwandeln wird«, ist eine anschauliche Beschreibung einer Mondfinsternis, während derer der Mond sich blutrot verfärbt. Es gibt zahlreiche Schriften des Altertums, in denen davon die Rede ist. Einige von ihnen können historisch genau datiert werden, außerdem können astronomische Berechnungen herangezogen werden, sodass sich zeigen lässt, dass genau zum richtigen Zeitpunkt eine Mondfinsternis stattgefunden hat. Daher kann man mit Gewissheit sagen, dass Petrus, der Pilatus-Bericht und Kyrill von Alexandrien, wenn sie erwähnen, der Mond habe sich am Abend der Kreuzigung »in Blut verwandelt« eine Mondfinsternis beschrieben haben.

Exakte astronomische Berechnungen zeigen, dass es zur Passahzeit der Jahre 26 bis 36 n.Chr. eine – und zwar eine einzige – Mondfinsternis gegeben hat, die von Jerusalem aus sichtbar war: am Freitag, dem 3. April des Jahres 33. An diesem Abend wird der Mond blutrot verfärbt aufgegangen sein. Dieses Datum entspricht dem wahrscheinlichsten Zeitpunkt der Kreuzigung, das wir im vergangenen Kapitel ermittelt haben, wobei wir von einem vollkommen anderen Ansatz ausgegangen sind. Zwei voneinander gänzlich unabhängige Methoden haben uns also zum gleichen Datum geführt: Freitag, dem 3. April 33.

Auf diese Weise sind wir nun zu einigen bedeutsamen Resultaten gelangt. Wir haben gesehen, dass die Aussage des Johannesevangeliums korrekt ist, wenn es dort heißt, das Letzte Abendmahl habe vor dem offiziellen Passahmahl stattgefunden. Und es ist ebenfalls korrekt, wenn Johannes schreibt, dass die Kreuzigung am 14. Nisan des offiziellen jüdischen Kalenders stattfand, bis hin zur Beschreibung, dass Jesus starb, als die Passahlämmer geschächtet wurden.

In der Folge werden wir untersuchen, ob die Aussagen der Synoptiker ebenfalls korrekt sind. Insbesondere widmen wir uns der Frage: Haben sie ein anderes Kalendersystem als den offiziellen jüdischen Kalender herangezogen, wenn sie sagen, das Letzte Abendmahl sei ein Passahmahl gewesen? Im nächsten Kapitel werden wir uns mit der wohl bekanntesten Theorie darüber auseinandersetzen, die besagt, dass Jesus den *Sonnenkalender von Qumran* herangezogen habe, um das Letzte Abendmahl als ein Passahmahl zu begehen.

7
Zog Jesus den Sonnenkalender von Qumran heran, um das Letzte Abendmahl als Passahmahl zu begehen?

> »Er [Jesus] hat aber wahrscheinlich mit den Jüngern Pascha nach dem Qumran-Kalender, also wenigstens einen Tag früher gefeiert [als das Passahfest des offiziellen jüdischen Kalenders].«
>
> *Papst Benedikt XVI. bei der »Missa in cena Domini« in der Lateranbasilika am 5. April 2007.*[99]

Diese brisante Aussage Benedikts XVI. stammt aus seiner Predigt vom Gründonnerstag des Jahres 2007. Ich nenne sie *brisant*, da es, wie wir in Kapitel 3 gesehen haben, bislang lediglich eine kleine Minderheit unter den Religionswissenschaftlern gibt, die sich hinsichtlich der Johannes-Synoptiker-Kontroverse zugunsten der Theorie der unterschiedlichen Kalender geäußert hat. Nun aber, da Papst Benedikt, der als ausgezeichneter Wissenschaftler bekannt ist, positiv gegenüber einem abweichenden Kalender, dem Sonnenkalender der Gemeinde von Qumran, Stellung bezogen hat, möchte ich diesem Kalender besondere Aufmerksamkeit widmen. Ich behaupte, dass wir am Ende dieses Kapitels zweifelsfrei wissen werden, ob Jesus sich hinsichtlich des Passahmahls am Qumran-Kalender orientiert hat.

Man sollte die Bedeutsamkeit der Aussagen Benedikts nicht unterschätzen, sie wurde weltweit in vielen Zeitungen hervorgehoben. Die englische Tageszeitung *Daily Telegraph* etwa schrieb am 7. April 2007: »Der Papst hat angeregt, einen 2000 Jahre alten Disput über das Letzte Abendmahl zu lösen. Seit langer Zeit diskutieren die Theologen darüber, ob es sich bei dem Mahl, das Jesus mit seinen Jüngern abhielt, um das traditionelle Passahmahl mit einem gebratenen Lamm gehandelt habe. Im Johannesevangelium heißt es, Jesus sei am Rüsttag vor dem Passahfest gekreuzigt worden, also einen Tag vor dem Passahfest. Dem Markusevangelium zufolge habe Jesus um einen Raum gebeten, ›wo ich mit meinen Jüngern das Passahmahl essen kann‹. Der Papst erklärte, dass Jesus das Mahl nicht gemäß dem [offiziellen] Mondkalender gefeiert haben könne, sondern gemäß dem Sonnenkalender, der in den Schriftrollen vom Toten Meer aufgezeichnet ist. ›Er hat aber wahrscheinlich mit den Jüngern Pascha nach dem Qumran-Kalender, also wenigstens einen Tag früher, gefeiert – ohne Lamm gefeiert, wie Qumran …« Der Artikel im *Telegraph* endet mit den Worten: »Die Erklärung des Papstes wurden von Theologen als radikal bezeichnet, die hinzufügten, sie bekräftige die Möglichkeit, Jesus sei ein Essener gewesen.«[100]

Mittlerweile werden die Kalender von den meisten Menschen, die sie benutzen, ganz selbstverständlich verwendet, üblicherweise der Gregorianische Kalender. Aber auch heute gibt es noch Ausnahmen. Die Mitglieder orthodoxer Kirchen beispielsweise halten bis zum heutigen Tag an ihrer Tradition fest, Weihnachten und Ostern gemäß dem Julianischen Kalender zu feiern. Die chinesischen Studenten meiner Forschungsgruppe in Cambridge feiern Neujahr nicht am 1. Januar, sondern am ersten Tag des ersten Monats des chinesischen Mondkalenders. Indem sie für ihre Festzeiten einen abweichenden Kalender heranziehen, identifizieren sich die orthodoxen Christen und die chinesischen Studenten mit ihrer Gemeinde und deren Traditionen.

Ehe wir nun den Qumran-Kalender genauer betrachten wollen, möchte ich noch einmal auf die Predigt Benedikts XVI. vom Gründonnerstag 2007 zurückkommen, da vieles von dem, was er dort sagt, mit dem übereinstimmt, was ich in diesem Buch vortrage. Der

Papst hat sich ganz offensichtlich intensiv mit der Problematik des Letzten Abendmahls auseinandergesetzt. In seiner Predigt im Rahmen der Abendmahlsmesse am Gründonnerstag 2007 sagte er: »In den Berichten der Evangelisten darüber gibt es einen scheinbaren Widerspruch zwischen dem Evangelium des heiligen Johannes einerseits und dem, was uns Matthäus, Markus und Lukas mitteilen auf der anderen Seite. Nach Johannes ist Jesus genau in dem Augenblick am Kreuz gestorben, in dem im Tempel die Pascha-Lämmer geopfert wurden. Sein Tod und das Lamm-Opfer im Heiligtum fielen zusammen.«

Der Papst fuhr fort: »Das bedeutet aber, dass er am Vorabend des Pascha gestorben ist und selbst kein Pascha-Mahl gehalten haben kann – so scheint es jedenfalls. Nach den drei synoptischen Evangelien hingegen war Jesu letztes Mahl ein Pascha-Mahl, in dessen überlieferten Rahmen hinein er das Neue der Gabe seines Leibes und Blutes einsenkte. Dieser Widerspruch erschien bis vor kurzem unlösbar.« Er spricht also von genau dem Rätsel, das ich bereits beschrieben habe.

Weiter sagte er: »Die Mehrheit der Ausleger war der Meinung, Johannes habe uns nicht das wirkliche historische Datum des Todes Jesu mitteilen wollen, sondern ein symbolisches Datum gewählt, um so die tiefere Wahrheit deutlich zu machen: Jesus ist das neue, das wahre Lamm, das sein Blut für uns alle vergossen hat.

Die Schriftfunde von Qumran haben inzwischen zu einer überzeugenden Lösungsmöglichkeit geführt, die zwar noch nicht allgemein angenommen ist, aber doch eine hohe Wahrscheinlichkeit für sich hat. Johannes hat historisch genau berichtet, so dürfen wir nun sagen. Jesus hat tatsächlich am Vorabend des Pascha-Festes zur Stunde des Lamm-Opfers sein Blut vergossen.«

Der Papst hat vehement bekräftigt, was ich oben hergeleitet habe: dass die Darstellung des Johannesevangeliums historisch korrekt ist und dass seine Symbolik den geschichtlichen Wert nicht beeinträchtigt, sondern auf historischen Fakten beruht. Alle Indizien aus den Schriften der Bibel, Kalendern und der Astronomie passen zu dieser Interpretation. Zwischen den Ausführungen des Papstes und den bisherigen Schlussfolgerungen dieses Buches herrscht eine enge Übereinstimmung. Kann Jesus aber wirklich den Sonnenkalender von Qumran verwendet haben, um das Letzte Abendmahl als Passahmahl zu begehen? Diese Frage werde ich später in diesem Kapitel beantworten; lassen Sie mich zuvor aber diesen faszinierenden Kalender selbst beschreiben.

Der Sonnenkalender von Qumran

Aus den Schriftrollen vom Toten Meer, die in Höhlen in Qumran (siehe Abbildung 7.1), unweit des Toten Meeres, gefunden wurden, wissen wir, dass die Qumran-Gemeinde einen Sonnenkalender verwendete, in dem der Tag von Sonnenaufgang bis Sonnenaufgang definiert wurde. Dieser abweichende Kalender isolierte die Gemeinde von anderen Juden, die den offiziellen Kalender verwendeten. Shemaryahu Talmon, emeritierter Professor der Bibelwissenschaft an der Hebräischen Universität Jerusalem, schreibt beispielsweise: »Eine Abweichung in Kalenderdingen (zwischen Juden) wurde zeitweise als größerer sozio-religiöser Widerspruch empfunden als der in prinzipiellen Glaubensgrundsätzen ... Jemand, der die Festzeiten nicht in der Art einhält, wie es die Gemeinde vorgibt, in der er lebt, gilt als Außenseiter oder gar als Häretiker.«[101]

Die »Damaskusschrift«[102] und viele weitere Schriftrollen vom Toten Meer, etwa die bekannte Tempel-Rolle[103], verdeutlichen, dass der Sonnenkalender, wie er sowohl im Jubiläenbuch[104] als auch im (äthiopischen) Henochbuch[105] beschrieben wird, der vorherrschende Kalender der Gemeinde in Qumran war.

In den Höhlen von Qumran fand man mehrere Kopien und Fragmente des Jubiläenbuchs sowie vom sogenannten Henochbuch. Allem Anschein nach war das Jubiläenbuch für die Qumran-Ge-

Abb. 7.1: *Die Höhlen von Qumran.* In diesen und anderen Höhlen fand man die Schriftrollen vom Toten Meer.

meinde so bedeutend, dass es wie eine Bibel betrachtet wurde; das Henochbuch dagegen wird bis zum heutigen Tag von der orthodoxen äthiopischen Kirche wie eine Bibel angesehen.[106] Die meisten Forscher datieren das Jubiläenbuch auf etwas 200 v.Chr., möglicherweise auch früher.[107]

Die Kapitel 72 bis 82 sind von größter Bedeutung für den Qumran-Kalender, man kann sie als eine Art astronomische Abhandlung betrachten, die auch unter den Namen »Astronomisches Buch« oder »Astronomisches Buch der himmlischen Lichter« bekannt ist. In der Wissenschaft wird dieser astronomische Teil des 1. Buches Henoch auf die Zeit vor 100 v.Chr. datiert. Wenngleich es einige Unsicherheit hinsichtlich der Datierung des Jubiläenbuchs und des Henochbuchs gibt, sind sich die Wissenschaftler dahingehend einig, dass beide Texte vorchristlicher Natur sind und dass der Kalender der Qumran-Gemeinde auf ihnen beruht.

Aus den Schriftrollen vom Toten Meer geht eindeutig hervor, dass ein Jahr im Sonnenkalender von Qumran aus 12 Monaten bestand und 364 Tage hatte. Die drei Frühlingsmonate waren je 30, 30 und 31 Tage lang, und analog dazu bestanden auch die Sommermonate aus je 30, 30 und 31 Tagen; das Gleiche galt für die drei Herbst- und Wintermonate. Im Jubiläenbuch und im Henochbuch wird zwar gesagt, dass dieser Sonnenkalender unmittelbar auf Moses zurückgehe, doch gibt es hierfür keinerlei Belege, und es scheint eher, als hätte er seine Grundlage in einem 364-Tage-Kalender, der in Mesopotamien bereits seit dem siebten Jahrhundert v. Chr. existiert hat.[108] Der Qumran-Kalender verfügt über die besondere Qualität, dass sein aus 364 Tagen bestehendes Jahr exakt durch sieben teilbar ist, was zur Folge hat, dass ein bestimmtes *Datum* immer auf den gleichen *Tag* fällt. Neujahr zum Beispiel (der erste Tag des ersten Monats des Jahres) ist in diesem Kalender immer ein Mittwoch. Da sich in diesem Kalender ein Tag über die Zeit von Sonnenaufgang bis Sonnenaufgang definiert, bedeutet das für den Neujahrstag, dass seine 24 Stunden vom Sonnenaufgang am Mittwoch bis zum Sonnenaufgang am Donnerstag gezählt werden.

Warum beginnt das neue Jahr im Qumran-Kalender immer mit einem Mittwoch? Die Begründung dieses Umstands ist faszinierend. Die Schöpfungsgeschichte in Genesis 1 und 2 beschreibt die Erschaffung der Erde durch Gott in sechs Tagen, am siebten Tag ruhte er. Der siebte Tag wurde somit zum jüdischen Tag der Ruhe, zum Sabbat (Samstag). Das bedeutet, dass der erste Tag der Schöpfung ein Sonntag gewesen sein muss. Gott schuf »zwei große Lichter«, die Sonne und den Mond, aber nicht am ersten, sondern am vierten Tag (1 Mose 1,19). Versteht man die Erzählung also wörtlich, so war der erste Tag der Schöpfung der Sonntag und der vierte Tag war der Mittwoch.[109] Da es keinen Sonnenkalender ohne Sonne geben kann, begann die Qumran-Gemeinde das Jahr unter Berufung auf das Henochbuch und das Jubiläenbuch an einem Mittwoch, dem Tag, an dem die Sonne geschaffen wurde, und nicht an einem Sonntag, an dem Gott dieser Lesart entsprechend seine Schöpfung gemäß Genesis 1 begann. Demzufolge war der 1. Nisan, der erste Tag des ersten Monats im Jahr im Sonnenkalender der Qumran-Gemeinde, immer ein Mittwoch (die 24 Stunden vom Sonnenaufgang am Mittwoch bis zum Sonnenaufgang am Donnerstag), und der 14. Nisan war demnach ein Dienstag. Die Qumran-Gemeinde beging ihr Passahmahl am 14. Nisan, wie Moses es in Exodus 12,6 vorschreibt (siehe Kapitel 9), anstatt am 15. Nisan, wie es der offizielle jüdische Kalender vorgibt. Das Passahmahl fand in Qumran demnach immer an einem Dienstag statt. Die Qumran-Gemeinde ging davon aus, dass an einem Sabbat abgesehen von den Sabbat-Opfern keine anderen Opfer stattfinden dürften. Und ihr Sonnenkalender gewährleistete, dass dies der Fall war.

Hat Jesus für sein letztes Passahmahl den Qumran-Kalender verwendet?

Soweit ich weiß, war Annie Jaubert die Erste, die vortrug, Jesus habe sein letztes Abendmahl zur Passahzeit gemäß dem Sonnen-Kalender von Qumran abgehalten. Ihr Buch, *La date de la cène*[110], ist ein brillantes Beispiel detektivischer Arbeit. Sie argumentiert, Jesus habe das Letzte Abendmahl entsprechend dem Qumran-Kalender am Dienstagabend, dem 14. Nisan, als echtes Passahmahl abgehalten. Gekreuzigt wurde er dann am Freitag, entsprechend dem offiziellen Kalender am 14. Nisan, und starb am Freitagnachmittag, als die Passahlämmer geschächtet wurden. Papst Benedikt XVI. knüpfte hieran während seiner Predigt am Gründonnerstag 2007 an: »Er [Jesus] hat aber wahrscheinlich mit den Jüngern Pascha nach dem Qumran-Kalender, also wenigstens einen Tag früher gefeiert [als das Passahfest des offiziellen jüdischen Kalenders].«

Die Theorie, Jesus habe das Letzte Abendmahl gemäß dem Qumran-Kalender als Passahmahl gefeiert, birgt zwei Probleme in sich. Das erste ist die Zeit zwischen einem Letzten Abendmahl am Dienstagabend und der Kreuzigung am Freitag. Wenn wir die Ereignisse analysieren, die sich gemäß den Evangelien zwischen dem Letzten Abendmahl und der Kreuzigung zugetragen haben (siehe Kapitel 12), stellen wir fest, dass das Intervall zwischen den beiden Ereignissen zu groß ist. Dies ist vermutlich auch dem Papst aufgefallen, was ihn dazu brachte, zu sagen, Jesus habe das Passahmahl »wenigstens einen Tag früher« gefeiert, als es dem offiziellen Kalender entsprochen hätte. Wir halten jedenfalls fest, dass Jesus das Letzte Abendmahl als Passahmahl in der Qumran-Kalender-Theorie Annie Jauberts am Dienstagabend, *drei Tage* vor dem offiziellen Passahmahl am Freitag gefeiert hat.

Das zweite und größere Problem hinsichtlich dieser Theorie ist aber, dass Jaubert und andere Befürworter dieser Theorie, Papst Benedikt eingenommen, davon ausgehen, dass Passah im Qumran-Kalender vor und innerhalb derselben Woche stattgefunden hätte, wie das Passah des offiziellen Kalenders. Nur dann hätte Jesus sein Letztes Abendmahl als Passahmahl vor dem offiziellen Passah feiern können. Daher wenden wir uns jetzt der Schlüsselfrage zu: Fand Passah im Qumran-Kalender *vor* oder *nach* dem Passah des offiziellen Kalenders statt? Die Antwort auf diese Frage wird auch Klarheit darüber bringen, ob es möglich ist, dass Jesus den Qumran-Kalender verwendet haben kann, um das Letzte Abendmahl als Passahmahl zu feiern.

Ein neuer Blick auf den Sonnenkalender von Qumran

Wir haben gesehen, dass ein Jahr im Sonnenkalender von Qumran 364 Tage lang war. Die Länge eines tatsächlichen Sonnen- oder Solarjahres beträgt aber annäherungsweise 365 ¼ Tage. Das bedeutet, dass der Qumran-Kalender sich pro Jahr um 1¼ Tag vom echten Sonnenkalender entfernt hat. Innerhalb von vier Jahren hätte er sich also fünf Tage vom echten Sonnenjahr entfernt. Unser Sonnenkalender mit 365 Tagen entfernt sich ebenfalls langsam vom echten Sonnenjahr, aber wir arbeiten dem entgegen, indem wir alle vier Jahre Ende Februar einen Schalttag einfügen. Das Einfügen von Schalttagen nennt man *Interkalation*. Wie wir gesehen haben, wurde im offiziellen jüdischen Kalender etwa alle drei Jahre ein zusätzlicher Monat hinzugefügt oder eingeschaltet, um eine Differenz gegenüber dem Sonnenjahr zu vermeiden.

Hinsichtlich des Qumran-Kalenders haben wir das Problem, dass wir bisher keine Dokumente darüber gefunden haben, die Auskunft darüber geben würden, ob man dort Schalttage hinzugefügt hat oder nicht. »Das Interkalations-System des Qumran[-kalenders] mit dem echten Sonnenjahr entzieht sich nach wie vor unserer Kenntnis.«[111]

Es gibt eigentlich nur zwei Möglichkeiten: Entweder wurden zusätzliche Tage eingefügt, um einer Abweichung vom Sonnenjahr entgegenzuwirken, oder sie wurden nicht hinzugefügt. Roger Beckwith vertritt die Meinung, es seien keine hinzugefügt worden, sodass der Qumran-Kalender sich im Laufe der Zeit immer weiter vom Sonnenjahr entfernt hat.[112] Gemäß dem Buch Exodus wurde Passah im ersten Monat des Jahres gefeiert (Ex 12,2 und 23,15), der ursprünglich Abib hieß (Ex 23,15) und erst später Nisan genannt wurde. E. J. Bickerman, ein Experte für Kalenderfragen sagt: »Abib ist die Zeit der reifenden Gerste«[113], also März/April. Als die Gemeinde in Qumran begann, ihren Sonnenkalender zu nutzen, muss der erste Monat demnach im Frühling (März/April) gewesen sein, zur Zeit der reifenden Gerste.

Der früheste anzunehmende Zeitpunkt, an dem die Gemeinde von Qumran sich dort angesiedelt haben kann, ist um 100 v. Chr.[114] Sie werden ihren Kalender so eingerichtet haben, dass der erste Monat im Frühling gewesen ist (wie im Buch Exodus, im Henoch-

und im Jubiläenbuch beschrieben, siehe weiter unten in diesem Kapitel). Wenn Beckwith recht hat und die Qumran-Gemeinde ihrem Kalender keine Schalttage hinzugefügt hat, dann muss ihr 364-Tage-Kalender sich so weit vom echten Sonnenjahr mit 365¼ Tagen entfernt haben, dass er pro Jahr um 1¼ Tage hinter dem Sonnenjahr zurückblieb. Geht man von einer frühest möglichen Gründung der Gemeinde von Qumran um das Jahr 100 v. Chr. aus, vergingen bis zur Kreuzigung im Jahr 33 n. Chr. rund 130 Jahre. Dieser Berechnung zufolge müsste sich der erste Monat des Qumran-Kalenders zur Zeit der Kreuzigung um (130 x 1¼ =) 160 Tage vom Frühling (März/April) verschoben haben. Da 160 Tage ungefähr fünf Monaten des Sonnenjahres entsprechen, müsste der erste Monat des Qumran-Kalenders im Jahr der Kreuzigung in die Zeit von Oktober/November gefallen sein, vorausgesetzt, der Kalender begann um das Jahr 100 v. Chr. im Frühling

Der späteste Zeitpunkt, an dem die Qumran-Gemeinde ihren Kalender entworfen haben kann, war um das Jahr 4 v. Chr., zu dem Zeitpunkt also, an dem sie die Stätte wieder in Besitz nahm. Das zeitliche Intervall zwischen dem Jahr 4 v. Chr. und dem Jahr der Kreuzigung, 33 n. Chr., beträgt also gerundete 40 Jahre. Innerhalb dieser Zeit hätte sich der Qumran-Kalender 40 x 1¼ Tage, d. h. 50 Tage vom echten Sonnenjahr entfernt. Wenn Beckwith also recht hat und der Qumran-Kalender keine Schalttage eingefügt hat, muss der erste Monat dieses Kalenders zur Zeit der Kreuzigung in den Januar/Februar gefallen sein, vorausgesetzt, die Gemeinde hätte den Kalender im Frühling des Jahre 4 v. Chr. eingesetzt. Da die Gemeinde von Qumran ihren Kalender irgendwann in den Jahren zwischen 100 und 4 v. Chr. etabliert hat – vorausgesetzt, sie hat keine Schalttage eingefügt, um keine Differenz zum Sonnenjahr in Kauf nehmen zu müssen –, kann Passah zur Zeit der Kreuzigung im Qumran-Kalender nicht in der gleichen Woche stattgefunden haben wie das Passah des offiziellen jüdischen Kalenders, der sich im Einklang mit dem Sonnenjahr befand. Wenn sowohl Beckwith als auch Jaubert recht haben sollten, hätte der Qumran-Kalender schon etwa um das Jahr 260 v. Chr. installiert werden müssen, damit er sich zur Zeit der Kreuzigung wieder im Gleichschritt mit dem echten Sonnenjahr befunden hätte. Die archäologischen Befunde schließen eine so frühe Besiedlung Qumrans seitens der Gemeinde allerdings eindeutig aus. Demnach kann Jesus den Qumran-Kalender nicht herangezogen haben, um sein Letztes Abendmahl als Passahmahl zu feiern, wenn dem Qumran-Kalender keine Schalttage hinzugefügt wurden.

Passahzeit im Sonnenkalender Qumrans (ohne Schalttage)

Beginn des Qumran-Kalenders	**Entsprechender Zeitpunkt des Qumran-Passahfests im Jahr 33 n. Chr.**
Frühester Zeitpunkt: 100 v. Chr.	Oktober/November
Spätester Zeitpunkt: 4 v. Chr.	Januar/Februar

Der Sonnenkalender von Qumran (mit Schalttagen)

Wir wollen jetzt die Möglichkeit in Betracht ziehen, dass die Qumran-Gemeinde doch Schalttage eingesetzt hat, was zur Folge hätte, dass der erste Monat gleichbleibend im Frühling gelegen wäre. Das Problem ist allerdings, wie schon Talmon feststellte: »Das Interkalations-System des Qumran-Kalenders mit dem echten Sonnenjahr entzieht sich nach wie vor unserer Kenntnis.« Auch wenn wir nicht genau sagen können, *wie* die Qumran-Gemeinde Schalttage in ihren Kalender eingefügt hat, bin ich der Überzeugung, dass wir Informationen aus dem Henochbuch heranziehen können, um eindeutig zu bestimmen, ob Jesus den Qumran-Kalender herangezogen haben kann, um sein letztes Passahmahl zu feiern.

Die Lösung dieses Rätsels ist faszinierend. Sie setzt ein Verständnis des Begriffs der »Tore des Himmels« voraus, und ich behaupte, so ist diese Frage noch nie beantwortet worden.

Die Tore des Himmels

Der Abschnitt des Henochbuchs mit dem Titel »Astronomisches Buch der himmlischen Lichter« ist eine wunderbare, auf genaue Beobachtungen basierende Beschreibung der Sonne und des Mondes. Dort wird beispielsweise korrekt dargestellt, dass – von der Erde aus betrachtet – Sonne und Mond gleich groß erscheinen (»... was aber ihre Größe betrifft, so sind beide gleich« äthHen 72,37). Dort wird des Weiteren beschrieben, dass der Mond sein Licht von der Sonne erhält (äthHen 78,4) und dass er ein Gesicht habe: »Nachts erscheint er ... wie ein Mann« (äthHen 78,17) – ein früher Hinweis auf das, was wir heute den »Mann im Mond« nennen.

So wie die alten Völker durch ein Tor gingen, um eine Stadt zu betreten, stellten sie sich auch vor, dass die Sonne und der Mond Tore einer himmlischen Kuppel durchschreiten mussten, ehe sie zum sichtbaren Himmel gelangten.[115] Die Kuppel trennte Himmel und Erde, und die Tore, durch die Sonne und Mond hereinkamen und wieder hinausgingen, wurden die »Tore des Himmels« genannt. Diese Symbolik ist auch heute noch aktuell, wenn wir etwa von Petrus sprechen, der die 12 Perlentore des Himmels bewacht. Der Bezug zu den Perlen ergibt sich durch eine Beschreibung des Neuen Jerusalem in der Offenbarung des Johannes: »Und die zwölf Tore waren zwölf Perlen, je eines der Tore war aus einer Perle« (Offb 21,21).

Die Vorstellung von Toren, durch die die Himmelskörper sich der Sphäre der Sichtbarkeit von der Erde aus nähern oder von ihr entfernen, ist seit sehr frühen Texten des Nahen Ostens bekannt. In einem Text einer ägyptischen Sarkophaginschrift beispielsweise ist die Rede vom mittleren Tor, durch das Re, der Sonnengott, sich ostwärts begibt, oder von »zwei Sykomoren aus Türkis«, zwischen denen der Sonnengott allmorgendlich am östlichen Himmel hervorkomme.[116] Die Sonne geht natürlich am östlichen Himmel auf, und im eben zitierten Text heißt es, dass sie, vom Standpunkt des Betrachters aus gesehen, zwischen zwei Sykomoren, Feigenbäumen, erschienen sei, die vielleicht aufgrund ihrer Bedeutung mit Türkisen beschlagen worden waren. Mit dem Fortschreiten des Jahres verschiebt sich die Position des östlichen Himmels nach Norden und Süden, also glaubte man in alten Zeiten, dass die Sonne in den verschiedenen Monaten des Jahres durch verschiedene aneinander angrenzende Tore hindurchwandern würde. Demzufolge ist im oben zitierten Text die Rede von verschiedenen östlichen Toren, durch die Re hindurchscheint.

Aber kehren wir noch einmal zum Henochbuch zurück. Im Zweiten Buch Mose heißt es, Henoch sei 365 Jahre alt geworden (Gen 5,21–23). Es ist unwahrscheinlich, dass das biblische Alter Henochs zufällig genau der Anzahl der Tage eines Sonnenjahres entspricht. Auf diese Verbindung zwischen Henoch und der Sonne im Buch Genesis wird auch später im Henochbuch noch einmal eingegangen, wenn Henoch die Gesetze der Sonne erlernt (äthHen 72).

Der Verfasser des Buches Henoch baut auf die Vorstellung der Tore des Himmels des alten Ägyptens auf, um seinen Sonnenkalender zu entwickeln. Er beobachtete, dass die Sonne in verschiedenen Zeiten des Jahres an unterschiedlichen Punkten des östlichen Horizonts erschien und dass sie ebenfalls an unterschiedlichen Punkten des westlichen Horizonts unterging. Der Tradition des Nahen Ostens folgend, nannte er diese Punkte, an denen die Sonne auf- und unterging, »Tore des Himmels« und ordnete den jeweiligen Toren Monate zu. Er bestimmte sechs Tore im Osten, durch die die Sonne aufging, und sechs im Westen, durch die sie unterging (äthHen 72,3).

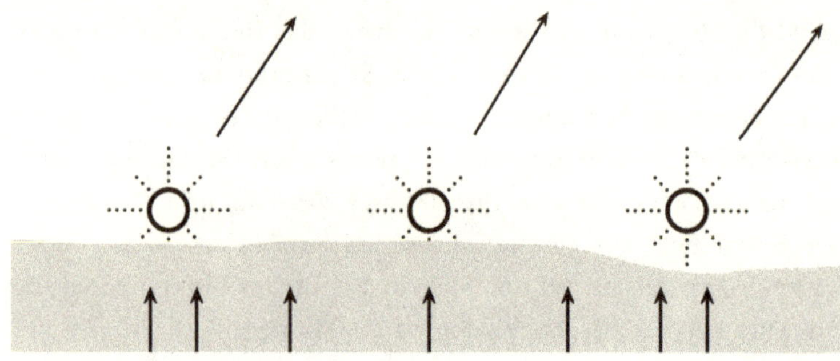

Abb. 7.2: *Die Tore des Himmels.* Die Tore des Himmels bezeichnen die Positionen des Sonnenaufgangs (und -untergangs) im Jahresverlauf. Die Sonne geht einen Monat lang im selben Tor auf. Die Grenzen zwischen den Toren sind im Diagramm durch vertikale Linien gekennzeichnet. Im praktischen Umgang hätte man sie mit feststehenden Steinsäulen markieren können. Die Position der Sonne wird (von links nach rechts) für die Sommersonnenwende, die beiden Äquinoktien und die Wintersonnenwende gezeigt. Die Richtung der aufgehenden Sonne wird jeweils mittels eines Pfeils gekennzeichnet.

Er beschrieb, dass die Sonne am längsten Tag des Jahres durch das nördlichste Tor auf- und untergeht, wohingegen sie am kürzesten Tag durch das südlichste Tor hindurchwandert (siehe Abb. 7.2). Nebenbei bemerkt entspricht die Beschreibung im Henochbuch exakt der Beschreibung dessen, was man für ein *Henge* benötigt, einen Beobachtungsposten wie etwa das berühmte *Stonehenge*, ein neolithisches Erdwerk aus Steinen oder Pfeilern also, mit dessen Hilfe die *Interkalation* (Hinzufügung) von Tagen innerhalb eines Kalenders möglich ist, um zu gewährleisten, dass die Sonne immer innerhalb eines bestimmten Tores (also zwischen zwei bestimmten Pfeilern) im entsprechenden Monat aufgeht.

Das Henochbuch beschreibt klar und deutlich den ersten Monat dieses Kalenders: »In dieser Weise geht sie [die Sonne] im 1. Monat in dem großen Tor auf, und zwar geht sie durch das vierte jener sechs östlichen Tore auf ... In jenen Tagen wird der Tag länger als der (gewöhnliche) Tag und die Nacht kürzer als die (gewöhnliche) Nacht« (äthHen 72,6–9). Was bedeutet das? Henoch sagt uns, dass die Sonne im ersten Monat des Jahres durch ein bestimmtes Tor, nämlich durch das vierte, aufgeht, was heißt, dass sie an dieser bestimmten Stelle über dem Horizont aufgeht. Darüber hinaus sagt er uns, dass die Tage während dieses Monats länger und die Nächte kürzer werden. Das ist eine entscheidende Information, denn sie besagt, dass der erste Monat *nach* dem Frühlings-Äquinoktium definiert ist, an dem die Länge des Tages und der Nacht einander entsprechen – Äquinoktium ist ein sprachliches Kompositum aus den lateinischen Worten *aequus* = gleich und *nox* = Nacht.

Die Aussagen des Henochbuchs bestätigen also unsere Theorie von oben, da es dort heißt, die Sonne gehe im letzten Monat des Jahres »im dritten Tore einunddreißig Morgen auf und im Westen des Himmels unter. An jenem Tage nimmt die Nacht ab und beträgt neun Teile, und der Tag beträgt neun Teile, und die Nacht gleicht sich mit dem Tag« (äthHen 72,31f.). Mit anderen Worten: Die Frühlings-Tagundnachtgleiche findet im *letzten* Monat des Jahres statt. Abgesehen davon äußert sich der Verfasser klar darüber, dass der erste Tag des ersten Monats seines Sonnenkalenders, der später in Qumran verwendet wurde, *nach* dem Frühlings-Äquinoktium stattfand. Die Qumran-Gemeinde konnte dem nur folgen, wenn sie ihren Kalender notfalls mithilfe von Interkalationen regulierte. Die einfachste Variante hierfür wäre es gewesen, dem Jahr bei Bedarf am Ende des letzten Monats eine zusätzliche Woche hinzuzufügen, um sicherzustellen, dass der erste Tag des ersten Monats immer auf einen Zeitpunkt nach der Frühlings-Tagundnachtgleiche fallen würde, was einfach zu bewerkstelligen ist, da es aufgrund der gleichen Stundenanzahl von Tag und Nacht unkompliziert ist, die Frühlings-Tagundnachtgleiche zu bestimmen. Das hätte eine Teilbarkeit ihres Schaltjahres durch sieben bewirkt, demzufolge ein bestimmtes Datum in jedem Jahr auf den gleichen Tag gefallen wäre. Sie hätten auf diese Weise also alle fünf oder sechs Jahre eine zusätzliche Woche hinzufügen müssen. Natürlich hätte es auch noch andere Möglichkeiten gegeben, ihren Kalender im Einklang zu halten. Dennoch lässt sich sagen – ungeachtet der Methode, mit deren Hilfe die Gemeinde von Qumran Schalttage hinzugefügt hat, falls sie ihre Kalender so interkaliert hat, dass der erste Monat ihres Jahres *nach* dem Frühlings-Äquinoktium stattgefunden hat, wie es im Henochbuch beschrieben wird –, dass sich der erste mögliche Zeitpunkt des Passah ihrem Kalender zufolge so definieren lässt, wie wir es sogleich darstellen werden.

Der bereits erwähnte Astrophysiker Graeme Waddington hat auf meine Bitte die Daten der Frühlings-Tagundnachtgleichen der Jahre 30 und 33 n. Chr. in Jerusalem errechnet, den beiden einzigen infrage kommenden Jahren der Kreuzigung. Das Frühlings-Äquinoktium war am 22. März. Da der erste Tag des ersten Monats (Nisan) im Qumran-Kalender *nach* dem Frühlings-Äquinoktium sein musste, und da der erste Tag des 1. Nisan immer auf einen *Mittwoch* fiel, ist das frühest mögliche Datum für den 1. Nisan im Jahr 30 Mittwoch, der 29. März. Dementsprechend ist das früheste mögliche Datum für den 14. Nisan im Jahr 30 n. Chr. gemäß dem Kalender von Qumran Donnerstag, der 11. April. Wie wir aber in Kapitel 5 gesehen haben, war der 14. Nisan gemäß dem offiziellen jüdischen Kalender im Jahr 30 n. Chr. Freitag, der 7. April. Passah fand also gemäß dem Qumran-Kalender im Jahr 30 *nach* dem Passah des jüdischen Kalenders statt.

Verfolgt man den gleichen Ansatz für das Jahr 33 n. Chr., ist das frühestmögliche Datum für den 1. Nisan im Kalender der Qumran-Gemeinde Mittwoch, der 25. März; der 14. Nisan fiel dementsprechend auf Dienstag, den 7. April. Im jüdischen Kalender war der 14. Nisan des Jahres 33 allerdings Freitag, der 3. April. Folglich wurde das Passahfest der Qumran-Gemeinde im Jahr 33 n. Chr. *nach* dem offiziellen Passah gefeiert.

Daten für den 14. Nisan im jüdischen und im Qumran-Kalender, mit Interkalation

Jahr	jüdischer Mondkalender	Sonnenkalender von Qumran
30 n. Chr.	Freitag, 7. April	Dienstag, 11. April
33 n. Chr.	Freitag, 3. April	Dienstag, 7. April

Wenn also beim Qumran-Kalender eine Interkalation stattgefunden hat, damit der 1. Nisan nach dem Frühlings-Äquinoktium stattfinden konnte, wie es im 1. Buch Henoch beschrieben wird, dann fand in den Jahren 30 und 33 n. Chr., den einzigen beiden für die Kreuzigung infrage kommenden Jahren, das Passahfest im Qumran-Kalender *nach* dem Passah des jüdischen Kalenders statt. Faktisch verhält es sich so, dass das Passah der Qumran-Gemeinde *immer nach* dem Passah des offiziellen jüdischen Kalenders stattfand, da das Interkalations-System der beiden Kalender unterschiedlichen Gesetzmäßigkeiten unterlag. Wie wir in Kapitel 4 gesehen haben, behalf man sich beim jüdischen Kalender im ersten nachchristlichen Jahrhundert (und noch heute) durch Interkalation, damit das Passahfest nach der Frühlings-Tagundnachtgleiche stattfand.[117]

Die Qumran-Gemeinde handelte jedenfalls entsprechend dem Henochbuch, in dem es heißt, der *1. Nisan* müsse zeitlich nach der Frühlings-Tagundnachtgleiche liegen. Da das Passahfest (in der Mitte des Nisan) zwangsweise nach dem 1. Nisan stattfindet, folgt daraus, dass Passah im Qumran-Kalender, eine Interkalation vorausgesetzt, *immer* nach dem Passah des jüdischen Kalenders stattfand. Hat sich die Qumran-Gemeinde nicht durch Einschaltungen beholfen, wie Beckwith behauptet, dann hätte – wie ich gezeigt habe – das Passahfest des Qumran-Kalenders nicht einmal im selben Monat stattgefunden wie das des jüdischen Kalenders. Deshalb meine ich mit Sicherheit sagen zu können, dass Jesus sich nicht am Sonnenkalender der Gemeinde von Qumran orientiert hat, um das Letzte Abendmahl als Passahmahl begehen zu können.

Zusammenfassung

Die Version der Theorie der unterschiedlichen Kalender, die die meisten Befürworter hat, ist diejenige der Französin Annie Jaubert, die argumentierte, Jesus habe sich am Qumran-Kalender orientiert, um sein Letztes Abendmahl als echtes Passahmahl begehen zu können. In diesem Kalender fällt der 14. Nisan immer auf einen Dienstag. Jaubert brachte die Theorie ins Spiel, Jesus habe das Letzte Abendmahl am Dienstag, dem 14. Nisan gemäß dem Qumran-Kalender abgehalten, ehe er am Freitag danach gekreuzigt worden sei, dem 14. Nisan gemäß dem offiziellen jüdischen Kalender. Und sie behauptete, die Synoptiker hätten das Letzte Abendmahl mit Recht als echtes Passahmahl dargestellt, dem Qumran-Kalender folgend, wohingegen es bei Johannes zu Recht heiße, die Kreuzigung habe vor dem Passahfest im offiziellen jüdischen Kalender stattgefunden. Jaubert vermutete zweifellos, dass der 14. Nisan des Qumran-Kalenders vor und in der gleichen Woche wie der 14. Nisan des offiziellen Kalenders gewesen sei. Ihre Theorie wurde in jüngerer Zeit durch Papst Benedikt XVI unterstützt.[118]

Es gibt zwei Möglichkeiten, wie die Gemeinde von Qumran mit ihrem Kalender umgegangen ist, die von Jaubert nicht berücksichtigt werden. Dieser 364-Tage-Kalender ist 1 ¼ Tage kürzer als das echte Sonnenjahr. Die eine Möglichkeit besteht darin, dass der Kalender einfach Jahr für Jahr ohne Interkalation weiterlief, ohne dass also Schalttage hinzugefügt wurden, und sich so immer weiter vom echten Sonnenjahr entfernt hat. Da man darauf achtete, dass der offizielle jüdische Kalender immer im Einklang mit dem Sonnenjahr blieb, hätte das Passahfest des Qumran-Kalenders ohne Interkalation – wie ich gezeigt habe – zur Zeit der Kreuzigung nicht einmal im gleichen Monat stattgefunden wie das des offiziellen Kalenders.

Die zweite Möglichkeit ist, dass der Qumran-Kalender doch im Einklang mit dem Sonnenjahr gehalten wurde. Gemäß dem Henochbuch muss der erste Tag des Jahres im Qumran-Kalender nach der Frühlings-Tagundnachtgleiche stattfinden und darüber hinaus ein Mittwoch sein. Von diesen beiden Informationen ausgehend, können wir darstellen, dass in den Jahren 30 und 33 n. Chr., den einzigen beiden Jahren, die für die Kreuzigung infrage kommen, das Passahfest des Qumran-Kalenders in der Woche *nach* dem Passah des offiziellen Kalenders stattfand.

Daraus folgern wir, dass Jesus den Qumran-Kalender nicht verwendet haben kann, um sein Letztes Abendmahl als Passahmahl begehen zu können, da – ob es nun Schalttage gegeben hat oder nicht – das Passahfest des Qumran-Kalenders nicht in der gleichen Woche gefeiert wurde wie im offiziellen jüdischen Kalender. Dennoch hatte Papst Benedikt XVI fast recht, wie wir in Kapitel 10 sehen werden.

Im nächsten Kapitel werde ich der Behauptung der Schriftrollen vom Toten Meer nachgehen, die besagt, dass der offizielle jüdische Kalender nicht demjenigen entsprach, der von Moses begründet wurde. Vor allem werden wir einen alten jüdischen Kalender entdecken, dessen Ursprung in eine noch ältere Vergangenheit datiert werden kann als der offizielle jüdische Kalender, und von dem es im Buch Exodus heißt, er reiche zurück bis in die Zeit des Moses.

8

Ist das Alte Ägypten der Schlüssel zur Lösung der Frage nach dem Letzten Abendmahl?

»Die Zeit des Aufenthaltes der Söhne Israels aber, die sie in Ägypten zugebracht hatten, betrug 430 Jahre.«
Exodus 12,40

Wie wir im letzten Kapitel gesehen haben, stellt jegliche Theorie voneinander abweichender Kalender eine verlockende Variante zur Erklärung der scheinbaren Widersprüche zwischen den Synoptikern und Johannes hinsichtlich des Datums und der Natur des Letzten Abendmahls dar. Der einzige »abweichende Kalender«, der von der Wissenschaft wirklich ernstgenommen wird, ist allerdings der Sonnenkalender der Gemeinde von Qumran, und ich habe unwiderleglich dargestellt, dass Jesus diesen nicht herangezogen haben kann, um sein Letztes Abendmahl als Passahmahl zu feiern. Es sieht also so aus, als wären wir in unserem Versuch, die scheinbaren Widersprüche zwischen den Synoptikern und Johannes in Bezug auf das Letzte Abendmahl aufzuklären, keinen Schritt weitergekommen.

Als ich begann, mich mit diesem Problem zu beschäftigen, versuchte ich, mir die Situation von damals vorzustellen. Warum feiern die östlichen orthodoxen Kirchen Ostern zu einem anderen Zeitpunkt als Katholiken und Protestanten? Weil Katholiken und Protestanten den neueren Gregorianischen Kalender verwenden und die orthodoxen Kirchen des Ostens den Zeitpunkt ihres Osterfests nach wie vor nach dem älteren Julianischen Kalender ermitteln (siehe Kapitel 2), da sie Ostern traditionell schon immer gemäß dem Julianischen Kalender gefeiert haben. Sollten wir uns also vielleicht bei unserem Versuch, die Datierungsfrage des Letzten Abendmahls bei den Synoptikern und Johannes zu beantworten, auf die Suche nach einem alten jüdischen Kalender begeben, der vor dem offiziellen jüdischen Kalender zur Zeit Jesu existiert hat, und den eine jüdische Gemeinde (oder Gemeinden) eventuell noch zu Jesu Lebzeiten weiterhin verwendet hat, um das Datum des Passahfests zu ermitteln, weil sie Passah traditionell immer gemäß diesem Kalender gefeiert hat?

Ein interessanter Punkt in zahlreichen jüdischen Texten ist die häufig anzutreffende und auffallende Behauptung, der offizielle jüdische Kalender weiche von dem ursprünglich von Moses begründeten Kalender ab, was zur Folge habe, dass bedeutende Feste wie Passah somit zum falschen Zeitpunkt gefeiert worden seien. Wie wir im vergangenen Kapitel gesehen haben, findet sich diese Behauptung auch in so weit verbreiteten Schriften wie dem Jubiläenbuch, dem Henochbuch und der Damaskusschrift. Hat es also, als man begann, den offiziellen jüdischen Kalender der Zeit Jesu zu verwenden, bereits einen früheren jüdischen Kalender gegeben, und wenn ja: Können wir ihn finden? In diesem Kapitel werden wir die Wurzeln dieses »verlorenen Kalenders« aufspüren. Faszinierenderweise müssen wir, um uns diesem Problem zu nähern, eine Reise ins Alte Ägypten antreten.

Der Ursprung des offiziellen jüdischen Kalenders der Zeit Jesu

Wenn wir uns ein Verständnis der Entstehung des jüdischen Kalenders erarbeiten wollen, bedarf es zunächst einmal einiger Grundkenntnisse der jüdischen Geschichte. Gemäß dem alttestamentarischen Buch Josua verteilte Josua, als er das Volk Israel nach Kanaan führte, Teile des Landes an die zwölf Stämme (Josua 13).

Abb. 8.1: Landkarte Kanaans mit den drei Provinzen Galiläa, Samaria und Judäa.

Kanaan wurde in drei Hauptregionen unterteilt: Galiläa, Samaria und Judäa (siehe Abb. 8.1).

Das gesamte Land Kanaan war zwar aufgeteilt, doch es war noch nicht vollständig erobert. Jerusalem zum Beispiel blieb noch mindestens zweihundert Jahre lang in der Hand des Volkes der Jebusiter, ehe es schließlich gegen 1000 v. Chr. durch König David eingenommen wurde (2 Sam 5,6–9). Laut dem 2. Buch Samuel begründete David ein vereinigtes israelitisches Königreich: Von Jerusalem aus wurden die Provinzen Judäa, Galiläa und Samaria regiert. Als Davids Sohn Salomo um das Jahr 930 v. Chr. starb, zerbrach die Einigkeit der Völker Israels und es entstanden zwei Königreiche: das Nordreich Israel, das die zehn Stämme umfasste, die in Galiläa und Samaria lebten, und das Südreich Juda (der Name *Judäa*, wie er uns aus dem Neuen Testament geläufig ist, ist eine griechische bzw. römische Adaption des Namens Juda und meint die gleiche Provinz).

Um 597–596 v. Chr. eroberte das Babylonische Reich Jerusalem und verschleppte viele Juden nach Babylon (2 Kön 24,10–17). 586 v. Chr. kehrten die Babylonier noch einmal zurück, zerstörten Jerusalem mitsamt seinem Tempel und verschleppten weitere Judäer (2 Kön 25,1–21). Diese Zeit kennen wir als das *Babylonische Exil* der Juden, oft auch nur *Exil* genannt. Um das Jahr 539 v. Chr. kehrten die Juden aus Babylon nach Jerusalem zurück. Während ihrer Zeil im Exil übernahmen die Judäer den babylonischen Kalender – wahrscheinlich ließ man ihnen keine andere Wahl. Einige Wissenschaftler (dazu später mehr) gehen davon aus, dies sei der Ursprung des offiziellen jüdischen Kalenders, der auch während der Zeit Jesu verwendet wurde und bis auf den heutigen Tag gültig ist (abgesehen davon, dass er heute auf Berechnungen und nicht mehr auf Beobachtungen beruht). Im Babylonischen Exil übernahmen die Juden auch babylonische Namen für ihre Monate. Der erste Monat des religiösen Jahres zum Beispiel, Nisan, wurde nach dem ersten Monat des babylonischen Jahres benannt, *Nisannu*, und der letzte (zwölfte) Monat des jüdischen Jahres, Adar, nach dem babylonischen Monat *Adaru*. Diese Namen der jüdischen Monate werden bis heute verwendet. »Im Jahr 586, nach der Annexion Jerusalems durch König Nebukadnezar [König Nebukadnezar II, Regierungszeit 605 – 562 v. Chr.] begannen die Juden, die Zeit nach den Regierungsjahren der babylonischen Könige zu berechnen und den Kalender des [babylonischen] Reiches zu verwenden. Wie die alten Rabbiner bereits schrieben, übernahmen die Juden auch die babylonischen Namen der Monate: Nisan ist *Nisannu* etc.«[119]

Der bisher erwähnte jüdische Kalender, den ich als den »offiziellen jüdischen Kalender« bezeichnet habe, wird auch als nachexilischer Kalender bezeichnet, da er während der Zeit des Exils entstand und seitdem verwendet wurde. Wie der babylonische war auch er ein Mondkalender. Der erste Tag des Monats wurde durch die Beobachtung der Neumondsichel bestimmt, und der Tag ging von Sonnenuntergang bis Sonnenuntergang. Das war der Kalender, den die Judäer aus dem Exil mitbrachten, und er war der offizielle jüdische Kalender zur Zeit Jesu.

Der vorexilische jüdische Kalender

Wie sah der Kalender aus, den die Juden vor dem Exil verwendeten? Hier stoßen wir auf ein Problem, denn »die vor-babylonische Zeitrechnung der Hebräer ist nahezu unbekannt«.[120] Der jüdische Gelehrte Sacha Stern schreibt: »Kehren wir zur vorexilischen Periode zurück ... bleibt die Kalenderberechnung in der früheren biblischen Zeit völlig undurchsichtig, wir wissen nicht einmal, ob der Kalender der frühen Israeliten ein Sonnen- oder Mondkalender war.«[121] Ein naheliegender Ausgangspunkt für die Suche nach einem solchen »verloren gegangenen« vorexilischen Kalender ist die Frage, ob wir im Alten Testament Aussagen über einen alten Kalender finden, der vor dem Babylonischen Exil existiert hat. Dazu finden wir im Buch Exodus einen entscheidenden Hinweis.

Exodus 12 berichtet davon, wie Moses das Passahfest in Ägypten eingeführt hat, und beginnt mit einer verblüffenden Aussage: »Und der Herr sprach zu Mose und Aaron im Land Ägypten: Dieser Monat soll für euch der Anfangsmonat sein, er sei euch der erste von den Monaten des Jahres!« (Ex 12,1–2) Gott sagt Moses und Aaron an dieser Stelle, sie sollten den ersten Monat des Kalenders, den sie verwendeten, gegen einen anderen austauschen, gegen einen Monat, der an die Zeit des Auszugs aus Ägypten sowie an die Geburt ihres Volkes als ein Volk erinnere. Bei Cornelis Houtman heißt es: »Jahwes Befreiung Israels ist als ein so bedeutendes Ereignis zu erachten, als ein so bedeutender Wendepunkt, dass man ihn als Beginn einer neuen Zeitenrechnung sehen kann. So erfährt die Wendung der Geschicke Israels in der Veränderung der Gestalt des Jahres ein konkretes Abbild.«[122] So wie das spätere Erscheinen Jesu den Beginn der christlichen Zeitenrechnung mit sich brachte, verhielt es sich auch mit dem Auszug aus Ägypten, der für die alten Hebräer ebenfalls mit einer neuen Zeitenrechnung verbunden war.

Können wir herausfinden, welcher Monat in Ex 12,2 gemeint ist? »Dieser Monat« war der Monat, in dem Moses in Ägypten das Passahfest abhielt und auf den die zehn Plagen folgten. In der Schilderung der siebten Plage, des Hagels, heißt es: »Der Flachs und die Gerste waren zerschlagen; denn die Gerste war in der Ähre und der Flachs stand in Blüte. Aber der Weizen und der Dinkel waren nicht zerschlagen, weil sie später reif werden« (Ex 9,31–32). Aus dieser präzisen landwirtschaftlichen Beschreibung und dank unseres Wissens über die ägyptischen Erntegewohnheiten können wir schlussfolgern, dass die Hagelplage im Zeitraum Februar bis März über Ägypten gekommen sein muss.[123]

Die achte Plage, die der Heuschrecken, folgte gleich auf den Hagel, ebenfalls in der Zeit Februar bis März[124], und die neunte bestand aus drei Tagen Dunkelheit. Die anschauliche Darstellung: »Dann wird eine Finsternis über das Land kommen, dass man die Finsternis greifen kann« (Ex 10,21), ist eine sehr treffende Beschreibung dessen, was man während eines Chamsin-Sandsturms erlebt. Der erste Sandsturm eines Jahres in Ägypten ist in der Regel der heftigste, und er findet normalerweise im März statt (siehe Kapitel 6), bisweilen aber auch im April. Die zehnte Plage, der Tod der Erstgeburt, sowie das Passah, das Moses in Ägypten abhielt, folgten bald auf die neunte Plage der Finsternis. Daher können wir für die Zeit des ersten Passahfestes von dem Zeitraum März bis April ausgehen, und in Exodus heißt es, dies sei der erste Monat des Kalenders gewesen, den Moses begründete. Dies stimmt mit der Aussage einer anderen Passage des Buches Exodus überein, in welcher der erste Monat mit dem kanaanitischen Namen *Abib* bezeichnet wird: »Heute zieht ihr aus [aus Ägypten] im Monat Abib« (Ex 13,4), denn das Wort *Abib* bedeutet »die reifenden Ähren der Gerste«, die tatsächlich in der Zeit zwischen März und April reif werden (siehe Kapitel 7). Wie wir bereits gesehen haben, ist dies der Monat, der später den Namen Nisan erhielt. Daher können wir sagen, dass dem Buch Exodus gemäß der erste Monat des religiösen jüdischen Jahres im vorexilischen Kalender als März/April von Moses in Ägypten festgelegt wurde, und dass sich dieser erste Monat bis in die Zeit des nachexilischen Kalenders behauptet hat.

Welche(n) Kalender verwendeten die Hebräer in Ägypten?

Das Buch Exodus berichtet davon, wie Moses in einem ägyptischen Palast von der Tochter des Pharaos aufgezogen wurde (Ex 2,10), und laut dem Neuen Testament wurde er »unterwiesen in aller Weisheit der Ägypter« (Apg 7,22). Daher können wir davon ausgehen, dass Moses über ein detailliertes Wissen über die ägyptischen Kalender verfügte, da diese ein zentraler Bestandteil des religiösen wie des bürgerlichen Lebens im alten Ägypten waren. Tatsächlich gab es zur Zeit Mose zwei Hauptkalender in Ägypten: einen Mond- und einen Sonnenkalender.[125] Der ursprüngliche ägyptische Kalender, der in der Zeit von vor 3000 bis mindestens 180 n. Chr. verwendet wurde, war ein Mondkalender. Daneben existierte ein Sonnenkalender, der um das Jahr 2900 v. Chr. eingeführt wurde, und von dem bekannt ist, dass man ihn als bürgerlichen Kalender in allen verwaltungstechnischen, behördlichen und geschäftlichen Belangen verwendete. Seit 2900 v. Chr. verwendeten die Ägypter beide Kalender parallel, den Mondkalender für die religiösen, den Sonnenkalender für die zivilen Angelegenheiten. Diese beiden Kalender wurden in Ägypten zur Zeit Mose verwendet, und zu Lebzeiten Jesu waren sie noch immer in Gebrauch.

Der ägyptische Mondkalender

Dass der ursprüngliche ägyptische Kalender ein Mondkalender war, wissen wir, weil das ägyptische Wort für *Monat* durch einen Halbmond oberhalb eines Sterns dargestellt wurde; die abgekürzte Form zeigte lediglich eine Mondsichel oberhalb der Zahl für den jeweiligen Monat.[126] Dieser Mondkalender wurde im Alten Ägypten als religiöser Kalender verwendet, der parallel zum zivilen Sonnenkalender existierte. Der Mondkalender des Alten Ägypten wich in einigen Merkmalen vom offiziellen jüdischen Kalender ab, worauf ich bereits in Kapitel 4 hingewiesen habe. Vor allem unterschied er sich dahingehend vom jüdischen Kalender, dass der erste Tag des Monats nicht am Abend des Tages begann, an dem man die Sichel des Neumonds zum ersten Mal sah. Stattdessen begann der erste Tag des altägyptischen Mondkalenders am *Morgen* des ersten Tages, an dem die Sichel des *alten* Mondes *nicht mehr* sichtbar war. Das war der Tag der Konjunktion, an dem Erde, Mond und Sonne in einer Reihe stehen (siehe Abb. 4.4a); dies war für die Menschen im Alten Ägypten der Tag des wahren Neumonds. In diesem Mondkalender ist der Tag von Morgen bis Morgen definiert, nicht von Abend bis Abend. Die Ägypter waren nicht die Einzigen, deren Kalender sich an der ersten *Unsichtbarkeit* des *alten* Monds orientierte, die Maggie und Chaggas, zwei Stämme Ostafrikas, hatten ähnliche Kalender.

Der Gedanke, dass der ägyptische Mondkalender zum Zeitpunkt der ersten Unsichtbarkeit der schwindenden Mondsichel begonnen haben könnte, wurde zuerst von Heinrich Karl Brugsch geäußert, der im Jahr 1864 eine altägyptische Inschrift entdeckt hatte, die wie folgt übersetzt werden kann: »Er [Khons, der Gott des Mondes] wird beim Fest des *psdntyw* empfangen, er wird beim Fest des Monats geboren und erlangt beim Fest des Halbmonds seine Reife.«[127]

Wie ist dieser merkwürdige Satz zu verstehen? Der Ägyptologe John Ray erklärte mir die Bedeutung des ägyptischen Wortes *psdntyw*: Es ist der Tag des Neumonds. Brugsch sah darin den ersten Tag des ägyptischen Mondmonats, den Tag der Konjunktion, an dem der Mond empfangen wurde. Er verstand die Aussage von der Geburt »beim Fest des Monats« als den Tag, an dem die Neumondsichel zum ersten Mal sichtbar wird, der Mond Sichtbarkeit erlangt, den *zweiten* Tag des ägyptischen Mondmonats. Und schließlich interpretierte er »erlangt beim Fest des Halbmonds seine Reife« als den fünfzehnten Tag des Monats, den Tag des Vollmonds, an dem er seine Reife erlangt hat.

Diese Interpretation wurde nach eingehender Analyse zahlreicher ägyptischer Texte und ausführlichen astronomischen Berechnungen von Richard Parker bestätigt. Seine Forschungen ergaben, dass die Ägypter den *ersten* Tag ihres Mondmonats als den Tag der Unsichtbarkeit des Neumonds betrachteten, dies war der Tag der Konjunktion, der wahre Neumond. In 70% der Fälle war der Neumond einen Tag später sichtbar, in den anderen 30% zwei Tage später. Der Tag der Ägypter erstreckte sich vom Morgen bis zum Morgen.[128]

Wenden wir uns jetzt noch einmal einigen wichtigen astronomischen Aspekten zu. Im Rahmen unserer Untersuchung des offiziellen jüdischen Kalenders im vierten Kapitel haben wir gesehen, dass die schmale, nur schwach scheinende Sichel des Neumonds zuerst am westlichen Himmel sichtbar wird, und zwar kurz nach Sonnenuntergang. Daher beginnt der jüdische Tag verständlicherweise am Abend. Die schmale, nur schwach scheinende Sichel des *abnehmenden* Mondes aber ist zuletzt am *östlichen* Himmel sichtbar, und zwar kurz vor Sonnenaufgang (siehe Abb. 8.2). Daher definiert sich der Tag im ägyptischen Mondkalender über den Zeitraum vom Morgen bis zum nächsten Morgen. Es mag seltsam erscheinen,

Abb. 8.2: Letzte und erste Sichtbarkeit der Mondsichel. Die linke Zeichnung zeigt die letzte Sichtbarkeit der Mondsichel am östlichen Morgenhimmel (der Tag vor dem ersten Tag des Monats im ägyptischen Mondkalender). Rechts: Die erste Sichtbarkeit der Sichel des zunehmenden Mondes am westlichen Abendhimmel (der Beginn des Monats im offiziellen jüdischen Kalender).

dass ein Volk sich dafür entscheidet, den ersten Tag seines Mondkalenders über die erste *Unsichtbarkeit* der Mondsichel zu bestimmen, was »aller Wahrscheinlichkeit nach daran liegt, dass die Ägypter den Morgen als Tagesbeginn betrachteten, ein Vorgang, der für sich betrachtet vollkommen natürlich ist und keinerlei astronomischer Begründung bedarf«.[129] Mit anderen Worten: Da es natürlich ist, den Tag bei Sonnenaufgang beginnen zu lassen, ließen die alten Ägypter den Monat im Rahmen ihres Mondkalenders mit dem ersten Tag der Unsichtbarkeit der Mondsichel beginnen, denn die Mondsichel ist morgens, kurz vor dem Sonnenaufgang, zuletzt zu sehen.

Die meisten Forscher sind sich einig, dass Moses die Israeliten aller Wahrscheinlichkeit nach im Jahr 1270 v. Chr. aus Ägypten geführt hat, als Ramses II., auch Ramses der Große genannt, Pharao war.[130] (Einige Wissenschaftler halten dem das Jahr 1450 v. Chr. entgegen.) Faszinierenderweise stehen uns in Form sehr detaillierter Texte zahlreiche Dokumente über den ägyptischen Mondkalender dieser Zeit zur Verfügung. An der südlichen Mauer des Amun-Re-Tempels Ramses' III. (ca. 1194–1163 v. Chr.) in Medinet Habu in Theben befindet sich ein Kalender, der aus Listen von

Opfergegenständen besteht, die zu den verschiedenen Festen dargebracht werden sollten. Die Listen sind umfangreich, sie bestehen aus 1470 Hieroglyphen-Zeilen. Die Hauptquelle dieses Kalenders war ein vergleichbarer Kalender am Totentempel Ramses' II. (ca. 1290–1224)[131], der, wie wir gesehen haben, wahrscheinlich zur Zeit des Exodus Pharao war. Wir verfügen also über umfangreiche Informationen hinsichtlich des Mondkalenders und der Festeszeiten der Ägypter aus der Zeit Mose, und selbst wenn das Datum 1450 v. Chr. für den Exodus korrekt wäre, stände dies nicht im Widerspruch zu meiner Argumentation, da der ägyptische Mondkalender seit dem Jahr 3000 v. Chr. in Gebrauch war.

Clagett hat den Kalender der Festzeiten am Tempel des Amun-Re übersetzt und erklärt, für die Feierlichkeiten des ersten Tages des Mondkalenders (*psdntyw*, den Tag des Neumonds bei Konjunktion) gebe es eine »außerordentlich lange Liste an Opfergaben, die die Bedeutung dieses Feiertages zum Ausdruck bringt«.[132] Das nächste Fest trägt den Namen Fest des Monats und wurde am zweiten Tag des Monats gefeiert. Bei Parker heißt dieser Tag »Tag der neuen Sichel«. Clagett bemerkt, die Liste für diesen Tag sei sehr kurz.[133] Clagett erwähnt auch einen Feiertag am dritten Tag des Mondmonats, der an der Mauer des Amun-Re-Tempels keine Erwähnung finde, dafür aber in Tempeln und Grabstätten genannt werde: der Tag der Ankunft oder Fest des 1. Mesper. Parker spekulierte, dieses Fest sei begangen worden, da die Neumondsichel manchmal erst am *dritten* und nicht am zweiten Tag des Monats erschienen sei.[134]

Diese gut dokumentierten Schlussfolgerungen hinsichtlich des ägyptischen Mondkalenders werden in der folgenden Tabelle noch einmal zusammengefasst. Wir sollten nicht vergessen, dass dieser Kalender, auch wenn ich ihn als den religiösen ägyptischen Kalender bezeichne, von zentraler Bedeutung für das alte Ägypten war, möglicherweise sogar von noch größerer Bedeutung als der zivile Sonnenkalender, was sich an den zahlreichen Inschriften zeigt. Religion war das Herz des alten Ägypten.[135]

Der ägyptische Mondkalender	
Erster Tag des Monats, Tag des Neumonds	Erste Unsichtbarkeit des Mondes, Konjunktion
Zweiter Tag des Monats	Üblicherweise erstes Auftreten der Mondsichel
Dritter Tag des Monats	Manchmal abweichend erstes Auftreten des Mondes
Letzter Tag des Monats	Letzter Tag der Sichtbarkeit der Mondsichel
Beginn des neuen Tages	Sonnenaufgang, nach letzter Sichtbarkeit des Mondes am Morgenhimmel

Nicht alle Forscher sind damit einverstanden, dass der Tag gemäß dem ägyptischen Mondkalender mit dem Sonnenaufgang begonnen haben soll. J. B. Segal beispielsweise kommt zu dem pauschalen Urteil: »Kalendarisch beginnt der israelitische Tag – im Sinne der 24-Stunden-Definition – bei Sonnenuntergang, *wie in anderen Ländern auch, in denen der Mond die Grundlage der Zeitrechnung darstellt«* (Hervorhebung vom Verf.).[136] Aussagen wie diese, die den Mondkalender der bedeutenden ägyptischen Zivilisation einfach ignorieren, sind leider in gleichem Maße häufig wie unkorrekt.

Der ägyptische Sonnenkalender

Der ägyptische Sonnenkalender, der zivile Kalender, ordnete das geschäftliche und politische Leben.[137] Wie beim Mondkalender begann der Tag auch beim Sonnenkalender mit dem Sonnenaufgang. Jeder Monat war 30 Tage lang, und das Jahr bestand aus 12 Monaten, also aus 360 Tagen. Die astronomischen Kenntnisse im alten Ägypten waren so weit entwickelt, dass man bereits wusste, dass ein Sonnenjahr annähernd 365 Tage lang war. Also fügte man vor dem

Neujahr fünf zusätzliche Tage ein, die sogenannten *Epagomenen*, sodass das ägyptische Sonnenjahr ebenfalls aus 365 Tagen bestand. Die astronomischen Kenntnisse reichten allerdings nicht so weit, um zu wissen, dass das echte Sonnenjahr 365 ¼ Tage lang war. Daher geriet das ägyptische Sonnenjahr mit der Zeit langsam aus dem Tritt im Verhältnis zum echten Sonnenjahr, und zwar pro Jahr um einen Vierteltag.

Viele Bibelwissenschaftler, die über keine Kenntnisse in der Ägyptologie verfügen, gehen offensichtlich davon aus, dass der Sonnenkalender *der einzige* ägyptische Kalender war. Der Mondkalender, der hinsichtlich religiöser Belange ausschlaggebend war und von ca. 3000 bis mindestens 180 n. Chr. verwendet wurde, ist ihnen unbekannt. Der angesehene Alttestamentler Nahum Sarna etwa schreibt in seinem Buch *Exploring Exodus*: »Während fast der gesamten ägyptischen Geschichte war der Sonnenkalender der bestimmende Kalender.«[138] Wir haben allerdings gesehen, dass die Ägypter während fast ihrer gesamten Geschichte zwei Kalender hatten, die sie parallel verwendeten: einen Sonnenkalender für das geschäftliche und politische Leben und einen Mondkalender für religiöse Feste und Feiertage. Kann es sein, dass einer von ihnen in einer näheren Beziehung zum vorexilischen jüdischen Kalender stand? Dies werden wir im nächsten Kapitel herausfinden.

Zusammenfassung

In vielen alten jüdischen Texten finden wir die Behauptung, der offizielle jüdische Kalender der Zeit Jesu sei von dem Kalender abgewichen, den Moses eingeführt habe, und dass die offiziellen Feste wie Passah demnach an den falschen Tagen begangen wurden. Der offizielle jüdische Kalender des ersten Jahrhunderts n. Chr. hat seine Wurzeln im alten Babylon. Die Judäer übernahmen ihn während ihrer Zeit im Babylonischen Exil von 586–539 v. Chr. In diesem

Kapitel habe ich mit der Untersuchung des Kalenders begonnen, den die Juden möglicherweise in der Zeit vor dem Exil verwendet haben; ich nenne ihn den vorexilischen Kalender. Da die Israeliten, glaubt man der Bibel, mehrere Jahrhunderte in Ägypten verbracht haben, untersuche ich die alten ägyptischen Kalender, die sie möglicherweise während dieser Zeit des Exils verwendet haben. Es gab zwei verschiedene Kalender: einen Solarkalender für zivile und politische, und einen Mondkalender für religiöse Belange.

Im ägyptischen Mondkalender begann der erste Tag des Monats mit dem Morgen der ersten Unsichtbarkeit der Sichel des abnehmenden Mondes. Dies war der Tag der Konjunktion, wenn sich Erde, Mond und Sonne auf einer Linie befinden. Für die Ägypter war das der Tag des echten Neumonds. Der Tag dauerte von Sonnenaufgang bis Sonnenaufgang, und dieser Kalender hatte in der Zeit von vor 3000 v. Chr. bis mindestens 180 n. Chr. Gültigkeit. Im nächsten Kapitel werden wir untersuchen, ob es denkbar ist, dass der vorexilische jüdische Kalender seine Wurzeln in diesem ägyptischen Mondkalender hat.

9
Die Entdeckung des verschollenen Kalenders des alten Israel

> Und der Herr sprach zu Mose und Aaron im Land Ägypten:
> ›Dieser Monat soll für euch der Anfangsmonat sein,
> er sei euch der erste von den Monaten des Jahres!‹
>
> *Exodus* 12,1–2

Wie wir im letzten Kapitel gesehen haben, schreibt der Kalenderexperte E. J. Bickerman: »Die vor-babylonische Zeitrechnung der Hebräer ist nahezu unbekannt.«[139] Und der jüdische Gelehrte Sacha Stern schließt sich an: »Kehren wir zur vorexilischen Periode zurück ... bleibt die Kalenderberechnung in der früheren biblischen Zeit völlig undurchsichtig.«[140] In diesem Kapitel nun werden wir diesen »verschollenen Kalender« des alten Israel finden.

Moses und Aaron bekamen den Auftrag, den ersten Monat des Kalenders, den sie verwendeten, gegen einen anderen auszutauschen, damit dieser erste Monat an den Auszug aus Ägypten erinnerte und den Beginn des neuen Jahres markierte. Dies war die *einzige* Veränderung, die sie vornehmen sollten. Interessanterweise wird im Buch Exodus eindringlich betont, »der Herr sprach zu Mose und Aaron *im Land Ägypten:* ›Dieser Monat soll für euch der Anfangsmonat sein ...‹« Dem Leser des Buches Exodus sollte also unmissverständlich verdeutlicht werden, dass Moses und Aaron *in Ägypten* waren; Moses und Aaron hatten die Zeit der zehn Plagen, die in den letzten sieben Kapiteln des Buches Exodus geschildert werden, in Ägypten verbracht – warum wurde ihre Anwesenheit dort dann an dieser Stelle, unmittelbar vor einer Aussage zum Kalender, noch einmal betont? Meiner Meinung nach geschah dies so ausdrücklich, um die Aufmerksamkeit der Leser darauf zu lenken, dass Moses und Aaron sich unmissverständlich in Ägypten aufhielten und daher auch einen *ägyptischen* Kalender verwendeten, dessen erster Monat nun verändert werden sollte.

An welchem ägyptischen Kalender wird Moses sich orientiert haben, um das religiöse Passahfest zu begehen? Am Mondkalender, der für die religiösen Festzeiten verwendet wurde, oder am Sonnenkalender, den man für das wirtschaftliche und politische Leben heranzog? Moses war so erzogen worden, dass ihm klar war, dass der *Mond*kalender herangezogen wurde, wenn es um religiöse Festzeiten ging. Demnach wird er sich auch hinsichtlich des Passahfests an diesem orientiert und ihn dahingehend verändert haben, dass der erste Monat im Frühling lag.

Als nächstes stellt sich die Frage, welcher Monat im ägyptischen Mondkalender der erste war. Parker führt dazu aus, der erste Monat habe mit der ersten Unsichtbarkeit des Mondes nach dem Aufgang des Sirius begonnen, der auch als *Sothis* bekannt und der hellste Stern am Himmel ist. Berechnungen zufolge, die Graeme Waddington für mich vorgenommen hat, muss Sirius im Jahr 1200 v. Chr. um den 13. Juli herum von Luxor, und um den 17. Juli von Memphis aus sichtbar gewesen sein. Dies stimmt in etwa mit dem Beginn der jährlichen Nilüberschwemmung überein, die für die alten Ägypter von großer Bedeutung war. Bei Bedarf wurde ein zusätzlicher Mond-Monat (Interkalations- oder Schaltmonat) hinzugefügt, um das Jahr im Einklang mit dem *Sirius-Jahr* zu halten, was etwa alle drei Jahre der Fall war. Da die Differenz zwischen dem jährlichen Erscheinen des Sirius und dem echten Sonnenjahr nur etwa 12 Minuten beträgt, genügte dies, um den Sonnenkalender im Gleichklang mit dem Sonnenjahr zu halten.

Clagett vertritt die Ansicht, Parker habe wahrscheinlich recht, wenn er behaupte, der Mondkalender sei im Gleichklang mit dem Sonnenjahr gehalten worden, hält aber die Behauptung, dies sei an den Aufgang des Sirius gebunden, für nicht verifiziert.[141] Da diese

Diskussion hinsichtlich der Frage, welchen Kalender Moses gemäß dem Buch Exodus verwendete, für unser Thema nicht relevant ist, werde ich mich hier nicht ausführlich darauf einlassen. Es sei aber gesagt, dass der erste Monat des ägyptischen Mondkalenders aller Wahrscheinlichkeit nach nicht im Frühling lag. Ich interpretiere Exodus 12,1 dahingehend, dass Moses den religiösen ägyptischen Mondkalender nahm und dergestalt abwandelte, dass der erste Monat in den Frühling verschoben wurde, in den Monat, in dem die Ähren der Gerste reiften (Abib). Die Wahl des ersten Monats anhand landwirtschaftlicher Gesichtspunkte impliziert, dass der Kalender mit dem Sonnenjahr im Einklang gehalten wurde, und besagt darüber hinaus, dass Moses, sobald es notwendig wurde und wahrscheinlich am Ende des Jahres, einen zusätzlichen Monat hinzufügte, was etwa alle drei Jahre der Fall gewesen sein wird. Ich nenne diesen Kalender, von dem es im Buch Exodus heißt, Moses habe ihn in Ägypten begründet, den *vorexilischen* Kalender. Wenn wir davon ausgehen, dass die einzige Veränderung hinsichtlich des bestehenden ägyptischen Kalenders, die in Exodus 12 genannt wird, die Verschiebung des Zeitpunkts des ersten Monats ist, lässt sich daraus schlussfolgern, dass der vorexilische Kalender über die Eigenschaften verfügte, die ich in der folgenden Tabelle nenne.

Der vorexilische Kalender	
Beginn des Tages	Sonnenaufgang
Erster Tag des Monats	Erster Tag der Unsichtbarkeit der Sichel des abnehmenden Mondes, Konjunktion, echter Neumond
Erster Monat des Jahres	Abib, der Monat der reifenden Ähren der Gerste; März / April unseres heutigen Kalenders

Die Bibelwissenschaft ist sich natürlich dessen bewusst, dass Moses gemäß dem Buch Exodus einen neuen Kalender eingeführt hat, in dem der erste Monat des Jahres im Frühling lag. Da aber einige Forscher den ägyptischen Mondkalender nicht kennen, demgemäß der erste Tag des Mondmonats mit der ersten *Unsichtbarkeit* der Sichel des *abnehmenden* Mondes in Zusammenhang steht, gehen sie davon aus, dass der Kalender, den Moses eingeführt hat, ein Mondkalender war, der von der ersten *Sichtbarkeit* der Sichel des *zunehmenden* Mondes abhing. Bei Sarna heißt es demzufolge: »Der neue Kalender Israels ist durch und durch anderer Natur ... Der Monat beginnt mit dem *Neumond* [*Hervorhebung vom Verf.*], aber der erste Monat des Jahres muss im Frühling sein.«[142] Es ist klar, dass Sarna mit »Neumond« die *Sichel des Neumonds* meint, nicht den echten Neumond während der Konjunktion, da er den ägyptischen Kalender nicht kennt. Bibelforscher wie Sarna, Houtman und Segal begehen allesamt den Fehler, nicht zu bedenken, dass der Kalender, um den es im Buch Exodus geht, wenn Feste wie Passah oder das Fest der ungesäuerten Brote beschrieben werden, ein Kalender gewesen sein kann, demgemäß der erste Tag des Monats mit der ersten *Unsichtbarkeit* des *abnehmenden Mondes* in Zusammenhang steht.

Die hebräischen Worte für Monat und Mond

In der Bibel finden wir üblicherweise das Wort *hodesh* für »Monat«. An manchen Stellen taucht aber synonym ein Wort auf, das normalerweise mit »Mond« übersetzt wird: *yerah*, beispielsweise: »... im Monat [*yerah*] Siw, das ist der 2. Monat [*hodesh*]« (1 Kön 6,1). Dazu kommt, dass *hodesh* seine Wurzel in *hadesh* hat, was »neu« bedeutet. Zahlreiche Forscher sind der Meinung, die ursprüngliche Bedeutung von *hodesh* sei »Neumond« gewesen, erst später habe das Wort die Bedeutung von »Monat« angenommen, die Zeitspanne zwischen einem Neumond und dem nächsten. Passend dazu war, wie wir gesehen haben, das Symbol für den Monat im antiken Ägypten der Mond.

Der Neumond war im antiken Ägypten der Tag der Konjunktion, der Zeitpunkt der ersten Unsichtbarkeit, der *Empfängnis* des Mondes: der *echte* Neumond. Demgegenüber definierte sich der Neumond für die Tempelpriester der Zeit Jesu über die erste Sichtbarkeit der Neumondsichel, das Zeichen der *sichtbaren Geburt* des Neumonds. Ich bin der Meinung, dass für Moses, der »in aller Weisheit der Ägypter« (Apg 7,22) unterwiesen war, »Neumond« der Tag der Konjunktion war, der Tag der ersten Unsichtbarkeit der Mondsichel. Das Wort *hodesh* kann in der Bibel also entweder den Tag der Konjunktion bedeuten, wenn es in Zusammenhang mit dem *vorexilischen* Kalender erwähnt wird, oder den Tag der ersten Sichtbarkeit der Sichel des zunehmenden Mondes, wenn es sich auf den späteren offiziellen Jüdischen Kalender, den *nachexilischen* Kalender bezieht. Beide Male bezieht es sich jedenfalls auf den Neumond, nur eben entweder auf seine *Empfängnis* oder auf seine *Geburt*.

Der Wandel innerhalb der jüdischen Kalender

Im vorexilischen Kalender, den wir oben dargestellt haben, begann der Tag mit dem Sonnenaufgang. Gemäß dem offiziellen jüdischen Kalender der Zeit Jesu begann er allerdings bei Sonnenuntergang. Wir können mit größter Wahrscheinlichkeit davon ausgehen, dass diese Veränderung stattgefunden hat, als sich die Judäer in der Zeit von 596 bis 538 v. Chr. im Exil in Babylon befanden, wo sie den babylonischen Kalender übernahmen. Da der Monatsbeginn gemäß dem babylonischen Kalender über die erste Sichtbarkeit der Sichel des neuen Mondes am Abendhimmel definiert wurde, begann der Tag der Babylonier mit dem Sonnenuntergang. Als die Judäer den babylonischen Kalender übernahmen, müssen sie also den Beginn des Tages von Sonnenaufgang zum Sonnenuntergang verschoben haben.

Alttestamentarische Zeugnisse, die den Tagesbeginn im vorexilischen Kalender bei Sonnenaufgang belegen

Wenn meine Schlussfolgerungen hinsichtlich des vorexilischen jüdischen Kalenders korrekt sind, darf erwartet werden, dass sich in den frühen Texten des Alten Testaments Belege für die Definition des jüdischen Tages von Sonnenaufgang bis Sonnenaufgang finden. Nicht wenige Forscher sind der Ansicht, dass der Tag im jüdischen Kalender vor dem Exil mit Sonnenaufgang begann, bei Finegan etwa heißt es: »Im Alten Testament scheint die frühere Praxis so ausgesehen zu haben, dass der Tag am Morgen begann. In Gen 19,34 beispielsweise beginnt ›der nächste Tag‹ unmissverständlich am Morgen nach der vergangenen Nacht.«[143] Und Wagenaar stellt fest: »Die ursprüngliche Gewohnheit, den Tag über die Zeitspanne von Sonnenaufgang bis Sonnenaufgang zu definieren, verschwand irgendwann zugunsten der Vorgehensweise, den Tag über die Zeit von Sonnenuntergang bis Sonnenuntergang zu bestimmen.«[144] Eine eingehende Analyse der Ausführungen im 1. Buch Samuel 30,17, der Beschreibung der Kämpfe Davids gegen die Amalekiter um das Jahr 1000 v. Chr., führt zu dem Resultat, dass »der Text vollkommen schlüssig ist, wenn man voraussetzt, dass der Kalendertag der Amalekiter bei Sonnenuntergang begann, der Davids jedoch, wie bei den Ägyptern, mit der Morgendämmerung.«[145] Roland de Vaux behauptet: »In Israel wurde der Tag lange Zeit vom Morgen bis zum Morgen berechnet«, und aufgrund einer ausgedehnten Analyse biblischer Texte gelangt er zu dem Ergebnis, dass sich der Wechsel hin zu einem Tag vom Abend bis zum Abend wahrscheinlich »zu Beginn des Exils«[146] vollzogen habe.

Wir werden jetzt untersuchen, wie die Anweisungen hinsichtlich des Passah, wie wir sie in Exodus 12 finden, mit dem Tag übereinstimmen, wenn er am Morgen oder am Abend beginnt. Die hierfür relevanten Passagen im Buch Exodus lauten: »Dieser Monat soll für euch der Anfangsmonat sein, er sei euch der erste von den Monaten des Jahres. Redet zur ganzen Gemeinde Israel und sagt: ›Am zehnten dieses Monats, da nehmt euch ein jeder ein Lamm für ein Vaterhaus ... Und ihr sollt es bis zum vierzehnten Tag dieses Monats aufbewahren. Dann soll es die ganze Versammlung der Gemeinde Israel zwischen den zwei Abenden schlachten ... Das Fleisch aber sollen sie noch in derselben Nacht essen, am Feuer gebraten, und dazu ungesäuertes Brot essen ... Und ihr dürft nichts davon bis zum Morgen übrig lassen! ... Ein Passah für den HERRN ist es« (Ex 12,1–11). In der *New International Version* wird die Formulierung in Vers 6: »... zwischen den zwei Abenden« mit dem Wort *twilight* – »Dämmerung« – übersetzt. Es ist nicht ganz deutlich, was dieser Ausdruck besagen soll. Wahrscheinlich ist damit die Zeitspanne zwischen Sonnenuntergang und dem Erscheinen der ersten Sterne am Himmel gemeint, möglicherweise bedeutet es aber auch den späten Nachmittag, zwischen dem Sinken der Sonne und dem tatsächlichen Sonnenuntergang.[147]

Die Angaben hinsichtlich des Passahfestes besagen, dass die Israeliten ihr Lamm während der Dämmerung am 14. Tag des Monats schlachten sollten (Ex 12,6), das Fleisch sollten sie »*in derselben Nacht* [Hervorhebung durch den Verf.] essen, am Feuer gebraten« (Ex 12,8). Man beachte, dass der 15. Tag des Monats in Exodus 12 überhaupt nicht erwähnt wird, sondern ausschließlich der 14. Bei Wagenaar heißt es dazu: »Im priesterlichen Festtagskalender [in Ex 12] wird Passah genau auf den 14. Tag des ersten Monats festgelegt.«[148] Eine unvoreingenommene Lesart dieser Passage in Exodus 12 legt nahe, dass sowohl das Schlachten der Lämmer wie auch das Passahmahl »in derselben Nacht« am 14. Tag des ersten Monats des Jahres stattgefunden haben. Dies steht auch damit im Einklang, dass der Tag vom Morgen bis zum Morgen gedauert hat, nicht aber mit einem Tag, der sich vom Abend bis zum nächsten Abend erstreckt. Die letzte Anweisung zum Passahmahl im Buch Exodus lautet: »Und ihr dürft nichts davon [vom Passahlamm] bis zum Morgen übrig lassen!« (Ex 12,10) Mit anderen Worten: Lasst nichts davon bis zum nächsten Tag übrig, dem 15. Tag des ersten Monats, gemäß unserem vorexilischen Kalender, in dem der Tag sich vom Morgen bis zum Morgen erstreckt.

In Exodus 12,14–16 wird beschrieben, wie die künftigen Generationen den Auszug aus Ägypten feiern sollen: »Sieben Tage sollt ihr ungesäuertes Brot essen; ja, am ersten Tag sollt ihr den Sauerteig aus euren Häusern wegtun ... Und am ersten Tag sollt ihr eine heilige Versammlung halten und am siebten Tag eine heilige Versammlung. An diesen Tagen darf keine Arbeit getan werden; nur was von jeder Seele gegessen wird, das allein darf von euch zubereitet werden.«

Stimmen diese Anweisungen mit einem Tag von Sonnenaufgang bis Sonnenaufgang, oder mit einem Tag von Sonnenuntergang bis Sonnenuntergang überein? Die Israeliten wurden aufgefordert, den Sauerteig am ersten der sieben Tage der ungesäuerten Brote aus ihren Häusern zu entfernen. Dieses Gebot bezog sich eindeutig auf den 14. Tag des ersten Monats, tagsüber, ungeachtet dessen, ob der Tag bei Sonnenaufgang oder bei Sonnenuntergang begann. Dieser »erste Tag« sollte allerdings, abgesehen von der Zubereitung der Speisen, ein Ruhetag sein, ein Tag, der später den Namen »Sabbat des Passah« bekommen sollte, wie wir in Kapitel 5 gesehen haben. Dieser heilige Tag der Ruhe war sicherlich der Tag, an dem das Passahmahl gegessen werden sollte, der erste Tag des siebentägigen Festes der ungesäuerten Brote, die man *nach* Sonnenuntergang aß. Es war der Tag, an dem Familien zu diesem geheiligten Mahl zusammenkamen. Da es im Buch Exodus heißt, der erste dieser sieben Tage der ungesäuerten Brote sei *sowohl* der Tag, an dem der Sauerteig die Häuser verlassen sollte, *als auch* ein geheiligter Tag der Ruhe, an dem das Passahmahl gegessen werden sollte, *muss* ein Kalender mit einem Tag von Sonnenaufgang bis Sonnenaufgang Geltung gehabt haben, in dem beide Ereignisse am 14. Nisan stattfanden.

Das Übertragen des Passahfests zwischen zwei Kalendern

Wir haben nun aufgezeigt, dass – gemäß Exodus 12 – die Passahlämmer am 14. Tag des ersten Monats sowohl geschächtet wie auch gegessen wurden. Zu Lebzeiten Jesu allerdings wurden die Lämmer am 14. Nisan geschlachtet und am Abend des 15. Nisan verspeist, und der 15. Nisan war auch der Tag der Ruhe, den man den Passah-Sabbat nannte. Was hat dieser vermeintliche Widerspruch zu bedeuten?

Ich habe die Antwort auf diese Frage bereits angedeutet. Im vorexilischen Kalender betrachtete man den Tag als die Zeitspanne von Sonnenaufgang bis Sonnenaufgang. Als man den Kalender veränderte und begann, den Tag als den Zeitraum von Sonnenuntergang bis Sonnenuntergang zu definieren, wurde es notwendig, die Festzeiten vom alten auf den neuen Kalender zu übertragen. Im vorexilischen Kalender mit dem Tag vom Morgen bis zum Morgen, von dem im Buch Exodus, Kapitel 12 ausgegangen wird, wurden die Passahlämmer »zwischen den zwei Abenden« am 14. Tag geschlachtet, das Braten über dem Feuer und das Essen des Passahmahls folgte später am selben Abend, der noch Teil des 14. Tages war. Als allerdings der gleiche Ablauf der Ereignisse auf den nachexilischen jüdischen Kalender übertragen wurde, in dem man den Tag von Abend bis Abend definierte, fand das Passahmahl, das man am Abend zelebrierte, notwendigerweise am 15. Nisan statt, da der 15. Nisan mit dem Sonnenuntergang begann. Zu Lebzeiten Jesu hatte man das Opfern der Lämmer aufgrund der großen Anzahl der zu schlachtenden Tiere auf 15 Uhr nachmittags vorverlegt.

Dementsprechend fand im offiziellen jüdischen Kalender die Opferung am 14. Nisan statt, das Passahmahl selber aber am 15. Nisan, der nun außerdem der erste Tag des Fests der ungesäuerten Brote war. Damit wird nachvollziehbar, auf welche Weise das Datum des Passahmahls vom einen Kalender auf den anderen übertragen wurde, womit wir gleichzeitig eine stimmige Erklärung sowohl für die unterschiedlichen Daten des Passahfests wie auch für den ersten Tag des Fests der ungesäuerten Brote im vorexilischen jüdischen Kalender und im offiziellen jüdischen Kalender im ersten nachchristlichen Jahrhundert gewonnen haben. Nachfolgende Tabelle fasst dies noch einmal zusammen:

Übertragung des Passahfests vom vorexilischen auf den offiziellen jüdischen Kalender

Ereignis	Datum im vorexilischen Kalender (Tag vom Morgen bis zum Morgen)	Datum im offiziellen jüdischen Kalender (Tag vom Abend bis zum Abend)
Opferung der Passahlämmer	14. Nisan	14. Nisan
Passahfest und erster Tag des Fests der ungesäuerten Brote	14. Nisan	15. Nisan

Interessanterweise lesen wir bei Parker, dass es eine vergleichbare Übertragung von Festzeiten vom Mondkalender auf den Sonnenkalender bei den Ägyptern gegeben hat. Es heißt dort: »Es ist nicht anzunehmen, dass es zu einem bestimmten Zeitpunkt eine vollständige und umfassende Übertragung von Festen vom Mondkalender auf den Sonnenkalender gab. Zweifelsohne handelte es sich dabei um einen schrittweise stattfindenden Prozess im Laufe der frühen Jahre des dualen Kalendersystems ... Die *Tatsache* einer solchen Übertragung ist allerdings unbestritten.« Darüber hinaus beschreibt Parker, dass in ägyptischen Texten »Doppeldaten« für die jeweiligen Feste vergeben worden seien, eines im Mond- und ein anderes im Sonnenkalender: »Von da an hatte man zwei Daten für jede Festzeit, das eine eingebettet in das bürgerliche Jahr, das andere orientiert am Mondjahr.«[149] Hierin sehe ich einen wichtigen Präzedenzfall für die Praxis, die ich in Bezug auf die Handhabung im alten Israel darstellen möchte.

Der Übergang vom vorexilischen zum nachexilischen jüdischen Kalender

Im zweiten Kapitel haben wir gesehen, dass der Übergang vom Julianischen Kalender zum Gregorianischen Kalender, den wir heute verwenden, ein Übergang war, der schrittweise stattfand. Papst Gregor XIII. führte den Gregorianischen Kalender im Jahr 1582 ein, in England und den USA beispielsweise wurde er von vielen Leuten allerdings erst im Jahr 1752 übernommen, und die Bewohner der schottischen Insel Foula haben ihn bis zum heutigen Tag nicht übernommen. Und auch wenn Länder wie Russland oder Griechenland den Gregorianischen Kalender im alltäglichen Leben als bürgerlichen Kalender verwenden, feiern die griechische und die russische orthodoxe Kirche ihre religiösen Festzeiten noch immer gemäß dem Julianischen Kalender, der ihr religiöses Leben bestimmt. Vergleichbar damit legt Richard A. Parker dar, dass es sich bei der Übertragung der Festzeiten vom einen Kalender auf den anderen im alten Ägypten um einen schrittweise stattfindenden Prozess gehandelt hat.

Daher können wir davon ausgehen, dass die Übertragung der Festzeiten im alten Israel vom vorexilischen auf den nachexilischen

Kalender (den offiziellen jüdischen Kalender zu Lebzeiten Jesu) ein sukzessiver Prozess war. Hinzu kommt, dass sich nur die Judäer im babylonischen Exil befanden, weshalb wir nicht als gegeben voraussetzen können, dass die Juden aus Galiläa oder die Samariter den nachexilischen Kalender ebenfalls übernommen haben. Abgesehen davon ist nicht auszuschließen, dass es auch unter den Judäern Gruppierungen gegeben haben mag, die sich weigerten, den nachexilischen Kalender anzunehmen, und es stattdessen vorzogen, ihre Festzeiten nach wie vor traditionell gemäß dem vorexilischen Kalender zu begehen. Es stellt sich die Frage: Gibt es innerhalb der Bibel Belege dafür, dass die Festeszeiten sukzessive übertragen worden sind?

Dieses Buch besteht aus faktisch gesicherten sowie aus eher hypothetischen Teilen, und ich möchte darauf hinweisen, dass ich mich jetzt in ein Gebiet begeben werde, in dem ich eher tastend hypothetisch vorgehen muss, da uns nicht genügend gesicherte Beweise vorliegen. Dennoch gehe ich davon aus, dass die wenigen tatsächlich faktisch gesicherten Hinweise, die uns zur Verfügung stehen, mit der Vermutung einer sukzessive stattfindenden Übertragung der Festesdaten vom vorexilischen in den nachexilischen Kalender übereinstimmen – allerdings mit Vorbehalten gegenüber einer solchen Übertragung vonseiten mindestens eines angesehenen Judäers.

Die Untersuchung der Übertragung von Festeszeitdaten ist aus zweierlei Gründen kompliziert. Erstens ist man sich in der Forschung nicht sicher, wann die ersten Bücher des Alten Testaments verfasst wurden, und zweitens wurden die Originaltexte wieder und wieder von Schreibern kopiert. Auch wenn erfahrene Schreiber in der Lage waren, die Originale sehr akkurat zu kopieren, haben sie die Texte dennoch aus reiner Routine »modernisiert«. Wenn beispielsweise der Name eines Ortes oder das Datum eines Fests verändert worden war, modernisierte der Schreiber, wenn es Teil seines Auftrags war, den Text dergestalt, dass er den neuen

Ortsnamen oder das neue Datum des Fests übernahm. Ebenso modernisierten die Schreiber veraltete Schreibweisen oder grammatische Details. Ein solcher Umgang mit den zu kopierenden Texten war zur damaligen Zeit bei ägyptischen, hebräischen, mesopotamischen und anderen Texten gängige Praxis.[150] In gewisser Weise ähnlich verhält es sich mit den meisten heutigen Bibelübersetzungen, die moderne Versionen der Sprache sind, die man damals verwendet hat. Dementsprechend wurden viele Bücher des Alten Testaments wahrscheinlich modernisiert und lange Zeit, nachdem die originalen Texte verfasst worden sind, in ihre »endgültige Form« gebracht.

Auf den ersten Blick scheint im Alten Testament eine erstaunliche Verwirrung hinsichtlich der Daten des Passahfests und des damit in Verbindung stehenden siebentägigen Fests der ungesäuerten Brote zu herrschen; das Passahfest markiert das erste Mahl des Fests der ungesäuerten Brote. Gemäß dem Buch Exodus begann das Fest der ungesäuerten Brote am vierzehnten Tag des ersten Monats (Ex 12,17–19). Folgt man allerdings den Büchern Levitikus und Numeri, begann es am *fünfzehnten* Tag des ersten Monats (Lev 23,6 und Num 28,17), wohingegen bei Ezechiel wieder die Rede vom vierzehnten Tag ist (Ez 45,21).

Interessanterweise findet sich diese doppelte Datierung des ersten Tages des Fests der ungesäuerten Brote im Alten Testament im Neuen Testament gespiegelt, nämlich da, wo wir sehen, dass im offiziellen jüdischen Kalender der erste Tag des Fests der ungesäuerten Brote (das Passahfest) am 15. Nisan stattfand, gemäß dem Sonnenkalender der Gemeinde von Qumran aber, wie wir im letzten Kapitel gesehen haben, am 14. Nisan. Hinzu kommt, dass dieser scheinbare Widerspruch im Alten Testament eine Entsprechung in jenem scheinbaren Widerspruch innerhalb des Neuen Testaments hat, in der Frage, ob das Letzte Abendmahl am vierzehnten (laut Johannes) oder am fünfzehnten (laut den Synoptikern) Tag des ersten Monats stattfand.

Dies führt uns zu einer der Schlüsselfragen: Könnte es sein, dass die Lösung der Frage nach der unterschiedlichen Datierung des Letzten Abendmahls bei Johannes einerseits und den Synoptikern andererseits auf die doppelte Datierung des Passahmahls zurückzuführen ist, wie wir sie im Buch Exodus und Ezechiel (vierzehnter Tag) bzw. in Levitikus und Numeri (fünfzehnter Tag) finden?

Die unterschiedlichen Daten des Passahmahls und des ersten Tags des Fests der ungesäuerten Brote im Alten Testament

Die Thematik der doppelten Datierung des Passahfests im Alten Testament ist unter den Forschern weithin bekannt. Bo Reicke etwa schreibt dazu: »In den Mosaischen Gesetzen wird der Abend des Passahfests (an dem das Mahl stattfindet, das von 19 Uhr bis Mitternacht dauert und die Festwoche eröffnet) zuerst auf den 14. Nisan datiert (Ex 12,6, 8 & 18); gleichwohl nennen spätere Passagen das Datum des 15. Nisan (Lev 23,5f.; Num 28,16f.). Das spätere Datum gewann im Judentum allgemeine Gültigkeit.«[151]

In der Bibelforschung ist man sich darin einig, dass der Passah-Kalender, wie er bei Ezechiel nachzulesen ist, mit den Angaben im Buch Exodus übereinstimmt.[152] Auch räumen die Forscher ein, dass die Anweisungen bei Ezechiel »von denen in Numeri und an anderen Orten abweichen«[153] und wundern sich nach wie vor über das Datum für das Passahfest, wie es bei Ezechiel nachzulesen ist.[154] Ist das nicht sonderbar? Ezechiel war ein Priester (siehe Ez 1,3) und sollte demnach doch durchaus mit dem Passahkalender vertraut gewesen sein. In Ezechiel 1,1 erfahren wir, dass Ezechiel sich unter den Juden befand, die 597 v.Chr. durch Nebukadnezar II. nach Babylon ins Exil gebracht wurden, und Ezechiel verfasste das alttestamentarische Buch, das seinen Namen trägt, während der Zeit des Exils, also im 6. vorchristlichen Jahrhundert.

Eine der Schlüsselfragen lautet nun, warum wir voneinander abweichende Daten des Passahmahls und des ersten Tages des Fests der ungesäuerten Brote im Buch Exodus gegenüber Levitikus und Numeri vorfinden. Dies wäre für die Israeliten alles andere als eine Nebensächlichkeit, denn immerhin finden sich im Buch Exodus Anweisungen, dass der erste Tag des Fests der ungesäuerten Brote, an dem man das Passahmahl begehen sollte, an einem *bestimmten* Tag gefeiert werden sollte, denn »an ebendiesem Tag habe ich eure Heerscharen aus dem Land Ägypten herausgeführt« (Ex 12,17) – und dennoch wurde das Datum vermutlich um einen Tag verändert, obgleich diese unmissverständliche Vorgabe vorlag.

Das Datum des Passahfests und der erste Tag des Fests der ungesäuerten Brote	
Exodus	14. Nisan
Levitikus	15. Nisan
Numeri	15. Nisan
Ezechiel	14. Nisan
Offizieller Kalender zur Zeit Jesu	15. Nisan
Sonnenkalender aus Qumran	14. Nisan

Diese Änderung des Datums des Passahmahls und des ersten Tages des Fests der ungesäuerten Brote vom vierzehnten auf den fünfzehnten Tag des ersten Monats ist tatsächlich etwas sehr Ungewöhnliches. Stellen Sie sich einmal vor, Sie wären am vierzehnten Tag eines bestimmten Monats geboren worden, und würden dann, nach einer gewissen Zeit, ihren Geburtstag auf den Fünfzehnten des Monats verlegen. Das würden Sie sicher nicht ohne triftigen Grund tun. Das Passahmahl ist von weitaus größerer Bedeutung als der Geburtstag irgendeines Individuums. Es erinnert an den Beginn einer neuen Ära für die Israeliten; an eine Ära, die an einem ganz bestimmten historischen Tag ihren Anfang nahm. Es muss für die Israeliten schon ein zwingender Grund vorgelegen haben, wenn sie das Datum dieses jährlichen und festlichen Gedenktages um einen Tag verrückten.

Die Gründe für die unterschiedlichen Passahkalender in Exodus, Levitikus und Ezechiel

Ich behaupte nun, dass zwischen den Angaben hinsichtlich des Passahmahls, das am ersten Tag des Fests der ungesäuerten Brote begangen wurde, in den Büchern Exodus, Levitikus, Numeri und Ezechiel kein Widerspruch vorliegt. Es handelt sich schlichtweg um eine Änderung hinsichtlich der verwendeten Kalender. Exodus und Ezechiel orientieren sich am *vorexilischen* Kalender mit seinem Tag vom Morgen bis zum Morgen, Levitikus und Numeri dagegen verwenden den späteren *nachexilischen* Kalender, der auf dem babylonischen Kalender basiert und den Tag über den Zeitraum vom Abend bis zum Abend definiert.

Lassen Sie mich einen vorsichtigen Versuch unternehmen, zu erklären, wie dies vonstatten gegangen sein könnte. Exodus 12 beschreibt das Passahmahl ausgesprochen detailliert, und an keiner Stelle wird hier der 15. Tag des ersten Monats erwähnt, sondern ausnahmslos der 14. Tag. Lassen Sie uns annehmen, dieser Text sei vor dem Exil verfasst worden, demnach also vor den Veränderungen des jüdischen Kalenders. Schreiber, die während und nach dem Exil damit beauftragt waren, den Text zu kopieren, werden ihn kaum einfach modernisiert und »den vierzehnten Tag« durch »den fünfzehnten Tag« ersetzt haben, denn dies wäre einer bedeutenden Umschreibung des gesamten Kapitels gleichgekommen, was jenseits der gängigen Praxis der Schreiber gelegen hätte. Daher gehe ich davon aus, dass das Datum des Passahmahls in Exodus 12 das ursprüngliche Datum des vorexilischen Kalenders treu beibehält. Andererseits behaupte ich, dass die entsprechenden Passagen in

Levitikus und Numeri, die sich auf das Passahfest und auf das Fest der ungesäuerten Brote beziehen (etwa Lev 23,6 und Num 28,17) ihre Grundlagen entweder in einem nachexilischen Kalender haben, oder auf einen nachexilischen Schreiber oder Kopisten zurückzuführen sind, der die vorexilische Quelle dergestalt umdatiert hat, dass das Datum des Fests der ungesäuerten Brote mit der Datierung im offiziellen jüdischen Kalender seiner Zeit übereinstimmte. Eine solche Veränderung wäre in Levitikus und Numeri nicht weiter problematisch, da dort nicht annähernd so detaillierte Beschreibungen zu finden sind wie in Exodus 12.

Das Buch Ezechiel ist deshalb von besonderem Interesse, weil darin gesagt wird, es sei *während* der Zeit in Babylon geschrieben worden. Eine der zentralen Aussagen in Ezechiel ist, dass die Juden im Exil seien, da sie »nach den Rechtsbestimmungen der Nationen gehandelt [haben], die rings um euch her sind« (Ez 11,12). In den Kapiteln 40–48 wird Ezechiels Vision eines neuen Tempels dargestellt, die er im fünfundzwanzigsten Jahr seines Exils gehabt hat (Ez 40,1). Nach Verstreichen einer so beträchtlichen Zeit im Exil können wir wohl annehmen, dass die Mehrheit der jüdischen Priester den babylonischen Kalender übernommen hat. Wenn wir dies als gegeben voraussetzen, ging es Ezechiel mit der Formulierung: »Im ersten, am vierzehnten Tag des Monats, sollt ihr das Passah halten« (Ez 45,21), wohl vor allem darum, die Juden um ihn herum daran zu erinnern, das Passahfest gemäß dem ursprünglichen vorexilischen Kalender zu feiern, anstatt »die Rechtsbestimmungen der Nationen ... um euch her« (Ez 11,12) zu übernehmen.

Aus all dem geht hervor, dass es im 6. Jahrhundert v. Chr. eine Gruppe Judäer gegeben hat, die glaubte, dass das Passahmahl und der erste Tag des Fests der ungesäuerten Brote am *fünfzehnten* Tag gefeiert werden sollte, und eine zweite Gruppe – zu der auch Ezechiel gehörte, wenn er ihr nicht sogar vorstand –, die dafür einstand, dass das Passahmahl am *vierzehnten* Tag des Monats gefeiert werden sollte, wie es der ursprüngliche vorexilische Kalender besagte. Abgesehen davon kann man annehmen, dass die Juden in Samaria und Galiläa, die nicht verschleppt wurden, das Passahfest unverändert am vierzehnten Tag des Monats gefeiert haben.

Laut Ezechiel war eine der Handlungen, die man sich vom kommenden Messias erwartete, die Läuterung der Verehrung des Tempels.[155] Würde sich Jesus demnach also dazu entschieden haben, sein Letztes Abendmahl nach der Reinigung des Tempels als Passahmahl am 14. Nisan zu begehen, gemäß dem vorexilischen Kalender, der von Ezechiel verteidigt wurde? Oder hätte er es eher am 15. Nisan begangen, gemäß den Gepflogenheiten der Priester des ersten nachchristlichen Jahrhunderts? Mit dieser Frage wollen wir uns im nächsten Kapitel beschäftigen.

Zusammenfassung

Exodus und Ezechiel scheinen in Widerspruch zu den Angaben hinsichtlich des Datums des Passahfests bei Levitikus und Numeri zu stehen. Laut Exodus und Ezechiel fand es am vierzehnten Tag des ersten Monats statt, laut Levitikus und Numeri am fünfzehnten Tag. Ich habe erörtert, dass der ursprüngliche jüdische Kalender vor dem Babylonischen Exil der Judäer ab 597 v. Chr. auf dem ägyptischen Mondkalender basierte. Gemäß diesem Kalender wurde der erste Tag des ersten Monats anhand des ersten Tages der *Unsichtbarkeit* der *abnehmenden* »alten« Mondsichel bestimmt. Dies war der Tag der Konjunktion, der echte Neumond, und der Tag dauerte von Sonnenaufgang bis Sonnenaufgang. Die einzige Änderung, die Moses an diesem ägyptischen Mondkalender vornehmen sollte, wird in Exodus 12 beschrieben und besagt, dass das Jahr im Frühjahr beginnen sollte, um auf diese Weise an den Auszug aus Ägypten zu erinnern. Ich bezeichne diesen modifizierten ägyptischen Kalender als den *vorexilischen* jüdischen Kalender. Die Judäer veränderten diesen vorexilischen Kalender während ihrer Zeit in Babylon dahingehend, dass sie ihn dem babylonischen Kalender anglichen, der den ersten Tag des Monats über die erste *Sichtbarkeit* der Sichel des *aufgehenden »neuen«* Mondes definierte. In diesem Kalender dauerte der Tag von Sonnenuntergang bis Sonnenuntergang.

Diese Modifizierung machte eine Übertragung der Daten einzelner Festeszeiten notwendig. Im vorexilischen Kalender mit seinem von Sonnenaufgang bis Sonnenaufgang währenden Tag wurden die Passahlämmer am selben Tag geopfert, an dem auch das Passahmahl gefeiert wurde, am 14. Tag. Im späteren offiziellen jüdischen Kalender, in dem der Tag von Sonnenuntergang bis Sonnenuntergang dauerte, wurden die Lämmer dagegen am 14. Nisan geschächtet, das Mahl selbst aber fand erst am 15. Nisan statt. Diese kalendarische Veränderung erklärt die scheinbare Widersprüchlichkeit hinsichtlich der Daten des Passahfests zwischen Exodus einerseits und Levitikus und Numeri auf der anderen Seite. Bei den alten Ägyptern gab es eine ähnliche Übertragung ihrer Festeszeiten von einem Kalender in einen anderen, was auch bei ihnen zu einer vergleichbaren Doppeldatierung der Feiertage führte. Die historisch jüngere Umstellung vom Julianischen zum Gregorianischen Kalender brachte ebenfalls eine Doppeldatierung mit sich, die auch die christlichen Feste Weihnachten und Ostern betraf, mit der Folge, dass weltweit Katholiken und Protestanten bis heute diese beiden Feste gemäß dem Gregorianischen, die orthodoxen Kirchen sie aber unverändert nach dem Julianischen Kalender feiern.

Ezechiel ermahnte seine Landsleute in der Zeit des Exils während des sechsten vorchristlichen Jahrhunderts, sich auf die vorexilische Datierung des Passahfests am 14. Nisan zurückzubesinnen. Daher scheint es so zu sein, dass die meisten Judäer gemäß der Übertragung der Daten, wie ich sie oben beschrieben habe, im 6. Jahrhundert v. Chr. davon ausgingen, dass das Passahmahl am 15. Nisan begangen werden sollte, gemäß einem Kalender, dessen Tag von Sonnenuntergang bis Sonnenuntergang währte, wohingegen einige Judäer und jene, die nicht im Babylonischen Exil waren, vor allem also die Juden aus Galiläa und die Samaritaner, dieses Fest nach wie vor am 14. Nisan begingen, gemäß einem Kalender, dessen Tag von Sonnenaufgang bis Sonnenaufgang währte. Wie aber verhielt es sich mit all dem im *ersten nachchristlichen* Jahrhundert? Das werde ich im nächsten Kapitel erörtern.

10

Wurde der verschollene jüdische Kalender zur Zeit Jesu in Israel verwendet?

> Er [Jesus] kommt nun in eine Stadt Samarias, genannt Sychar, nahe bei dem Feld, das Jakob seinem Sohn Josef gab ... Aus jener Stadt aber glaubten viele von den Samaritanern an ihn ... Als nun die Samaritaner zu ihm kamen, baten sie ihn, bei ihnen zu bleiben; und er blieb dort zwei Tage. Und viel mehr glaubten um seines Wortes willen; und sie sagten ...: ›Wir glauben ..., dass dieser wahrhaftig der Retter der Welt ist.‹
>
> *Joh 4,5; 39–42*

In unserer Zeit hat sich der Gregorianische Kalender fast weltweit durchgesetzt. Dennoch hat sich auch der Julianische Kalender erhalten und wird bis zum heutigen Tag nach wie vor von verschiedenen Gruppierungen verwendet, um das Datum des Osterfests festzulegen, so etwa von der griechisch- und der russisch-orthodoxen Kirche.

Im letzten Kapitel haben wir den verlorenen vorexilischen jüdischen Kalender entdeckt. Ist es möglich, dass Jesus sich an diesem orientiert hat, um sein Letztes Abendmahl als ein Passahmahl zu feiern, das mindestens einen Tag früher begangen wurde, als es der offizielle jüdische Kalender vorsah? Fest steht, dass er dies nur getan haben kann, wenn er um die Existenz dieses Kalenders gewusst hat. Darum werde ich mich in diesem Kapitel vor allem mit der grundlegenden Frage beschäftigen, ob der vorexilische Kalender bis ins erste nachchristliche Jahrhundert von Bestand war, und ob er zu Lebzeiten Jesu von einer oder mehreren Gruppierungen in Israel verwendet wurde. Beginnen wir mit den Samaritanern.

Die Samaritaner

Die Samaritaner werden in den Evangelien regelmäßig erwähnt, so auch in der eingangs zitierten Passage aus Johannes 4, in der es heißt, Jesus habe in Samaria eine Gruppe von Anhängern gehabt, die von ihm sagten, er sei »wahrhaftig der Retter der Welt«. Jesus war kein Samaritaner, was wir an seinem Gespräch mit der Samaritanerin sehen können (siehe Joh 4,27). Den Evangelien zufolge hat Jesus sich wohlwollend über die Samaritaner geäußert, beispielsweise im Gleichnis von »barmherzigen Samariter« (Lk 10,30–36). Und unter den zehn Aussätzigen, die Jesus geheilt hat, war der Einzige, der ihm gedankt hat, ein Samaritaner (Lk 17,11–19). Wer also sind die Samaritaner?

Es gibt drei vorherrschende Lehrmeinungen hinsichtlich der Ursprünge der Samaritaner.[156] Die Samaritaner selbst erheben für sich den Anspruch, die direkten Nachfahren der israelitischen Stämme des Nordreichs und darüber hinaus die wahren Israeliten zu sein, die Bewahrer der Mosaischen Gesetze.[157] Gemäß einer anderen Tradition waren die Samaritaner Heiden, die eine Art Fassade der israelitischen Religion darstellten und von den Assyrern nach Samaria gebracht worden seien, um das Land neu zu besiedeln.[158] Die Bibel berichtet, dass der König der Assyrer Samaria erobert und die Israeliten um das Jahr 722 v. Chr. ins Assyrische Reich deportiert habe (2 Kön 17,6). Bald darauf habe der assyrische König Samaria neu bevölkert, indem er Menschen aus verschiedenen Ländern, die die Assyrer erobert hatten, dort ansiedelte (2 Kön 17,24).

Eine dritte Theorie zu den Ursprüngen der Samaritaner stellt eine Kombination aus den ersten beiden dar: Obwohl die Assyrer einige Israeliten deportiert hätten, hätte in Samaria eine bedeutende

Anzahl der frühen israelitischen Bevölkerung überlebt, und die Assyrer hätten zudem noch andere Bewohner dort angesiedelt. Diese beiden Gruppen hätten sich in der Folge vermischt, woraus die Samaritaner der Zeit des Neuen Testaments hervorgegangen seien.[159] Zahlreiche Religionswissenschaftler schließen sich dieser dritten Theorie an, und da diese Theorie die gesamte uns zur Verfügung stehenden Faktenlage einbezieht und sich nicht mit Teilaspekten zufriedengibt, entspricht sie der Auffassung über die Samaritaner, der ich folgen werde.

Wie wir in Kapitel 8 gesehen haben, führte Josua die Israeliten nach Kanaan, das in die drei Regionen Galiläa, Samaria und Judäa unterteilt war. Liegen uns archäologische Befunde dafür vor, dass die Israeliten zu Lebzeiten Josuas in Kanaan waren? Im Jahr 1896 entdeckte der Ägyptologe Flinders Petrie im Tempel des Pharaos Merenptah in Theben in Ägypten eine schwarze Granittafel, die als »Merenptah-Stele« bekannt wurde. Die Hieroglyphen auf der Tafel erinnern an den Feldzug Merenptahs um das Jahr 1210 v.Chr. in Kanaan. Dort steht: »Kanaan ist mit allem Übel erbeutet ... Askalon ist herbeigeführt ... Gezer ist gepackt ... Januammu ist zunichte gemacht«, und dann kommt die Zeile: »Israel ist verwüstet und hat keinen Samen mehr.« (siehe Abb. 10.1)

Dieses Dokument besagt nicht nur, dass die Israeliten um das Jahr 1210 v. Chr. in Kanaan waren, sondern bezeugt darüber hinaus, dass sie in ausreichend großer Zahl dort waren, um einer Erwähnung als einer Gruppierung wert zu sein, von der die Ägypter behaupteten, sie vernichtet zu haben.[160] Der Text der Merenptah- oder Israel-Stele ist der älteste nicht biblische schriftliche Beleg Israels als Volk.

Laut der Bibel versammelte Josua alle Stämme Israels in Sichem in Samaria (Josua 24,1) und sprach zu ihnen: »Ihr habt den Jordan überschritten und seid nach Jericho gekommen. Aber die Bürger von Jericho, die Amoriter ... kämpften gegen euch, und ich gab sie in eure Hand. Und ich sandte die Hornissen vor euch her, und sie

Abb. 10.1: *Die Merenptah-Stele.* Auf dem Foto ist der Teil der Inschrift zu sehen, in dem es heißt: »Israel ist verwüstet.«

vertrieben sie vor euch, die beiden Könige der Amoriter; [es geschah] nicht durch dein Schwert und nicht durch deinen Bogen« (Jos 24,11–12).

Was kann Josua aber mit »Hornissen« gemeint haben? Die Hornisse war das Nationalsymbol Nordägyptens, sodass Josua sich mit ihrer Erwähnung auf den ägyptischen Feldzug in Kanaan bezieht. Er beschreibt, dass das ägyptische Heer (die Hornissen) große Teile Kanaans eroberten, wie es auch auf der Merenptah-Stele nachzulesen ist, und dass die Israeliten später, als das ägyptische Heer sich zurückzog, das eroberte Land übernommen haben.

Josua brachte die Bundeslade nach Silo, in der Nähe Sichems in Samaria (Jos 19,51). Aus mehreren Büchern des Alten Testaments geht eindeutig hervor, dass Silo in den Jahren 1200 bis 1000 v. Chr. die bedeutendste Kultstätte der Israeliten gewesen ist. Im Buch der Richter ist beispielsweise die Rede von den Tagen »in denen das Haus Gottes in Silo war« (Ri 18,31), und das 1. Buch Samuel beschreibt, wie die Menschen nach Silo gewandert seien, um zu opfern (1 Sam 1,3). Wenn der vorexilische Kalender des antiken Israel der Kalender war, den ich im vergangenen Kapitel hergeleitet habe, dann muss es dieser Kalender gewesen sein, den Josua und die Israeliten in Kanaan verwendet haben. Er wäre dann entweder von Sichem oder von Silo in Samaria aus *verordnet* worden (mit »verordnet« meine ich, dass die jüdischen Priester den ersten Tag des Mondmonats – festgelegt anhand der Beobachtung des ersten Tages der Unsichtbarkeit der Mondsichel des abnehmenden Mondes – bestimmt und gegebenenfalls einen zusätzlichen Monat eingefügt hätten, damit der erste Monat des Jahres in den Frühling fiel).

Wie wir noch sehen werden, behaupten die Samaritaner, dass ihr moderner Kalender, der vom modernen jüdischen Kalender abweicht, auf dem ursprünglichen mosaischen Kalender basiert. Daher werden wir jetzt den modernen Kalender der Samaritaner daraufhin untersuchen, ob er Ähnlichkeiten mit dem vorexilischen Kalender aufweist, den ich im vergangenen Kapitel rekonstruiert habe.

Der Kalender der Samaritaner

Die umfangreichste Darstellung des Kalenders der Samaritaner finden wir bei Sylvia Powels.[161] Powels schreibt, nur wenige Forscher hätten sich bislang mit dieser Thematik beschäftigt, was vor allem daran liege, dass die Samaritaner die Gesetze, nach denen sie ihren Kalender festlegen, bis vor kurzer Zeit streng geheim gehalten hätten. Daher ist der Kalender der Samaritaner den wenigsten Forschern bekannt.

Die Samaritaner behaupten, der offizielle jüdische Kalender sei fehlerhaft. In einem samaritanischen Dokument aus dem Jahr 1355 n.Chr., der sogenannten *Taulida* (Genealogie), verfasst in Hebräisch, heißt es, Gott habe Adam den wahren Kalender offenbart, welcher ihn seinen Nachkommen weitergegeben habe, bis er in die Hände Mose gelangt sei, der den ersten Monat in den Frühling verschoben habe. Moses habe den Kalender, der von den Samaritanern die »wahre Berechnung« genannt werde, dann an Pinhas weitergegeben, Aarons Enkel. Gemäß der *Taulida* hat Pinhas diesen mosaischen Kalender am Berg Garizim bei Sichem in Samaria begründet, als die Israeliten das Gelobte Land betraten.[162]

Interessanterweise wird auch in der Bibel berichtet, dass *Pinehas* bzw. Pinhas der Enkel Aarons gewesen sei (Ex 6,25; Num 25,7).

Das antike hebräische Alphabet, wie es im Alten Testament verwendet wurde, bestand nur aus Konsonanten. Demnach können wir Pinhas, den Enkel Aarons aus der samaritanischen *Taulida*, mit dem Pinhas, dem Enkel Aarons im Alten Testament gleichsetzen. Das Alte Testament bezeichnet Pinhas als eines der Oberhäupter im alten Israel; er war nicht nur ein Priester (Num 25,7), sondern Gott zeichnete ihn und seine Nachkommen mit dem »Bund ewigen Priestertums« (Num 25,13; 1 Makk 2,54) aus. Pinhas war zu seiner Zeit Hohepriester, denn er war es, der vor der »Lade des Bundes Gottes« (Ri 20,27f.) gestanden habe. Der Anspruch der Samaritaner, dass Pinhas für die Begründung des mosaischen Kalenders im Gelobten Land verantwortlich gewesen sei, stimmt mit der biblischen Darstellung des Pinhas als Hohepriester überein.

Der heutige Kalender der Samaritaner weist viele Gemeinsamkeiten mit dem heutigen jüdischen Kalender auf. Beide werden inzwischen durch Berechnungen, nicht mehr aufgrund von Beobachtungen des Mondes erstellt. Beide sind Mondkalender, in denen das Mondjahr aus 12 Mondmonaten zu je 29 oder 30 Tagen besteht.[163] Das Jahr hat im Mondkalender 354 Tage, und um das Mondjahr in Harmonie mit dem Sonnenjahr mit seinen 365 ¼ Tagen zu halten, wird gegebenenfalls sowohl im Kalender der Samaritaner als auch im jüdischen Kalender ein Mondmonat hinzugefügt.

Der moderne Kalender der Samaritaner unterscheidet sich aber in einem wesentlichen Punkt vom jüdischen Kalender: Der erste Tag des Monats im jüdischen Kalender ist der des errechneten Erscheinens der *Sichel des aufgehenden Mondes*, im Kalender der Samaritaner jedoch ist der erste Tag des Monats der errechnete Tag der *Konjunktion* von Mond und Sonne, also der Zeitpunkt, zu dem Mond, Sonne und Erde sich in einer Linie befinden und der Mond nicht zu sehen ist.[164] Der Monat der Samaritaner beginnt *vor* dem jüdischen Monat, da die Konjunktion immer vor dem ersten Erscheinen der Sichel des aufgehenden Monats stattfindet.[165]

Der Kalender der Samaritaner und der Mondkalender im alten Ägypten

Aus dem oben Gesagten geht eindeutig hervor, dass der moderne Kalender der Samaritaner mit dem altägyptischen Mondkalender und dem vorexilischen Kalender der Juden eng verbunden ist. Darauf ist in der Forschung bisher noch nicht hingewiesen worden. Lassen Sie mich dies genauer erklären.

Wie wir in den Kapiteln 4 und 8 gesehen haben, ist der Mond im Laufe eines Mondmonats etwa 60 Stunden lang unsichtbar. Das heißt: Zwischen dem Zeitpunkt der letzten Sichtbarkeit der Sichel des abnehmenden Mondes und dem ersten Erscheinen der Sichel des aufgehenden Mondes vergehen durchschnittlich 60 Stunden. Zur Konjunktion, während derer die Sonne, der Mond und die Erde sich in einer Linie befinden, kommt es etwa nach Verstreichen der Hälfte dieser Phase der Unsichtbarkeit. Demzufolge vergehen etwa 30 Stunden zwischen der letzten Sichtbarkeit der *alten* Mondsichel und der Konjunktion, gefolgt von noch einmal etwa 30 Stunden zwischen der Konjunktion und der ersten Sichtbarkeit der *neuen* Mondsichel. Da ein Tag 24 Stunden hat, findet eine normale Konjunktion einen Tag nach der letzten Sichtbarkeit der alten und einen Tag vor der ersten Sichtbarkeit der neuen Mondsichel statt. Der erste Tag des Monats im Kalender der Samaritaner ist der Tag der Konjunktion, also beginnt der Monat bei den Samaritanern durchschnittlich einen Tag *vor* dem des offiziellen jüdischen Kalenders.

Wie ich in Kapitel 8 ausgeführt habe, betrachteten die alten Ägypter den ersten Tag der Unsichtbarkeit der alten Mondsichel als den Beginn des Monats innerhalb ihres religiösen Kalenders; sie begannen also ihren Monat – wie die Samaritaner – zum Zeitpunkt der Konjunktion. Sowohl für die Samaritaner als auch für die alten Ägypter bedeutet der Zeitpunkt der Konjunktion den Tag des *echten* Neumonds, den Tag der *Empfängnis* des Mondes. Es ist nicht uninteressant, darauf hinzuweisen, dass der alte ägyptische

Mondkalender, wie ebenfalls im 8. Kapitel erwähnt, erst im Jahr 1864 von Heinrich Karl Brugsch entdeckt wurde: der Kalender, in welchem der Tag der Konjunktion der erste Tag des Monats war.[166] Gleichwohl beschrieb der samaritanische Gelehrte Abu'l-Hasan as-Suri lange vor Brugsch, bereits im zwölften Jahrhundert, dass die Konjunktion den Zeitpunkt des echten Neumonds markiere, der den ersten Tag im Monat des Kalenders der Samaritaner darstellte. As-Suri hat selbstverständlich nicht von Ägyptologen wie Brugsch, die lange nach ihm gelebt haben, von einem Mondkalender gehört, in dem die Konjunktion den ersten Tag des Monats bestimmte; überhaupt gibt es keine Hinweise darauf, dass die Samaritaner Experten in der Astronomie waren. Sie müssen ihren Kalender also von einer anderen Kultur übernommen haben, in der es solche Experten gab. Eine denkbare Variante in der Zeit vor Christus wären die Ägypter, was auch in Bezug auf ihre Tradition, dass sich ihr Kalender auf Moses in Ägypten berufe und Pinhas diesen Kalender nach Kanaan gebracht habe, stimmig wäre. Dies werde ich später noch weiter ausführen.

Der Kalender der Samaritaner und der vorexilische jüdische Kalender

Seit etwa dem 4. Jahrhundert n. Chr. wird der jüdische Kalender *errechnet*. Bis dahin und namentlich auch in der Zeit Jesu wurde der Beginn des Monats des offiziellen jüdischen Kalenders mithilfe der *Bobachtung* der ersten Sichtbarkeit der Sichel des aufgehenden Monats ermittelt (siehe Kapitel 4).

Der Kalender der Samaritaner wird spätestens seit dem 9. Jahrhundert errechnet – seit der Zeit also, von der an man davon ausgeht, dass die Samaritaner den Zeitpunkt der Konjunktion mithilfe von Tabellen arabischer Astronomen errechneten.[167] Bei Sylvia Powels heißt es aber auch: »Es wird angenommen, dass sie [die

Samaritaner] vor der Übernahme der astronomischen Tabellen der Araber die Beobachtung praktizierten.«[168] Dies muss im ersten Jahrhundert nach Christus der Fall gewesen sein. Zu dieser Zeit wird nicht nur der jüdische Kalender, sondern auch der Kalender der Samaritaner auf Beobachtung beruht haben, da beide noch nicht wussten, wie sie ihren Kalender errechnen konnten. Dennoch wurde der Beginn des Monats bei den Samaritanern ihrer Tradition gemäß anhand der Konjunktion von Sonne und Mond definiert. Das Problem ist aber, dass man die Konjunktion durch bloße Beobachtung nicht erkennen kann. Wie also haben die Samaritaner den Beginn ihres Monats bestimmt?

Die naheliegende Antwort lautet, dass sie genauso vorgegangen sind, wie die alten Ägypter: Indem sie die *letzte* Sichtbarkeit der Sichel des *alten Mondes* beobachtet haben. Der nächste Tag, also der erste der Unsichtbarkeit der Mondsichel, wurde dann als der Tag der Konjunktion bestimmt, als der erste Tag des Monats für die Samaritaner, wie es auch bei den alten Ägyptern der Fall war. Die alte Mondsichel ist zuletzt kurz vor Sonnenaufgang am Morgenhimmel zu sehen, was zur Folge hat, dass sich der Tag in einem solchen, auf Beobachtung beruhenden Kalender naturgemäß über die Zeit von Sonnenaufgang bis Sonnenaufgang definiert. Daher behaupte ich, dass der Tag im Kalender der Samaritaner im ersten Jahrhundert von Sonnenaufgang bis Sonnenaufgang ging, ebenso wie im ägyptischen Kalender.

Wenn dies der Fall ist, bestand der einzige Unterschied zwischen dem Kalender der Samaritaner und dem Mondkalender der Ägypter darin, dass bei den Samaritanern das Jahr im Frühlingsmonat Abib begann. Mit anderen Worten: Der Kalender der Samaritaner war mit dem vorexilischen jüdischen Kalender identisch. Dieser vorexilische Kalender wurde von Josua und von den Israeliten in Kanaan verwendet und, wie weiter oben ausgeführt, von Sichem oder Silo in Samaria aus verordnet. Wie ich in Kapitel 8 dargelegt habe, waren es die Judäer, die während der Zeit im Exil in Babylon von diesem Kalender abwichen und den Kalender der Babylonier übernahmen. Ich behaupte aber, dass die Samaritaner, die nicht im Exil in Babylon waren, treu am ursprünglichen vorexilischen Kalender festgehalten und ihn bis auf den heutigen Tag weitertradiert haben – mit der einzigen Ausnahme, dass er heute errechnet wird.

Ähnlichkeiten zwischen dem vorexilischen Kalender und dem modernen Kalender der Samaritaner	
Sonnen- oder Mondkalender?	Mondkalender
Erster Tag des Monats	Tag der Konjunktion
Erster Monat des Jahres	Zeit des Passah im Frühling.
	Schaltmonate zur Harmonisierung mit dem Sonnenjahr.

Ich habe bereits ausgeführt, dass zwischen der Konjunktion und der ersten Sichtbarkeit der neuen Mondsichel durchschnittlich 30 Stunden vergehen, und dass, da der Tag 24 Stunden hat, der Monat bei den Samaritanern *durchschnittlich* einen Tag früher als der des offiziellen jüdischen Kalenders beginnt. Es gibt allerdings auch Anlässe, zu denen der Monat der Samaritaner zwei oder sogar noch mehr Tage vor dem jüdischen beginnt, da die erwähnte Zeitspanne von 30 Stunden lediglich ein Durchschnittswert ist.[169] Daher können wir nicht mit Sicherheit davon ausgehen, dass der Monat im Kalender der Samaritaner (bzw. der vorexilische Kalender) zwangsläufig immer einen Tag vor dem Monat im offiziellen jüdischen Kalender beginnt. Darauf werde ich im nächsten Kapitel noch einmal zurückkommen, wenn wir das Datum des Letzten Abendmahls bestimmen.

Wie wir in Kapitel 4 gesehen haben, entzündeten die Juden Leuchtfeuer, um den ersten Tag des Monats für alle jüdischen Gemeinden in Palästina und an anderen Orten anzuzeigen (z. B. in Syrien und Babylon). Die Samaritaner scheinen ähnlich vorgegangen zu sein, um ihren Gemeinden jenseits von Samaria den Beginn des Monats anzuzeigen. Da der Monat für die Samaritaner früher als der Monat der Juden begann, ist es nachvollziehbar, dass es zu Verwirrungen kommen konnte.

Der talmudische Text Rosh Hashanah (I.3; II.2), der spätestens zu Beginn des dritten nachchristlichen Jahrhunderts verfasst worden ist, berichtet davon, dass die Juden das Entzünden der Leuchtfeuer aufgrund des »Missbrauchs« durch die Samaritaner abschaffen und stattdessen Boten entsenden mussten, um den Monatsbeginn zu verkünden; aller Wahrscheinlichkeit nach waren mit dem »Missbrauch« die Leuchtfeuer der Samaritaner gemeint, die nach Meinung der Juden am falschen Tag entzündet wurden. Diese Aussendung von Boten wurde vor der Zerstörung des Tempels in Jerusalem im Jahr 70 n. Chr. eingeführt.[170]

Das Passah der Samaritaner

Der jüdische Historiker Flavius Josephus beschreibt, dass der Samaritaner Sanaballetes um das Jahr 388 v. Chr. auf dem Berg Garizim einen Tempel erbaut habe (*Jüdische Altertümer* 11.324). Sanaballetes ernannte Manasse zum ersten Hohenpriester des Tempels; viele Priester der Judäer verließen Jerusalem und »gingen zu Manasse über« (*Jüdische Altertümer* 11.312). Dennoch herrschte eine große Feindseligkeit zwischen Juden und Samaritanern. Im Jahr 128 v. Chr. zerstörte der Hohepriester Hyrkanus den samaritanischen Tempel und im Jahr 107 v. Chr. die samaritanische Stadt Sichem (*Jüdische Altertümer* 13.254–6).

Das Passahfest der Samaritaner wurde seit der Antike ununterbrochen beobachtet.[171] Es ist das bedeutendste Fest der Samaritaner, und es wurde – und wird bis heute – am Berg Garizim gefeiert, unabhängig davon, ob der samaritanische Tempel dort noch steht oder nicht. Das Fest besteht aus dem Opfern, dem Braten und schließlich dem gemeinsamen Essen der Lämmer, wie es in Exodus 12 vorgeschrieben wird.[172] Es gab allerdings auch Zeiten, in denen es für die Samaritaner aufgrund der politischen Situation unmöglich war, das Passahfest am Berg Garizim zu feiern. Was taten die Samaritaner in diesen Jahren? »Diese Zeremonie [das Passahfest] sollte am Berg Garizim begangen werden, doch durch den Widerstand und auf Betreiben der Türken und Araber wurde es nun in ihren eigenen Häusern gefeiert ... das Passahlamm, dass sie mit dem ungesäuerten Brot und bitteren Gewürzen essen, wie das Gesetz es vorschreibt.«[173] Die Samaritaner opferten also die Passahlämmer in den Zeiten, in denen es nicht möglich war, dies auf dem Berg Garizim zu tun, in ihren eigenen Häusern, gerade so wie in der Darstellung des ursprünglichen Passahfests im Buch Exodus.

Die folgende Darstellung des samaritanischen Passahfests im Jahr 2007 belegt die beeindruckenden Übereinstimmungen zwischen dem modernen samaritanischen Passahfest und den ursprünglichen Anweisungen aus dem Buch Exodus: »Einen Tag, bevor der jüdische Sederabend am Vorabend des Passahfests begangen wird [man beachte, dass das samaritanische Passah im Jahr 2007 einen Tag vor dem jüdischen Passah begangen wurde; *Anm. des Verf.*], versammelt sich die samaritanische Gemeinde am heiligen Berg Garizim im Westjordanland, um ihre wichtigste religiöse Zeremonie zu begehen: das Passahopfer, bei dem jede Familie ein Lamm schlachten und gemeinsam essen muss ... Genau um 19:10 Uhr abends [man beachte, dass dies der Zeitpunkt der Dämmerung ist: nach Sonnenuntergang, aber noch vor dem Erscheinen der ersten Sterne; *Anm. des Verf.*] gibt der Priester das Zeichen zum Beginn des Opferns Dutzender von Lämmern ... Sobald die Schafe geschlachtet sind, kommen sie für drei Stunden ins Feuer ... Um Mitternacht herum nimmt jede Familie ihr Lamm mit nach Hause, wo es schnell zusammen mit Matzen und bitteren Gewürzen verspeist wird.«[174] Die Übereinstimmung dieser modernen samaritanischen Zeiteinteilung mit der des Buches Exodus (Opferung der

Lämmer während der Dämmerung etc.), im Gegensatz zu der abgewandelten Praxis der Priester des Tempels von Jerusalem im ersten Jahrhundert, gemäß derer die Lämmer vor Sonnenuntergang geschlachtet wurden, deckt sich mit der Behauptung der Samaritaner, dass sie den vorexilischen Kalender verwendeten.

Nachdem wir nun gezeigt haben, dass die Samaritaner den vorexilischen jüdischen Kalender verwendeten, werde ich jetzt untersuchen, ob es noch andere Gruppierungen gab, für die dies ebenfalls galt.

Der Mondkalender der Qumrangemeinschaft

In Kapitel 7 haben wir gesehen, dass der Hauptkalender der Qumrangemeinschaft ein Sonnenkalender war. Dennoch befinden sich unter den Schriftrollen vom Toten Meer, die man in den Höhlen von Qumran fand, mindestens vier Texte, die konkret von einem Mondkalender berichten.[175] Aus diesen Texten geht unzweifelhaft hervor, dass dieser Mondkalender von einem 354-Tage-Jahr ausging, das in zwölf Mondmonate mit je 29 oder 30 Tagen unterteilt war. Alle drei Jahre wurde ein zusätzlicher Monat mit 30 Tagen hinzugefügt, um den Einklang mit dem Sonnenjahr zu gewährleisten. In dieser Hinsicht stimmt der Kalender sowohl mit dem offiziellen jüdischen Kalender als auch mit dem vorexilischen Kalender überein.

Eine der entscheidenden Fragen ist nun, wann der Monat gemäß diesem Mondkalender aus Qumran begann. Wie Sacha Stern schreibt, war diese Frage »Anlass intensiver Diskussionen«. Aufgrund eingehender Analysen der Texte kamen Talmon und Knohl zu dem Ergebnis, dass der erste Tag des Monats im Mondkalender von Qumran der Tag der Konjunktion war.[176] Dies stimmt überein mit der Aussage in einem der Texte, dass der Tag beginnt und endet, wenn der Mond *dunkel* ist. Darüber hinaus deckt es sich mit einem interessanten Kommentar Graeme Waddingtons, der mir mitteilte, dass es unmöglich sei, die Sichel des aufgehenden Mondes von Qumran aus zu beobachten, da sich unmittelbar westlich von Qumran eine hohe Gebirgskette erstrecke (siehe Abb. 7.1, S. 137). Da die Sichel des aufgehenden Mondes zuerst am westlichen Himmel, knapp über dem Horizont und kurz nach Sonnenaufgang in Erscheinung tritt, *kann die Sichel des aufgehenden Mondes von Qumran aus nicht gesehen werden*: Die Berge versperren die Sicht. Das letzte Erscheinen der Sichel des abnehmenden Mondes dagegen, die am östlichen Himmel sichtbar ist, *kann* gesehen werden. Das Resultat, zu dem Talmon und Knohl gelangen, kann daher sowohl aus geografischen wie aus astronomischen Gründen als gesichert gelten.

Dementsprechend scheint der Mondkalender von Qumran derselbe gewesen zu sein wie der vorexilische jüdische Kalender. Wir können nicht mit Gewissheit sagen, ob der Mondkalender von Qumran ein *theoretischer* Kalender war, oder ob man ihn tatsächlich verwendet hat, doch da er in mindestens vier verschiedenen Texten der Schriftrollen vom Toten Meer erwähnt wird und sich in diesen Texten detaillierte Beobachtungen des Mondes finden, erscheint es plausibel, auf eine tatsächliche Verwendung rückzuschließen. Das würde bedeuten, dass es eine Gruppe von Essenern gab, die den Mondkalender von Qumran verwendet hat, der wahrscheinlich mit dem vorexilischen jüdischen Kalender identisch war.

Warum wird dieser Mondkalender in den Schriftrollen vom Toten Meer parallel zum Sonnenkalender erwähnt? Ein möglicher Grund ist der, dass man in der Qumrangemeinschaft begann, den Sonnenkalender zu verwenden, jedoch keine Schalttage hinzufügte (siehe Kapitel 7), entweder, weil man nicht wusste, wie dies vonstatten ging, oder weil man davon ausging, dass ihr Kalender so, wie er war, perfekt sei. So kam ihr Kalender immer mehr aus dem Tritt gegenüber dem tatsächlichen Sonnenjahr. Es muss ein Schock für die Essener gewesen sein, zu erkennen, dass ihr Kalender die Harmonie mit dem Sonnenjahr verlor. Infolgedessen werden sie erkannt haben, dass dieser Kalender nicht der ursprüngliche Kalender Mose gewesen sein kann, demgemäß der erste Monat des Jahres im Frühling liegt. Es erscheint mir naheliegend, dass sich daraufhin zumindest einige der Essener dafür entschieden, sich an dem Mondkalender zu orientieren, der in den vier Schriftrollen vom Toten Meer beschrieben wird. Dieser Kalender wurde bereits von den Samaritanern verwendet, er war ihnen also bekannt, und sie werden gewusst haben, dass in diesem Kalender das Jahr im Frühling begann. Die Samaritaner unserer Zeit glauben übrigens, dass Passah nicht auf einen Sabbat fallen sollte; wenn dieser Fall nach ihrem Kalender eintritt, verlegen sie es einfach nach vorn. Die Essener hätten genauso vorgehen können, um sich an ihr Gesetz zu halten, dass Passah nicht auf einen Sabbat fallen sollte.

Es liegen also Indizien vor, dass zwei bedeutende Gruppierungen – die Samaritaner und zumindest einige Essener – im ersten nachchristlichen Jahrhundert den vorexilischen jüdischen Mondkalender verwendet haben. Nach diesem Kalender fanden sowohl die Opferung der Passahlämmer als auch das Passahmahl am 14. Nisan statt.

Der Kalender der Zeloten

Die Zeloten waren jüdische Revolutionäre, die dem Widerstand und Kampf gegenüber den Römern verpflichtet waren. Unter den Historikern herrscht keine einhellige Meinung darüber, wann die Bewegung der Zeloten begann. Flavius Josephus schildert Judas den Galiläer als denjenigen, der im Jahr 6 n. Chr. eine Widerstandsbewegung gegen die Römer ins Leben gerufen und – neben den Pharisäern, den Sadduzäern und den Essenern – eine vierte Gruppierung gegründet habe (*Jüdischer Krieg* 2.118; *Jüdische Altertümer* 18.23). Einige Forscher sind der Meinung, dass in dieser vierten Gruppierung der Ursprung der Bewegung der Zeloten zu sehen sei. Andere sind der Ansicht, die Zeloten seien nicht vor 44 bzw. 66 n. Chr. in Erscheinung getreten.[177]

Unter den 12 Jüngern Jesu befand sich auch Simon der Zelot (Simon Zelotes, Lk 6,15; Apg 1,13). Wenn die Zeloten als religiöse Gruppierung zu dieser Zeit noch nicht existierten, wird das Wort »Zelot« einfach die Bedeutung »Eiferer« gehabt haben, wie Simon auch in einigen Übersetzungen genannt wird. Dennoch gehen zahlreiche Forscher davon aus, dass Simon ein Zelot war.[178] Ist dies der Fall, hatte Jesus also einen Zeloten in seinem engsten Kreis um sich. Aus den Schriften des Flavius Josephus können wir folgern, dass die Zeloten den ersten Tag des Fests der ungesäuerten Brote am 14. und nicht am 15. Nisan begingen.[179] Das steht im Einklang damit, dass sie den vorexilischen Kalender verwendet haben, und nicht den offiziellen jüdischen Kalender. Demzufolge haben nicht nur die Samaritaner und zumindest einige Essener im ersten nachchristlichen Jahrhundert den vorexilischen Kalender verwendet, sondern allem Anschein nach auch die Zeloten.

Nach welchem Kalender feierten die Juden aus Galiläa das Passahfest?

Zum ersten Mal wird Galiläa in der Bibel in Josua 20,7 erwähnt. In Kapitel 8 haben wir gesehen, dass Kanaan gemäß dem Buch Josua, als dieser die Israeliten dorthin führte, in drei große Regionen unterteilt war: Galiläa, Samaria und Judäa. Die Juden in Kanaan verwendeten den vorexilischen Kalender mit seinem Tag von Sonnenaufgang bis Sonnenaufgang.

In den Jahren 596 und 586 v.Chr. wurde Jerusalem von den Babyloniern erobert, und die Judäer wurden nach Babylon exiliert. Wie ich zuvor dargelegt habe, ist es sehr wahrscheinlich, dass die Judäer während ihrer Zeit im Exil ihren eigenen vorexilischen Kalender aufgegeben und den babylonischen Kalender übernommen haben. Für die Bewohner Galiläas und Samarias gab es jedoch keinen Grund, dies ebenfalls zu tun. Weiter oben in diesem Kapitel haben wir gesehen, dass die Samaritaner eine solche Änderung ihres eigenen Kalenders ebenfalls nicht vorgenommen haben. Demnach ist es möglich, dass zumindest einige der Galiläer den vorexilischen Kalender bewahrt und ihre Festtage weiterhin nach diesem gefeiert haben, selbst wenn sie dazu übergegangen sein sollten, den offiziellen jüdischen Kalender mit seinem Tag von Sonnenuntergang bis Sonnenuntergang für das alltägliche Leben zu verwenden.

Das galiläische Passahfest zur Zeit Jesu

Leider liegen uns nahezu keine Informationen darüber vor, wie die Juden Galiläas zu Lebzeiten Jesu das Passahfest begingen.[180] Ich habe nur eine einzige Aussage dazu gefunden. In der Mischna heißt es, in Judäa habe man am Vortag des Passah bis zum Mittag gearbeitet, in Galiläa dagegen nicht.[181] Die Neutestamentler Bock und Herrick schreiben über diese Aussage der Mischna: »Hinsichtlich der Bräuche [des Passah] scheint es in den verschiedenen Regionen Israels unterschiedliche Gewohnheiten gegeben zu haben.«[182] Vor allem besagt der Mischna-Text, dass es nicht dem Brauchtum der Galiläer entsprochen habe, am Vortag des Passah den ganzen Tag lang zu arbeiten, was der Neutestamentler Harold Hoehner im Einklang damit sieht, dass der Tag der Galiläer mit dem Sonnenaufgang begonnen habe. Hoehner schreibt: »Bei den Galiläern wollte es der Brauch, dass sie am Tag des Passah nicht arbeiteten, während die Judäer bis zum Mittag arbeiteten. Da der Tag der Galiläer mit dem Sonnenaufgang begann, arbeiteten sie während des ganzen Tages des Passahfestes nicht. Der Tag der Judäer dagegen begann mit dem Sonnenuntergang, und sie arbeiteten am Morgen, nicht aber am Nachmittag.«[183]

Wenn es stimmt, dass einige Galiläer sich nach einem Passah-Kalender mit einem Tag von Sonnenaufgang bis Sonnenaufgang richteten, welchen Kalender haben sie dann verwendet? Hoehner vermutet, dass sie einfach den Beginn ihres Tages um 12 Stunden gegenüber dem der Judäer verschoben haben, um ihn auf einen Tag von Sonnenaufgang bis Sonnenaufgang zu verlegen; doch der Kalender, der sich daraus ergeben würde, stellt keine plausible Option dar. Man kann nicht einfach den ersten Tag des judäischen Mondmonats um 12 Stunden nach vorn verlegen, wie Hoehner nahelegt, da sich der Mond zu diesem Zeitpunkt in seiner Phase der Unsichtbarkeit befindet, sodass der Beginn des Monats gar nicht bemerkt werden kann.[184] Wie aus unserer bisherigen Untersuchung der unterschiedlichen Kalender klar hervorgeht, gibt es nur zwei realistische Varianten für einen Kalender mit einem Tag von Sonnenaufgang bis Sonnenaufgang: den Sonnenkalender der Essener oder den vorexilischen Mondkalender. Es scheint eindeutig, dass der Mischna-Text sich auf einen Passah-Brauch in Galiläa und nicht auf eine Praxis der Essener bezieht. Wenn die Galiläer also hinsichtlich ihres Passahfests einen Kalender mit einem Tag von Sonnenaufgang bis Sonnenaufgang verwendet haben, muss es sich bei diesem Kalender um den vorexilischen Mondkalender handeln.

Wie sicher können wir sein, dass einige Galiläer zu Lebzeiten Jesu den vorexilischen Kalender verwendet haben? Aufgrund der historischen Bedingungen, die ich oben angeführt habe, halte ich das für wahrscheinlich. Andererseits ist die Passage aus der Mischna, die ich zitiert habe und die Hoehner nennt, nicht wirklich beweiskräftig. Dort wird zwar gesagt, dass man in Judäa am Vortag des Passah bis zum Mittag gearbeitet habe. Das bedeutet aber nicht, dass der Tag der Juden Judäas am Mittag begonnen hätte! Analog dazu lässt die Aussage, dass die Galiläer am Vortag des Passah keine Arbeit verrichtet hätten, auch nicht den Schluss zu, dass ihr Tag mit dem Sonnenaufgang begonnen hätte. Tatsache ist, dass uns keine hinreichenden Belege vorliegen, um mit Sicherheit sagen zu können, welchen Kalender die Galiläer für das Passahfest verwendet haben. Daher fasse ich zusammen: Auch wenn es aus historischer Sicht denkbar ist, dass einige Galiläer zu Lebzeiten Jesu den vorexilischen Kalender verwendet haben, können wir dies nicht mit Sicherheit sagen. Daher werden sie in der folgenden Tabelle nicht berücksichtigt.

Gruppierungen, die im ersten Jahrhundert n. Chr. den vorexilischen Kalender für das Passahfest verwendet haben
Die Samaritaner
Die Zeloten
Einige Essener

Zusammenfassung

Wir haben gezeigt, dass der vorexilische jüdische Kalender bis ins erste Jahrhundert n. Chr. Bestand hatte und von den Samaritanern verwendet wurde. Auch einige andere Gruppierungen haben ihn für ihre religiösen Festzeiten, wie etwa das Passahfest, verwendet, unter anderem einige Essener, die Zeloten und möglicherweise einige Galiläer. Unter Umständen haben manche dieser Gruppen für das alltägliche Leben den offiziellen jüdischen Kalender verwendet, so wie in unserer Zeit orthodoxe Christen den Gregorianischen Kalender für das Alltagsleben verwenden, für ihre religiösen Festzeiten wie etwa Ostern jedoch den Julianischen Kalender heranziehen.

Die Samaritaner erheben den Anspruch, ihr Kalender sei ihnen von Moses übermittelt worden. Der erste Tag jedes Mondmonats im Kalender ist der Tag der Konjunktion von Mond und Sonne (wenn Mond, Sonne und Erde in einer Linie stehen). Hierin weicht der Kalender vom jüdischen Kalender ab, in dem der erste Tag des Monats über das erste Erscheinen der Sichel des aufgehenden oder neuen Mondes definiert wird. Der Monat der Samaritaner beginnt immer einen, zwei oder mehr Tage vor dem jüdischen, da die Konjunktion zeitlich immer vor dem Erscheinen der Sichel des neuen Mondes stattfindet. Wie die alten Ägypter beginnen die Samaritaner den Monat mit der Konjunktion, da sie diesen Tag als den des echten Neumonds betrachten, als den Tag, an dem der Mond *empfangen* wird. Der Tag des ersten Auftretens der Sichel des neuen Mondes dagegen wird als der Tag erachtet, an dem der Mond für das Auge erkennbar *geboren* wird.

Im ersten nachchristlichen Jahrhundert wurde der erste Tag des Monats im offiziellen jüdischen Kalender aufgrund der Beobachtung der ersten Sichtbarkeit der Sichel des neuen Mondes bestimmt. Da sich der Neumond, also die Konjunktion von Sonne und Mond mit bloßem Auge nicht beobachten lässt, werden die Samaritaner die Konjunktion auf dieselbe Weise ermittelt haben wie die alten Ägypter und, wie es mir nahezuliegen scheint, die vorexilischen Israeliten, indem sie die letzte Sichtbarkeit der Sichel des abnehmenden oder *alten* Mondes beobachtet und den darauffolgenden Tag, den Tag der Konjunktion, als den ersten Tag des Monats definiert haben.

Während die Judäer während des Exils in Babylon den vorexilischen Kalender aufgaben und den Kalender der Babylonier übernahmen, blieben die Samaritaner, die nicht im Exil waren, dem vorexilischen Kalender treu. Über das Passahfest der Samaritaner liegen uns Berichte vor, die bis in die Antike zurückreichen. Normalerweise feiern sie das Fest am Berg Garizim in Samaria, doch wenn dies unmöglich ist, begehen sie die Feierlichkeiten in ihren eigenen Häusern, inklusive der Opferung der Lämmer außerhalb des Hauses, wie es den biblischen Anweisungen zum ursprünglichen Passah entspricht.

Vier der Schriftrollen vom Toten Meer erwähnen neben dem Sonnenkalender der Qumrangemeinschaft auch einen Mondkalender. Aus diesen Texten geht eindeutig hervor, dass in diesem Kalender der Tag der Konjunktion den ersten Tag des Monats bezeichnet, er ist also identisch mit dem vorexilischen jüdischen Kalender. Demnach haben zumindest einige Essener den vorexilischen Kalender verwendet. Aus den Schriften des Historikers Flavius Josephus lässt sich ableiten, dass eine jüdische Gruppierung mit dem Namen *Zeloten* den vorexilischen Kalender verwendet hat, zumindest für die Bestimmung des Passahfests. Darüber hinaus ist es möglich, dass manche Juden aus Galiläa das Passahfest ebenfalls gemäß dem vorexilischen Kalender gefeiert haben.

Daher lässt sich sagen, dass es im ersten nachchristlichen Jahrhundert nicht unüblich war, das Passahfest nach dem vorexilischen Kalender zu feiern. Die Gruppierungen, die dies taten (einschließlich der Samaritaner, einiger Essener, der Zeloten und möglicherweise einiger Juden aus Galiläa), begingen demnach ihr Passah am 14. Nisan, ausgehend von einem Tag von Sonnenaufgang bis Sonnenaufgang, und nicht am 15. Nisan, wie im offiziellen jüdischen Kalender mit seinem Tag von Sonnenuntergang bis Sonnenuntergang.

Im nächsten Kapitel werden wir der Frage nachgehen, ob die Evangelien Auskunft darüber geben, ob Jesus den vorexilischen Kalender verwendet hat, um sein Letztes Abendmahl als Passahmahl zu begehen, und wir werden das Datum des Letzten Abendmahls bestimmen.

11

Die Datierung des Letzten Abendmahls: Die versteckten Hinweise in den Evangelien

> Und am ersten Tag der ungesäuerten Brote, als man das Passah schlachtete, sagen seine Jünger zu ihm: Wohin willst du, dass wir gehen und bereiten, damit du das Passah essen kannst?
>
> *Mk 14,12*

> Er aber sprach zu ihnen: Siehe, wenn ihr in die Stadt [Jerusalem] kommt, wird euch ein Mensch begegnen, der einen Krug Wasser trägt. Folgt ihm in das Haus, wo er hineingeht! Und ihr sollt zu dem Herrn des Hauses sagen: Der Lehrer sagt dir: Wo ist das Gastzimmer, wo ich mit meinen Jüngern das Passah essen kann? Und jener wird euch einen großen, ausgelegten Obersaal zeigen. Dort bereitet!
>
> *Lk 22,10–12*

> Es war aber nahe das Passah der Juden, und viele gingen aus dem Land hinauf nach Jerusalem vor dem Passah, um sich zu reinigen.
>
> *Joh 11,55*

Im März 2012 erhielt ich eine Einladung, als Prozessbeobachter einem Mordprozess in Old Bailey, dem britischen Zentralgerichtshof in London, beizuwohnen. Der Mord hatte acht Monate zuvor stattgefunden und die Zeugenaussagen zum Tathergang waren widersprüchlich. Sowohl Staatsanwaltschaft als auch Verteidigung gingen ihre Befragungen der Zeugen geschickt an, indem sie zuerst versuchten, die Begleitumstände der Tat festzulegen. Wo fand der Mord statt? Wann ungefähr? Wer war vor Ort? Erst danach begannen die Anwälte, die Details näher zu betrachten: Wer hat zuerst zugeschlagen? Lag das Mordopfer auf dem Boden, als es getreten wurde, oder stand es gegen eine Wand gelehnt?

In diesem Buch haben wir uns sorgsam darum bemüht, einige Begleitumstände der Evangeliendarstellungen zu ergründen, die bislang von vielen Religionswissenschaftlern ignoriert wurden. Zum Beispiel haben wir uns der Frage gewidmet, welche jüdischen Kalender im ersten nachchristlichen Jahrhundert im Gebrauch waren. Jetzt sind wir in der Lage, dieses Wissen anzuwenden, die Details der vermeintlichen Widersprüche der Evangelien hinsichtlich des Datums des Letzten Abendmahls genauer zu betrachten. Wie wir sehen werden, enthüllt sich uns dabei eine faszinierende Geschichte.

Das Datum des Letzten Abendmahls in den synoptischen Evangelien

Sollten die Verfasser der synoptischen Evangelien von einem anderen Kalender als dem offiziellen ausgegangen sein, um das Letzte Abendmahl als Passahmahl zu beschreiben, ließe sich erwarten, dass sie zumindest darauf hingewiesen haben. Ich bin der Meinung, dass sie dies tatsächlich taten. Ich vertrete sogar die Ansicht, dass sie einen eindeutigen Hinweis gegeben haben, den ihr zeitgenössisches Publikum ohne Schwierigkeiten verstanden hat. Ich behaupte aber, dass die Gelehrten unserer Zeit diesen Hinweis der Synoptiker nicht verstanden haben – darum spreche ich in der Überschrift dieses Kapitels von *versteckten* Hinweisen. Lassen Sie mich dies weiter ausführen.

Markus beginnt seine Darstellung des Letzten Abendmahls mit den Worten, die ich eingangs zitiert habe. Matthäus (26,17) und Lukas (22,7–9) beginnen ihre Ausführungen mit ähnlichen Worten. Die Absicht der Synoptiker scheint naheliegend und einfach:

ihrem Publikum den Tag mitzuteilen, an dem die Jünger Jesu das Passahmahl vorbereitet haben. Dennoch stoßen wir sofort auf ein Problem. Bibelforscher haben schon vor langer Zeit darauf hingewiesen, dass diese Verse offenkundig keinen Sinn ergäben. Markus berichtet, dass die Jünger Jesu Vorbereitungen für ihn getroffen hätten, um das Passahmahl »am ersten Tag der ungesäuerten Brote« (Mk 14,12) zu begehen, was, wie wir in den vorangegangenen Kapiteln gesehen haben, gemäß dem offiziellen jüdischen Kalender zu Lebzeiten Jesu der 15. Nisan war. Dennoch lesen wir bei Markus im gleichen Satz, dass die Jünger diese Vorbereitungen trafen, »als man das Passah schlachtete«, was man gemäß dem offiziellen Kalender am 14. Nisan tat und *nicht* am 15. Nisan. Also scheint Markus sich selbst zu widersprechen. Ein vergleichbares Beispiel für unsere Zeit wäre etwa, wenn ich schriebe: »Am 1. Weihnachtsfeiertag (25.Dezember) ist es üblich, das Abendessen des Heiligen Abends (24. Dezember) vorzubereiten.«

Wie reagieren die Bibelforscher auf diesen vermeintlichen Widerspruch? Es existieren drei vorherrschende Meinungen. Die erste lautet, dass Markus, Matthäus und Lukas sich schlicht und ergreifend irren. Rudolf Bultmann etwa, einer der einflussreichsten Theologen und Bibelexegeten des 20. Jahrhunderts, schreibt, Markus 14,12 sei »vollkommen unmöglich«.[185] Und so ist es auch, wenn man vom offiziellen jüdischen Kalender ausgeht. Aber ist es wirklich denkbar, dass alle drei Verfasser der synoptischen Evangelien Aussagen zur Datierung so weithin bekannter Ereignisse wie dem Passahfest oder dem Fest der ungesäuerten Brote treffen, die »vollkommen unmöglich« sind? Das wäre etwa so, als würde ich behaupten, der erste Weihnachtsfeiertag liege vor dem Heiligabend, und danach begingen gleich zwei weitere Autoren denselben Fehler, entweder unabhängig voneinander oder durch gedankenloses Kopieren meines Fehlers.

Einer anderen Lehrmeinung zufolge liegt hier ein Übersetzungsfehler vor. Der angesehene Neutestamentler Joachim Jeremias beispielsweise schreibt, der Widerspruch in Markus 14,12 beruhe »höchstwahrscheinlich auf einem Übersetzungsfehler«[186] vom Aramäischen ins Griechische, und die Worte »am ersten Tag der ungesäuerten Brote« müssten richtig lauten: »am Tag vor dem Fest der ungesäuerten Brote«.

Jeremias' These eines Übersetzungsfehlers hat allerdings nicht viele Befürworter gefunden.

Eine dritte Interpretation des Verses Markus 14,12 und der entsprechenden Stellen bei Matthäus und Lukas ist der Hinweis darauf, dass der *Mischna* zufolge während der Vorbereitung des Passahmahls, das das erste Mahl während des siebentägigen Fests der ungesäuerten Brote war und am 15. Nisan stattfand, einen Tag zuvor, also am 14. Nisan, aller Sauerteig (Hefe) aus den Häusern entfernt werden musste.[187] Viele Forscher argumentieren demzufolge, dass Markus sich, wenn er vom »ersten Tag der ungesäuerten Brote« schreibt, ungenau ausdrückt und eigentlich den 14. Nisan meint, an dem der Sauerteig aus den Häusern entfernt wurde. R. T. France etwa schreibt: »Streng genommen dauerte das Fest der ungesäuerten Brote vom 15. bis zum 21. Nisan, doch der Passahtag selbst, der 14. Nisan, gehörte in gewisser Weise mit dazu, und so wird er als der erste Tag der ungesäuerten Brote bezeichnet.«[188] France und andere Forscher zitieren außerdem Flavius Josephus (*Jüdischer Krieg* 5.99), der ebenfalls den 14. Nisan den ersten Tag des Fests der ungesäuerten Brote nennt. Hier scheint er sich aber, wie wir im letzten Kapitel gesehen haben, auf die jüdische Gruppierung der Zeloten zu beziehen, die einen anderen Kalender verwendeten, wahrscheinlich den vorexilischen, in dem der 14. Nisan tatsächlich der erste Tag der ungesäuerten Brote war. An anderer Stelle schreibt Josephus deutlich, dass im offiziellen Kalender der 15. Nisan der erste Tag der ungesäuerten Brote war (*Jüdische Altertümer* 3.249).

Auch wenn es in der Mischna tatsächlich heißt, dass am 14. Nisan aller Sauerteig aus den jüdischen Häusern entfernt werden müsse, ist diese dritte Interpretation nicht die natürliche Interpretation des Verses Markus 14,12. Wenn wir irgendeinen beliebigen jüdischen Rabbi im ersten nachchristlichen Jahrhundert gefragt hätten, welcher Tag im offiziellen Kalender »der erste Tag des Fests der ungesäuerten Brote« sei, deutet alles darauf hin, dass er ohne zu zögern geantwortet hätte: »Der 15. Nisan.« Hätten wir ihn gefragt, an welchem Tag die Passahlämmer geopfert wurden, hätte er wieder ohne zu zögern geantwortet: »Am 14. Nisan.« Deshalb nennt Bultmann Markus 14,12 »vollkommen unmöglich«. Dieser Vers, und ebenso die vergleichbaren bei Matthäus und Lukas, ergeben schlicht keinen Sinn, wenn der offizielle jüdische Kalender verwendet wurde.

Die drei wichtigsten Interpretationen von Markus 14,12, ausgehend von einer Verwendung des offiziellen jüdischen Kalenders

Interpretation	Quelle
»Vollkommen unmöglich«	Bultmann (und andere)
Übersetzungsfehler	Jeremias
Ungenauer Text	France (und andere)

Die natürliche Interpretation von Markus 14,12

Mein Vorschlag lautet, den Vers Markus 14,12 für bare Münze zu nehmen. Markus berichtet uns, dass der Tag, an dem die Lämmer geopfert wurden, dem ersten Tag des Fests der ungesäuerten Brote entspricht. Das ist vollkommen schlüssig, wenn er von einem Kalender ausgeht, in dem der Tag von Sonnenaufgang bis Sonnenaufgang dauert. Im offiziellen Kalender, in dem der Tag mit dem Sonnenuntergang beginnt, werden die Lämmer am Nachmittag des 14. Nisan geopfert, und wenn das Mahl nach Sonnenuntergang begangen wird, findet es demzufolge am 15. Nisan statt. Geht man aber von einem Kalender aus, in dem der Tag von Sonnenaufgang bis Sonnenaufgang dauert, finden das Opfern der Lämmer und das Mahl am gleichen Kalendertag statt.

Daten der Ereignisse des Passah

Ereignis	**Offizieller Kalender (Sonnenaufgang bis Sonnenaufgang)**	**Kalender mit einem Tag von Sonnenuntergang bis Sonnenuntergang**
Opfern der Lämmer	14. Nisan	14. Nisan
Erster Tag des Fests der Ungesäuerten Brote	15. Nisan	14. Nisan

Wenn Jesus und seine Jünger am 14. Nisan ein Passahlamm geopfert haben und dies der erste Tag des Fests der ungesäuerten Brote war, müssen sie einen Kalender verwendet haben, in dem der Tag von Sonnenaufgang bis Sonnenaufgang dauerte. Wenn Markus also seine Darstellung des Letzten Abendmahls mit den eingangs zitierten Worten beginnt, weist er sein Publikum damit bewusst und gezielt darauf hin, dass er bei seiner Beschreibung des Letzten Abendmahls als Passahmahl von der Verwendung eines Kalenders ausgeht, in dem sich der Tag über den Zeitraum von Sonnenaufgang bis Sonnenaufgang definiert. Ich behaupte, dass das für sein zeitgenössisches Publikum, das mit den unterschiedlichen Kalendern seiner Zeit vertraut gewesen ist, offensichtlich war. Vor allem der weit verbreitete vorexilische Kalender war seinen Lesern bekannt. Doch dieses Wissen von den unterschiedlichen Kalendern, die zu Lebzeiten Jesu verwendet wurden, ging im Laufe der Jahrhunderte verloren. Besonders der vorexilische Kalender ist heute nahezu in Vergessenheit geraten, und so nahmen die Forscher an, Jesus hätte für sein letztes Passahmahl den offiziellen jüdischen

Kalender verwendet. Das bereitete ihnen Schwierigkeiten bei der Interpretation von Markus 14,12 und den entsprechenden Versen bei Matthäus und Lukas.

Wenn Jesus sein Letztes Abendmahl als Passahmahl begangen und dafür einen Kalender mit einem Tag von Sonnenaufgang bis Sonnenaufgang verwendet hat, stellt sich die Frage, welcher Kalender dies war. Die Zahl der Kalender, die zu dieser Zeit tatsächlich verwendet wurden, ist begrenzt, und diejenigen unter ihnen, die von einem Tag von Sonnenaufgang bis Sonnenaufgang ausgehen, werde ich gleich noch einmal zusammenfassen. Der Vollständigkeit halber nehme ich hier einen Kalender mit auf, der in der Antike nie verwendet wurde, von dem aber dennoch einige Wissenschaftler behaupten, Jesus habe ihn verwendet.

1. Der Sonnenkalender der Qumrangemeinschaft

Wie wir in Kapitel 7 gesehen haben, beginnt das Passahfest im Sonnenkalender von Qumran *nach* dem Passah im offiziellen Kalender, sodass wir diesen Kalender ausschließen können.

2. Der Sonnenkalender der alten Ägypter

Es gibt keine Anzeichen dafür, dass Passah in diesem Kalender ein Feiertag war. Selbst wenn es so wäre, ist es sehr unwahrscheinlich, dass es in der gleichen Woche stattgefunden hätte wie im offiziellen jüdischen Kalender, da in diesem ägyptischen Sonnenkalender keine Schalttage oder -monate hinzugefügt wurden, sodass er mit der Zeit den Gleichklang mit dem echten Sonnenjahr verlor (siehe Kapitel 8). Daher können wir ausschließen, dass Jesus diesen Kalender verwendet hat, um sein Passah zu feiern.

3. Ein Neumondkalender mit einem Tag von Sonnenaufgang bis Sonnenaufgang

Zahlreiche Forscher vertreten die Ansicht, Jesus habe einen solchen Kalender verwendet, in dem der erste Tag des Monats durch die Beobachtung der ersten Sichtbarkeit der Sichel des neuen Mondes definiert wurde.[189] Da aber die Sichel des neuen Mondes nur am Abendhimmel und kurz nach Sonnenuntergang sichtbar ist, wurde der Tag in *allen* bekannten Kalendersystemen der Antike, die auf Beobachtung begründet waren, über die Zeitspanne vom Abend bis zum Abend definiert (siehe Kapitel 4). Daher können wir ausschließen, dass Jesus einen Kalender verwendet hat, der auf Beobachtung der Sichel des neuen Mondes basierte und zugleich einen Tag als den Zeitraum von Sonnenaufgang bis Sonnenaufgang definierte.

4. Der vorexilische Kalender im antiken Israel

Es bleibt nur noch ein Kalender mit einem Tag von Sonnenaufgang bis Sonnenaufgang übrig: der vorexilische Kalender, den ich in Kapitel 9 vorgestellt habe. In diesem Kalender wurden die Passahlämmer am gleichen Tag geopfert, an dem auch das Passahmahl gefeiert wurde, und zwar am ersten Tag des Fests der ungesäuerten Brote, dem 14. Nisan.

Lassen Sie mich meine Darstellung noch einmal zusammenfassen: Die natürliche Interpretation der entsprechenden Passagen in den synoptischen Evangelien wäre die, dass Jesus für die Datierung seines letzten Passahmahls einen Kalender verwendet hat, bei dem es üblich war, das Passahlamm am ersten Tag des Fests der ungesäuerten Brote zu opfern. Wenn diese Interpretation korrekt ist, war dies ein Kalender, in dem der Tag von Sonnenaufgang bis Sonnenaufgang definiert wurde und demgemäß das Passahmahl am 14. Nisan sowohl vorbereitet als auch gefeiert wurde. Ich habe vier verschiedene Kalender mit einer Definition des Tages von Sonnenaufgang bis Sonnenaufgang untersucht, die Jesus verwendet haben kann, und drei von ihnen ausgeschlossen, sodass nur noch der vorexilische Kalender als Möglichkeit übrig bleibt. Demzufolge muss Jesus den vorexilischen Kalender verwendet haben, um sein Letztes Abendmahl als Passahmahl zu begehen. Wie wir im letzten Kapitel sahen, war die Verwendung des vorexilischen Kalenders zur Datierung des Passahfests im ersten Jahrhundert weit verbreitet, beispielsweise unter den Samaritanern, den Zeloten und zumindest einigen Essenern. Dass manche Essener ihn verwendeten, passt zu dem nächsten Hinweis, dem wir nachgehen wollen.

Der Hinweis auf den Mann, »der einen Krug Wasser trägt«

Einige Forscher gehen davon aus, dass die Vorbereitungen, die Jesus für sein Letztes Abendmahl getroffen hat und die ich zu Beginn dieses Kapitels aus dem Lukasevangelium zitiert habe, auf ein im Voraus geplantes Zeichen hinweisen. Howard Marshall etwa schreibt dazu: »Wenn die Jünger in die Stadt kommen, werden sie auf einen Mann treffen, der einen Wasserkrug trägt. Das wäre ein ungewöhnlicher Anblick, da die Männer üblicherweise Lederflaschen und nur die Frauen Wasserkrüge oder Kannen [mit geringerem Inhalt] trugen. Die Anweisung klingt nach einem Hinweis auf ein zuvor arrangiertes Zeichen.«[190] In heutiger Zeit wäre dies etwa so, als wenn man sagte, man träfe einen Mann, der einen Rock trägt.

Aus welchen Gründen hätte sich ein Mann vermeintlich wie eine Frau verhalten und in Jerusalem einen Wasserkrug tragen sollen? Lassen Sie uns die Situation auf die heutige Zeit übertragen. Warum würde ein Mann heute einen Rock tragen? Eine gute Begründung wäre beispielsweise die, dass er ein Schotte ist. Schottische Männer tragen bisweilen Röcke, die sogenannten Kilts, da sie der traditionellen schottischen Kleidung entsprechen. Man kann dementsprechend fragen: Gab es eine jüdische Gruppierung, innerhalb derer die Männer tatsächlich Wasserkrüge trugen? Die Antwort lautet: Ja. Die *Essener* lebten zum größten Teil in sexueller Enthaltsamkeit, folglich trugen die Männer notwendigerweise sowohl Wasserkrüge als auch Lederflaschen. Also muss, wie Bargil Pixner zeigt, der Mann, der einen Wasserkrug trug, ein Essener gewesen sein.[191] Es gab nicht nur in Qumran eine Gemeinde der Essener. Bei Flavius Josephus ist nachzulesen, die Essener »wohnen nicht in einer eigenen Stadt beisammen, sondern es gibt in jeder Stadt ihrer viele« (*Jüdischer Krieg* 2.124). Dass es in Jerusalem eine Gemeinde von Essenern gab, belegen zahlreiche Quellen, unter anderem die Schriftrollen vom Toten Meer selbst. Die »Kriegsrolle« beispielsweise beschreibt die Rückkehr der Söhne des Lichts »von der Schlacht mit dem Feind, um die Versammlung in Jerusalem zu betreten« (1QM 3.10–11. 1QM ist der technische Name des knapp drei Meter langen Teilstücks der Kriegsrolle, die in Höhle 1 in Qumran gefunden wurde). Josephus erwähnt auch einen Lehrer der Essener, der in Jerusalem lebte (*Jüdische Altertümer* 13.311).

Es mag verwundern, dass die Pharisäer und Sadduzäer es den Essenern mit ihren abweichenden Sonnen- und Mondkalendern gestattet haben sollen, in der heiligen Stadt Jerusalem eine Gemeinde zu gründen, doch blieb ihnen wahrscheinlich keine andere Wahl. Josephus berichtet, die Essener seien von Herodes dem Großen begünstigt worden, seit ein essenischer Prophet namens Menaëm vorausgesagt hatte, Herodes würde über die Juden herrschen. Herodes »hielt von der Zeit an alle Essener in Ehren« (*Jüdische Altertümer* 15.378). Wenn die Essener also eine Gemeinschaft in Jerusalem gründen wollten, können wir davon ausgehen, dass dies mit Zustimmung des Kaisers auch geschehen konnte.

Eines der Tore, das in die von einer Mauer umgebene Stadt Jerusalem führte, hieß »das Tor der Essener« (*Jüdischer Krieg* 5.145), wahrscheinlich, weil es das Tor war, durch das die Essener die Stadt betraten, um zu ihrer Gemeinde zu gelangen. Aus den Informationen, die uns Josephus in *Der Jüdische Krieg* 5.145 gibt, lässt sich schlussfolgern, dass das Tor im Südwesten Jerusalems lag, mit Aussicht auf das Hinnom-Tal. Der genaue Standort ist allerdings ein in der Forschung viel diskutiertes Thema (siehe Abb. 11.1, S. 218).

Interessanterweise geht man traditionell davon aus, dass das Letzte Abendmahl am Berg Zion stattgefunden hat, der sich ebenfalls im Südwesten Jerusalems befindet. Obwohl das heutige Gebäude dort vermutlich aus dem 12. Jahrhundert stammt, ist es möglich, dass es auf den Ruinen des ursprünglichen Gebäudes erbaut wurde oder sich in der Nähe der ursprünglichen Stelle befindet.

Wenn Jesus sein Letztes Abendmahl gemäß dem vorexilischen Kalender als Passahmahl begehen wollte, waren seine Möglichkeiten eingeschränkt. Es wäre kaum möglich gewesen, einen orthodoxen Juden zu fragen, ob er das Obergemach seines Hauses dafür nutzen könnte, denn es wäre gotteslästerlich gewesen, das Passah an einem anderen Tag als dem im offiziellen Kalender festgelegten zu feiern. Deswegen gehe ich davon aus, dass er sich mit einem Essener geeinigt hat, das Obergemach seines Hauses zu nutzen, um das Passah gemäß dem vorexilischen Mondkalender zu feiern, von dem wir aus den Schriftrollen vom Toten Meer wissen, dass einige Essener ihn ebenfalls verwendet haben.

So ergibt sich ein schlüssiger Zusammenhang. Als Jesus seine Jünger bat, in die Stadt zu gehen und dort einen Mann zu treffen, der einen Krug mit Wasser trug, wussten sie, dass sie auf einen Essener treffen sollten, und werden die Stadt daher durch das Tor der Essener betreten haben. Pixner schreibt, dass die Jünger, da sie selbst keine Essener waren, das Viertel der Essener nicht ohne eine Einladung hätten betreten dürfen, für die Jesus im Vorhinein gesorgt hätte, und dass man von den Essenern, die für ihre Gastfreundschaft bekannt waren (*Jüdischer Krieg* 2.124), erwarten konnte, dass sie einen Raum für Gäste haben würden. Da der Anblick eines Esseners mit einem Wasserkrug im Viertel der Essener und

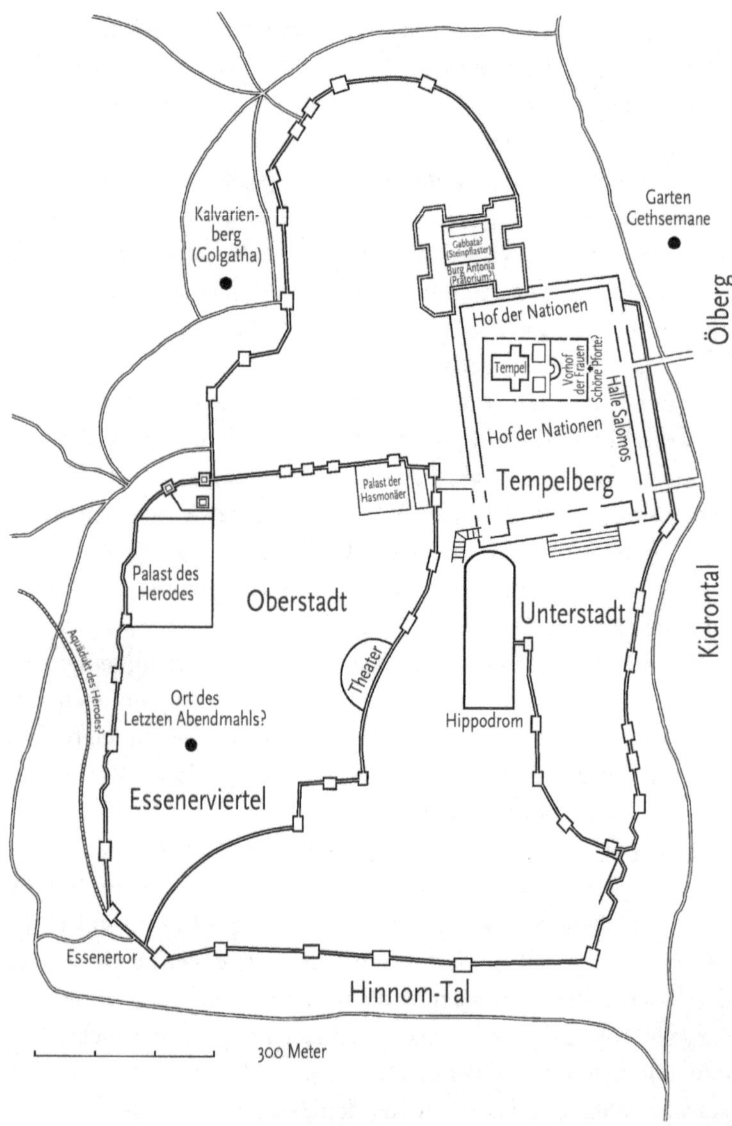

Abb. 11.1: *Jerusalem zur Zeit Jesu.* Zu sehen sind der wahrscheinliche Standort des Tors der Essener, des Viertels der Essener, des Letzten Abendmahls und des Gartens Gethsemane.

seiner Umgebung in Jerusalem nicht ungewöhnlich war, bin ich nicht der Meinung, dass sich aus der Darstellung im Lukasevangelium mit Sicherheit schlussfolgern lässt, ob das Treffen im Voraus arrangiert war oder nicht. Jesus war kein Essener, aber wir können davon ausgehen, dass er Anhänger unter ihnen hatte, so wie er auch unter den Samaritanern, Galiläern und Judäern Anhänger hatte. Die Wahl eines Obergemaches im Haus eines Esseners im Zusammenhang mit der Verwendung des vorexilischen Kalenders, der zumindest von manchen Essenern verwendet wurde, ermöglichte es Jesus, sein Letztes Abendmahl als Passahmahl zu feiern.

Wenn Jesus das Letzte Abendmahl im Haus eines Esseners abgehalten hat, wirft dies ein Licht auf Jesu Fußwaschung der Jünger während des Letzten Abendmahls, besonders auf den rätselhaften Satz: »Wer gebadet ist, hat nicht nötig, sich zu waschen, ausgenommen die Füße« (Joh 13,10). Die Essener legten die alttestamentarischen Regeln des Badens und der rituellen Reinheit sehr streng aus. Jesu Jünger haben sicher ein Bad genommen, ehe sie ein Passahmahl gefeiert haben, doch auf dem Weg zum Haus des Esseners werden ihre Füße wieder schmutzig geworden sein. Es wäre naheliegend, dass Jesus vor dem Betreten des Hauses eines Esseners einen Hinweis auf diese Gewohnheit gegeben hätte; aus Respekt gegenüber seinen essenischen Gastgebern hätte er für die rituelle Reinheit gesorgt, indem er seinen Jüngern die Füße wusch.

Ich habe gezeigt, dass Jesus sich entschieden hat, sein Letztes Abendmahl als Passahmahl zu feiern, indem er den vorexilischen Kalender verwendet und das Mahl im Haus eines Esseners in Jerusalem abgehalten hat. Gab es aber noch einen weiteren Grund, den vorexilischen Kalender zu verwenden? Vor allem: Stand dieser Grund möglicherweise im Einklang mit seinem Auftrag und seiner Botschaft?

Jesus als der »neue Moses«

Aus den Texten der Evangelien geht hervor, dass Jesus seine Sendung als die eines neuen Moses verstand. Wie beispielsweise der Name »Berg«-Predigt besagt, bestieg Jesus eigens einen Berg, um die Menschen über das Gesetz zu unterrichten, so wie Moses es laut dem Buch Exodus am Berg Sinai getan hatte. In dieser Predigt sagte Jesus: »Meint nicht, dass ich gekommen sei, das Gesetz [des Mose] oder die Propheten aufzulösen; ich bin nicht gekommen, aufzulösen, sondern zu erfüllen« (Mt 5,17). In der Folge legt er das Gesetz neu aus, indem er sagt: »Ihr habt gehört, dass zu den Alten gesagt ist ... Ich aber sage euch ... « (Mt 5,21–48), und spricht über das Töten, den Ehebruch etc.

Jesus verglich sich selbst unmittelbar mit Moses: »Und wie Mose in der Wüste die Schlange erhöhte, so muss der Sohn des Menschen erhöht werden« (Joh 3,14); »Denn wenn ihr Mose glaubtet, so würdet ihr mir glauben, denn er hat von mir geschrieben« (Joh 5,46). Johannes sah Jesus als den neuen Moses: »Denn das Gesetz wurde durch Mose gegeben; die Gnade und die Wahrheit ist durch Jesus Christus geworden« (Joh 1,17). Und Philippus, einer der ersten Jünger Jesu, sagte: »Wir haben den gefunden, von dem Mose in den Gesetzen geschrieben« (Joh 1,45). Aus seinen Worten und Taten geht eindeutig hervor, dass Jesus sich selbst als denjenigen sah, der die Prophezeiung des Alten Testaments hinsichtlich eines neuen Moses erfüllen würde: »Einen Propheten wie mich [Moses] wird dir der Herr, dein Gott aus deiner Mitte, aus deinen Brüdern erstehen lassen« (Dtn 18,15).[192] Indem er sein letztes Passah gemäß dem vorexilischen Kalender datierte, verband sich Jesus gezielt und bewusst mit dem Kalender, den man als denjenigen ansah, der von Moses begründet worden war. Andeutungen auf Jesus als den »neuen Moses« durchziehen das gesamte Neue Testament, sie nehmen immer wieder Bezug darauf, wie Jesus sich selbst gesehen hat. Beispielsweise: »Jesus, der treu ist dem, der ihn gemacht hat, wie auch

Mose in seinem ganzen Hause! Denn er ist größerer Herrlichkeit gewürdigt worden als Mose, insofern größere Ehre als das Haus der hat, der es erbaut hat« (Hebr 3,1–3).

In den Texten der Evangelien werden verschiedene Ereignisse aus dem Leben Jesu mit Moses und dem Exodus in Zusammenhang gebracht. Lukas etwa berichtet davon, wie Elias und Moses während der Transfiguration (»Verklärung auf dem Berge«) erschienen und mit Jesus sprachen: »Diese erschienen in Herrlichkeit und besprachen seinen Ausgang [griech. *exodos*], den er in Jerusalem erfüllen sollte« (Lk 9,31). Es scheint, als verwende Lukas das griechische Wort *exodos* in diesem Gespräch zwischen *Moses* und Jesus bewusst, um seine Leser auf den Zusammenhang hinzuweisen, der zwischen dem ersten Exodus, bei dem Moses die Israeliten aus der Sklaverei in Ägypten führte, und dem neuen Exodus besteht, bei dem Jesus das Volk Gottes aus der Sklaverei der Sünde und des Todes führt.

Jesus entschied sich, das Letzte Abendmahl als Passahmahl zu begehen, wodurch er dieses Abendmahl in einen unmittelbaren Zusammenhang mit dem ersten Passah des Moses brachte. Dennoch gab es, trotz aller Gemeinsamkeiten, auch grundlegende Unterschiede zwischen diesem letzten Passahmahl Jesu und einem normalen Passahmahl: Jesus, der neue Moses, nutzte es, um den Beginn eines neuen Zeitalters zu demonstrieren, ebenso wie das erste Passah des Moses den Beginn eines neuen Zeitalters bedeutet hatte. Während des Letzten Abendmahls sagte Jesus: »Dieser Kelch ist der *neue* [*Hervorhebung durch den Verf.*] Bund in meinem Blut, das für euch vergossen wird« (Lk 22,20), wobei er die Worte Mose wiederholte, die dieser mehr als tausend Jahre zuvor gesprochen hatte: »Siehe, das Blut des Bundes, den der Herr auf all diese Worte mit euch geschlossen hat« (Ex 24,8). Weiter sprach Jesus während des Letzten Abendmahls: »Dies tut zu meinem Gedächtnis« (Lk 22,19); beim ersten Passahfest sprach Gott zu Moses: »Und dieser Tag soll euch eine Erinnerung sein« (Ex 12,14).

Auch wenn Jesus mit diesen Worten grundlegend vom den Worten abwich, die bei einem traditionellen Passah gesprochen wurden, scheint er seine Worte sehr bewusst gewählt zu haben, um seine Jünger an die Worte zu erinnern, die im Buch Exodus vom ersten Passah des Moses überliefert sind. Wie schlüssig war es da für Jesus, den neuen Moses, das letzte Mahl mit seinen Jüngern an *exakt* dem Tag zu feiern, an dem Moses und die Israeliten das ursprüngliche Passah in Ägypten gefeiert hatten, indem er *denselben* Mondkalender mit seinem Tag von Sonnenaufgang bis Sonnenaufgang heranzog, den auch Moses verwendet hatte. Tatsächlich *konnte* Jesus sein Letztes Abendmahl nur an exakt dem Tag abhalten wie Moses es getan hatte, indem er den vorexilischen Kalender heranzog. Wie wir in Kapitel 9 gesehen haben, prophezeit Ezechiel (Ez 33–48), Gott werde sein Volk durch einen neuen Tempel und einen neuen König zu neuem Leben erwecken, durch einen König, der der Messias sein und dem Volk die Gesetze des Herrn verkünden werde. Wie stimmig, dass Jesus das Passahmahl ein paar Tage nach der Säuberung des Tempels (Mk 11,15) und an dem von Ezechiel vorgegebenen Tag, dem 14. Nisan (Ez 45,21) des vorexilischen Kalenders beging, und nicht am 15. Nisan des späteren offiziellen Kalenders, der von den Priestern verwendet wurde, die zugelassen hatten, dass man den Tempel zu einer »Räuberhöhle« gemacht hatte (Mk 11,17). Jesu Worte während des Letzten Abendmahls, gemeinsam mit dem Beschluss, dieses gemäß dem vorexilischen Kalender als Passahmahl zu begehen, erweisen sich als bewusste symbolische Handlung Jesu.

Der Passahkalender im Johannesevangelium

Wie wir gesehen haben, lassen die Evangelien der Synoptiker gleich zu Beginn ihrer Berichte des Letzten Abendmahls erkennen, dass sie einen Kalender mit einem Tag von Sonnenaufgang bis Sonnenaufgang verwendet haben. Gibt es bei Johannes ähnliche Hinweise darauf, welchen Kalender er verwendet hat? Ich behaupte, ja. Zu Beginn seiner Darstellung der letzten Woche im Leben Jesu heißt es: »Es war aber nahe des *Passah der Juden* [*Hervorhebung durch den Verf.*], und viele gingen aus dem Land hinauf nach Jerusalem« (Joh 11,55). Ich behaupte, dass Johannes seine Beschreibung der letzten Woche Jesu bewusst und gezielt damit beginnt, dass er nicht über »das Passah«, sondern über »das Passah der Juden« spricht, da er konkret darauf hinweisen will, dass er *das offizielle Passah der Juden* meint, das sich vom Passah der Essener, der Samaritaner etc. unterscheidet. Matthäus, Markus und Lukas dagegen verwenden *nie* den Begriff des »Passah der Juden«, bei ihnen heißt es immer nur »das Passah«. Das heißt, die Synoptiker und Johannes geben eindeutige Hinweise darauf, dass sie unterschiedliche Kalender verwenden – Hinweise, die von einem Großteil ihres zeitgenössischen Publikums verstanden wurden.

Das Datum des Letzten Abendmahls

Auf dieselbe Art, wie wir astronomische Berechnungen heranziehen können, um den offiziellen jüdischen Kalender zu rekonstruieren, in dem das Bestimmungsverfahren des ersten Tages des Monats auf der Beobachtung der ersten Sichtbarkeit der Sichel des neuen Mondes basierte, können wir auch Berechnungen anstellen, um uns den vorexilischen Kalender des ersten Jahrhunderts n. Chr. zu rekonstruieren, der auf der Beobachtung der ersten Unsichtbarkeit der alten Mondsichel, was gleichbedeutend ist mit der Konjunktion, beruht. Graeme Waddington hat auf meine Bitte hin diese Berechnungen für das Jahr 33 n. Chr. angestellt, von dem ich gezeigt habe, dass es das wahrscheinlichste Jahr für das Ereignis der Kreuzigung ist. Außerdem hat er die gleichen Berechnungen interessehalber für das Jahr 30 angestellt, das einzige andere mögliche Jahr. Die folgende Tabelle zeigt die Resultate für den 14. Nisan der Jahre 30 und 33:

Tag des 14. Nisan in Jerusalem

Jahr	offizieller Kalender	vorexilischer Kalender
30 n. Chr	von Sonnenuntergang, Donnerstag , 6. April, bis Sonnenuntergang, Freitag 7. April	von Sonnenaufgang, Montag, 3. April, bis Sonnenaufgang, Dienstag, 4. April
33 n. Chr.	von Sonnenuntergang, Donnerstag, 2. April, bis Sonnenuntergang, Freitag, 3. April	von Sonnenaufgang, Mittwoch, 1. April, bis Sonnenaufgang, Donnerstag, 2. April

Wenn die Kreuzigung im Jahr 30 n. Chr. stattgefunden hat, lässt sich der Tabelle entnehmen, dass das Letzte Abendmahl gemäß dem vorexilischen Kalender an einem Montagabend hätte stattfinden müssen, vier Tage vor der Kreuzigung am darauffolgenden Freitag (nur in etwa 1% der Fälle beträgt der Zeitraum zwischen den Kalendern, die sich an der Unsichtbarkeit des Mondes und solchen, die sich an seiner Sichtbarkeit orientieren, ganze vier Tage[193]). Wenn sich die Kreuzigung aber im Jahr 33 ereignet hat, fand das Letzte Abendmahl gemäß dem vorexilischen Kalender am Mittwochabend vor der Kreuzigung am Freitag statt. Können wir eine der beiden Varianten ausschließen?

Im Johannesevangelium finden wir explizit die zeitliche Angabe: »Jesus nun kam sechs Tage vor dem Passah nach Bethanien, wo Lazarus war« (Joh 12,1). Wenn Johannes mit »dem Passah« das Passahmahl meint, dann wurde dies, gemäß dem offiziellen jüdischen Kalender, den Johannes verwendete, am 15. Nisan gefeiert, der sowohl 30 als auch 33 n. Chr. vom Sonnenuntergang am Freitag bis zum Sonnenuntergang am Samstag ging. Zählt man sechs Tage zurück, führt dies zum jüdischen Tag des 9. Nisan, vom Sonnenuntergang am Samstag bis zum Sonnenuntergang am Sonntag. »Am folgenden Tag« (Joh 12,12) nach Jesu Ankunft in Bethanien fand der »Einzug in Jerusalem« statt. Folglich war dies am Montag. »Am folgenden Tag« (Mk 11,12) verfluchte Jesus den Feigenbaum. Das war am Dienstag. Darauf folgt: »Am anderen Morgen« (Mk 11,20), als sie sahen, dass der Feigenbaum verdorrt war. Dies wäre dann der Mittwoch. Also kann das Letzte Abendmahl, das stattfand, nachdem sie den verdorrten Feigenbaum gesehen hatten, nicht am Montagabend stattgefunden haben, wenn die zeitliche Reihenfolge der letzten Woche Jesu innerhalb der Evangelien zumindest annähernd stimmig ist. (Es ist möglich, dass Johannes sich in Vers 12,1 mit »dem Passah« auf das Passah-Opfer bezog. Wenn dies so wäre, hätte der Einzug in Jerusalem am Sonntag stattgefunden und die Jünger hätten den verdorrten Feigenbaum am Dienstag gesehen. Das würde immer noch bedeuten, dass man den Montag als Tag des Letzten Abendmahls ausschließen kann.)

Hinzu kommt Folgendes: Nachdem ich im ersten Kapitel dieses Buches ausgeführt habe, dass bei einem Letzten Abendmahl am Donnerstag, gefolgt von der Kreuzigung am Freitagmorgen, nicht genügend Zeit für alle in den Evangelien erwähnten stattfindenden Ereignisse bliebe, würde ein Letztes Abendmahl am Montag wiederum einen *zu großen* Zeitraum bedeuten (wie die Untersuchungen des nächsten Kapitels zeigen werden). Also können wir Montag als Tag des Letzten Abendmahls ausschließen. Dies schließt noch zusätzlich das Jahr 30 n. Chr. als das Jahr der Kreuzigung aus. Somit bleibt noch eine – und nur die einzige – Möglichkeit: Das Letzte Abendmahl fand am Mittwoch, dem 1. April 33 n. Chr., statt, und die Kreuzigung am Freitag, dem 3. April 33 n. Chr.

Verständlicherweise werden viele Leser dieses Ergebnis, dass das Letzte Abendmahl am Mittwoch stattfand, mit Skepsis aufnehmen. Es ist eine fest etablierte Annahme der Katholiken und Protestanten, dass das Letzte Abendmahl am *Donnerstag* stattfand (obwohl Papst Benedikt XVI in seiner Gründonnerstagspredigt im Jahr 2007 scheinbar davon abgerückt ist, siehe Kapitel 7). Jedes Jahr in der Osterzeit besuchen weltweit Millionen Menschen am Donnerstag der

Karwoche, dem Gründonnerstag, die Gottesdienste, um des Letzten Abendmahls zu gedenken, das Jesus mit seinen Jüngern gefeiert hat. Es scheint nahezu undenkbar, dass die großen christlichen Kirchen und die namhaftesten theologischen Gelehrten der Welt sich hinsichtlich des Tages des Letzten Abendmahls geirrt haben könnte.

Dennoch heißt es an keiner Stelle des Neuen Testaments, dass das Letzte Abendmahl einen Tag vor der Kreuzigung stattgefunden habe (was das Neue Testament genau sagt, werde ich im nächsten Kapitel untersuchen). Die wahrscheinlich früheste Erwähnung des Letzten Abendmahls, die uns vorliegt, findet sich im ersten Korintherbrief des Apostels Paulus, um das Jahr 55 n. Chr. Paulus beginnt seine Schilderung damit, dass er sein Publikum an die Zeit erinnert, in der das Letzte Abendmahl stattgefunden hat. Er sagt *nicht*, dass es am Abend vor der Kreuzigung stattfand, er sagt, es war »in der Nacht, in der er überliefert wurde« (1 Kor 11,23).

Gab es beim Letzten Abendmahl ein Passahlamm?

Wäre es für jemanden, der sich am vorexilischen Kalender orientierte, im Jahr 33 in Jerusalem möglich gewesen, am Mittwoch ein Passahlamm zu opfern? Auch wenn in den Darstellungen des Letzten Abendmahls in den Evangelien kein Passahlamm erwähnt wird, wäre die natürliche Interpretation der Aussage: »... und sie [die Jünger] bereiteten das Passahmahl« (Mk 14,16), dass sie ein Lamm für das Passah vorbereiteten. Gemäß dem Buch Exodus war das ursprüngliche Passah des Moses ein Fest, das man zu Hause beging: Die Israeliten in Ägypten schächteten die Passahlämmer in ihren eigenen Häusern. In Kapitel 10 habe ich gezeigt, dass auch die Samaritaner ihre Lämmer manchmal in ihren eigenen Häusern geopfert haben. Professor Alan Millard teilte mir mit, dass die Juden aus Galiläa und anderen Regionen, denen es nicht möglich war, das Passah in Jerusalem zu verbringen, das Passahfest ziemlich sicher dort verbracht haben, wo sie lebten, und das Passahlamm außerhalb ihres Hauses schächteten. Die Jünger Jesu »bereiteten das Passahmahl« daher wahrscheinlich so, dass sie das Passahlamm in der Nähe des Hauses schächteten und brieten, in dem sie später das Passahmahl begingen, vermutlich im Viertel der Essener in Jerusalem.

Im Buch Deuteronomium heißt es jedoch, das Passahlamm müsse geopfert werden »an der Stätte, die der Herr, dein Gott, erwählen wird; um seinen Namen dort wohnen zu lassen« (Dtn 16,6), was die Juden Galiläas als den Tempel von Jerusalem auslegten. Hier stellt sich die wichtige Frage, ob die Priester des Tempels von Jerusalem es erlaubt hätten, im Tempel Passahlämmer an einem anderen Tag als dem offiziell dafür vorgesehenen zu opfern. Eine Analyse jüdisch-rabbinischer Schriften führt zu dem Ergebnis, dass dies möglicherweise hätte der Fall sein können, so gibt es beispielsweise Belege dafür, dass die Tempelpriester erlaubt haben, am 13. Nisan Passahlämmer im Tempel »unter einer anderen Bezeichnung« opfern zu lassen.[194] Ich behaupte, der wahrscheinlichste Grund hierfür ist einer, der mit der Kalenderfrage zu tun hat.

Wenn das Passahmahl am Mittwoch mit einem Lamm stattgefunden hätte, wäre es gemäß den ursprünglichen Anweisungen aus Exodus 12 »zwischen den beiden Abenden« geopfert worden. Im offiziellen jüdischen Kalender war dies der 13. Nisan, der mit dem Sonnenuntergang am Mittwoch, dem 1. April 33 n. Chr., begann. Es scheint also, als hätte für die Jünger die Möglichkeit bestanden, an diesem Tag ein Lamm im Tempel zu opfern. Deshalb bin ich der Meinung, dass es bei Jesu Letztem Abendmahl ein Passahlamm gegeben hat, und dass dieses Lamm entweder im Tempel von Jerusalem oder in dem Haus mit dem Obergemach geschlachtet wurde, in dem Jesus das Mahl abgehalten hat.

Im nächsten Kapitel wird es darum gehen, den zeitlichen Ablauf der Ereignisse zu erkunden, die zwischen dem Letzten Abendmahl und der Kreuzigung stattgefunden haben, und zwar unabhängig von der Vorgabe, die sich die Forschung in der Regel – sei es ausdrücklich oder stillschweigend – auferlegt: dass das Letzte Abendmahl am Donnerstagabend stattgefunden hat. Eine der Schlüsselfragen wird dabei natürlich sein, ob die Abfolge der Ereignisse zwischen dem Letzten Abendmahl und der Kreuzigung, wie sie in den Evangelien dargestellt werden, besser zu einem Letzten Abendmahl am Mittwochabend oder am Donnerstagabend passt. Dabei werden wir feststellen, dass diese Analyse ein neues Licht auf Ereignisse wie etwa die Prozesse Jesu werfen wird. Zuerst aber fassen wir noch einmal die Ergebnisse dieses Kapitels zusammen.

Zusammenfassung

Matthäus, Markus und Lukas beginnen ihre Schilderungen des Letzten Abendmahls mit der Aussage, dass es am ersten Tag des Fests der ungesäuerten Brote stattgefunden habe, an dem das Passahlamm geopfert wurde. Diese Aussage hat Bibelwissenschaftler über Jahrhunderte hinweg irritiert, da sie keinen Sinn ergibt, wenn man vom offiziellen jüdischen Kalender mit seinem Tag von Sonnenuntergang bis Sonnenuntergang ausgeht, demgemäß das Passahlamm am 14. Nisan geopfert wird und der erste Tag des Fests der ungesäuerten Brote der 15. Nisan ist. Dennoch entspricht es an dieser Stelle der natürlichen Interpretation der synoptischen Evangelien, dass sie davon berichten, dass Jesus den Tag des Passah bestimmt, indem er einen anderen Kalender verwendet, der auf einem Tag von Sonnenaufgang bis Sonnenaufgang beruht. Gemäß diesem Kalender wird das Passahlamm am 14. Nisan geopfert, und das Passahmahl am ersten Tag des Fests der ungesäuerten Brote findet noch am selben Abend statt, der nach einem Kalender, dessen Tag von Sonnenaufgang bis Sonnenaufgang dauert, *immer noch* der 14. Nisan ist.

Daher behaupte ich, dass die Worte des Verses Markus 14,12, die ich zu Beginn des Kapitels zitiert habe, und die damit vergleichbaren Worte bei Matthäus 26,17 und Lukas 22,7–8, in der Absicht einer kalendarischen Aussage verfasst wurden, um dem Publikum verständlich zu machen, dass Jesus aus der Vielzahl der Kalender, die im Israel des ersten nachchristlichen Jahrhunderts in Gebrauch waren, für die Datierung seines Letzten Abendmahls als Passahmahl einen solchen ausgewählt hat, in dem der Tag von Sonnenaufgang bis Sonnenaufgang ging. Eine Untersuchung solcher Kalender hat gezeigt, dass der vorexilische Kalender der einzige ist, der infrage kommt. Ich behaupte, dass ein großer Teil des zeitgenössischen Publikums der Evangelien dies verstanden hat, da sie sowohl mit dem offiziellen jüdischen Kalender wie auch mit dem vorexilischen Kalender vertraut waren, der immer noch weit verbreitet war, um das Passah zu feiern, etwa bei den Samaritanern, einigen Essenern, den Zeloten etc.

Gab es für Jesus besondere Gründe, den vorexilischen Kalender für die Datierung seines letzten Passahfests zu wählen? Die Antwort lautet eindeutig: Ja. Jesus verstand sich selbst als den neuen Moses. Dadurch, dass er sich bei der Datierung seines letzten Passahmahls für den vorexilischen Kalender entschied, beging er sein Mahl an *exakt* dem Tag des Ur-Passahfests, das Moses gefeiert hat. Dadurch brachte er sein letztes Abendmahl gezielt und bewusst in einen Zusammenhang mit diesem Ur-Passahfest. Dies wird nicht ohne Wirkung auf seine Jünger geblieben sein, vor allem, als er von dem neuen Bund sprach, den er begründete, und der an die Stelle des ursprünglichen, von Moses begründeten Bundes trat.

Die Schilderungen des Letzten Abendmahls als eines Passahmahls in den Evangelien der Synoptiker sind stimmig in einem Kalender, dessen Tage von Sonnenaufgang bis Sonnenaufgang dauern, was wiederum mit dem vorexilischen Kalender übereinstimmt. Im Johannesevangelium dagegen wird das Passahfest der Zeit der Kreuzigung als »das Passah der Juden« geschildert. Demnach handelt es sich bei dem jüdischen Passah bei Johannes um das offizielle jüdische Passah, gemäß dem offiziellen jüdischen Kalender mit seinem Tag von Sonnenuntergang bis Sonnenuntergang.

Also verwenden die synoptischen Evangelien und das Johannesevangelium unterschiedliche Kalender, wenn sie das Passah schildern. Die Synoptiker verwenden den vorexilischen Kalender mit seinem Tag von Sonnenaufgang bis Sonnenaufgang, demgemäß das Letzte Abendmahl ein tatsächliches Passahmahl war, Johannes hingegen verwendet den offiziellen jüdischen Kalender mit seinem Tag von Sonnenuntergang bis Sonnenuntergang, demgemäß das Letzte Abendmahl, die Prozesse Jesu und die Kreuzigung sämtlich vor dem offiziellen Passah stattgefunden haben. Alle vier Evangelien befinden sich also hinsichtlich ihrer Darstellung des Letzten Abendmahls im Einklang miteinander, sobald man erkennt, dass sie von unterschiedlichen Kalendern ausgehen.

Mithilfe der Astronomie können wir sowohl den offiziellen als auch den vorexilischen jüdischen Kalender des ersten nachchristlichen Jahrhunderts rekonstruieren. Wir haben dies für die Jahre 30 und 33 n. Chr. getan, also für die beiden einzigen für die Kreuzigung infrage kommenden Jahre. So sind wir noch einmal zu dem Ergebnis gelangt, dass wir das Jahr 30 ausschließen können, da in diesem Jahr das Letzte Abendmahl an einem Montag hätte stattfinden müssen, was aus Gründen, die wir in diesem Kapitel gefunden haben und im nächsten noch finden werden, zu früh ist. Das bedeutet, dass nur ein einziger möglicher Tag für die Datierung des Letzten Abendmahls übrigbleibt. Es hat am Mittwoch, dem 1. April des Jahres 33 stattgefunden und die Kreuzigung am Freitag, dem 3. April des Jahres 33.

Im nächsten Kapitel werden wir die Ereignisse zwischen dem Letzten Abendmahl darauf hin untersuchen, ob sich die Schilderungen der Evangelien damit in Einklang bringen lassen, dass das letzte Abendmahl am Mittwoch vor der Kreuzigung stattfand. Wie wir sehen werden, wirft die Datierung des Letzten Abendmahls auf den Mittwoch ein neues Licht auf unser Verständnis der Evangelienberichte über die letzte Woche im Leben Jesu, und sie gibt uns die Möglichkeit, verschiedene, bislang ungeklärte Fragen zu beantworten.

12

Vom Letzten Abendmahl zur Kreuzigung: Eine neue Lesart der Evangelientexte

Und die Diener der Juden banden ihn
und führten ihn zuerst zu Hannas.

Joh 18,12–13

Und als es Tag wurde, versammelte sich die Ältestenschaft des Volkes, Hohepriester sowie Schriftgelehrte, und führten ihn hin in ihren Hohen Rat.

Lk 22,66

Und am frühen Morgen fassten die Hohenpriester mit den Ältesten und Schriftgelehrten und dem ganzen Hohen Rat sogleich einen Beschluss, und sie banden Jesus und führten ihn weg und überlieferten ihn dem Pilatus.«

Mk 15,1

In diesem Kapitel werden wir die Folge der Ereignisse zwischen dem Letzten Abendmahl und der Kreuzigung, wie sie in den Evangelien dargestellt werden, genauer untersuchen, und dabei besonderes Augenmerk auf die zeitliche Abfolge richten.

Die verdichtete Form der Evangelientexte

Lassen Sie uns damit beginnen, uns vor Augen zu führen, dass jede Biografie eine komprimierte geschichtliche Darstellung bedeutet. In einer Biografie wird das inhalts- und abwechslungsreiche Leben eines Menschen auf ein paar Hundert Seiten zusammengefasst, die in der Regel nur die Höhepunkte dieses Lebens beinhalten. Bei den Evangelien verhält es sich notgedrungen ebenso, wie Johannes am Ende seines Evangeliums selbst sagt: »Es gibt aber auch viele andere Dinge, die Jesus getan hat; wenn diese alle einzeln niedergeschrieben würden, so würde, scheint mir, selbst die Welt die geschriebenen Bücher nicht fassen« (Joh 21,25).

Unsere Analyse der Evangelien in diesem Buch hat gezeigt, dass jedes einzelne von ihnen die Geschehnisse anders zusammenfasst: Es handelt sich um vier eigenständige Schilderungen, die die Geschichte der gleichen Person erzählen. Aus dem Johannesevangelium geht beispielsweise deutlich hervor, dass die öffentliche Wirksamkeit Jesu länger als ein Jahr gedauert hat, da Johannes von drei Passahfesten während der Zeit seines öffentlichen Wirkens berichtet (das letzte, zur Zeit der Kreuzigung, mitgezählt). Stünden uns die Schilderungen Johannes' nicht zur Verfügung, könnten wir aus den Berichten von Matthäus, Markus und Lukas schlussfolgern, das der Zeitraum des öffentlichen Wirkens Jesu nicht mehr als ein Jahr umfasst hätte. Beinahe alle Forscher gehen aber davon aus, dass der längere Zeitraum, wie Johannes ihn schildert, korrekt ist. Die synoptischen Evangelien sind deshalb aber nicht falsch, sie liefern lediglich weniger zeitliche Anhaltspunkte. Wenn wir die Ereignisse, die sich zwischen dem Letzten Abendmahl und der Kreuzigung zugetragen haben, genau betrachten, sollten wir daher nicht überrascht sein, wenn wir bemerken, dass jedes Evangelium das Geschehen in anderer Weise zusammenfasst.

Ein Problem, mit dem sich alle vier Evangelisten konfrontiert gesehen haben müssen, als sie von diesen Ereignisse berichteten, war der Mangel an Zeugen, die sie befragen konnten. Die Evangelien schildern, dass bei der Gefangennahme Jesu nach dem Letzten Abendmahl alle Jünger geflohen seien. Als Jesus im Hof des Hohenpriesters von Hannas verhört wurde, war nur Petrus dabei, möglicherweise auch noch ein zweiter der Jünger (Joh 18,15–16).

Den darauffolgenden Verhören durch den Sanhedrin, Pilatus und Herodes wohnte wahrscheinlich keiner der Jünger bei. Die Evangelisten müssen also versucht haben, alle verlässlichen Informationen zusammenzufügen, die sie bekommen konnten, und alles wegzulassen, was ihnen nicht gesichert erschien. So wird Lukas beispielsweise Josef von Arimathia über die Verhandlungen zurate gezogen haben. Er war ein Mitglied des Sanhedrin, das dem Beschluss des Hohen Rates, Jesus zum Tod zu verurteilen, nicht zustimmte (Lk 23,50–52). Ich bin der Meinung, dies erklärt weitgehend, warum etwa Johannes nur das Verhör durch Hannas, Lukas dagegen nur die Verhandlung vor Herodes schildert. So können wir nachvollziehen, warum die verschiedenen Evangelien einige Ereignisse erwähnen und andere unerwähnt lassen – und darüber hinaus, warum sie die Geschehnisse auf unterschiedliche Weise zusammenfassen.

Der Hintergrund der Verhandlungen

Es ist hilfreich, den etwaigen jüdischen gesetzlichen Hintergrund der Verhandlungen Jesu zu kennen. Die jüdischen Gesetze hinsichtlich der Verhandlungen schwerwiegender Verbrechen sind in der Mischna festgelegt (einer Sammlung von Vorschriften, die auf etwa 150 Rabbiner zurückgeht, die diese Texte in den Jahren zwischen 50 v. Chr. und 200 n. Chr. verfasst haben). »In Fällen, bei denen es um die Verhängung einer Todesstrafe geht (Kapitalverbrechen), werden die Verhandlungen am Tage abgehalten und auch der Urteilsspruch muss während des Tages erfolgen ... In solchen Fällen von Kapitalverbrechen kann ein Freispruch noch am selben Tag erfolgen, eine Verurteilung aber nicht vor dem nächsten Tag« (Mischna Sanhedrin 4,1).[195] Außerdem durften am Sabbat und an Feiertagen selbst keine Verhandlungen stattfinden, da Arbeit generell, also auch die Niederschrift von Protokollen, an diesen Tagen verboten war.

Ich werde jetzt einige der Hauptpunkte aus Kapitel 1 noch einmal rekapitulieren. Wie ich dort bereits ausgeführt habe, stellen diese gesetzlichen Vorgaben, die um das Jahr 200 n. Chr. verfasst wurden, jedoch auf bereits vorher angewendeter Praxis beruhten, wenn sie zu Lebzeiten Jesu galten, uns im Falle einer konventionellen Interpretation vor beträchtliche Schwierigkeiten. Nehmen Sie beispielsweise die Vorschrift: »Am Vorabend des Sabbat oder eines Feiertags dürfen keine Verhandlungen stattfinden.« Das Passahmahl wurde am ersten Tag des Festes der ungesäuerten Brote gefeiert, gemäß dem offiziellen jüdischen Kalender am 15. Nisan. Der Vorabend dieses Festtags war der 14. Nisan. Allgemein wird angenommen, dass das Letzte Abendmahl an einem Donnerstag stattfand, gefolgt von den Verhandlungen sehr früh am Freitag und der Kreuzigung am Freitagmorgen. Wie wir in Kapitel 3 gesehen haben, schließen sich 50% der Forscher der »Chronologie der Synoptiker« an, derzufolge das Letzte Mahl ein Passahmahl gemäß dem offiziellen Kalender war und zu Beginn des 15. Nisan gefeiert wurde. Diese Forscher gehen also davon aus, dass die Verhandlungen später am selben Tag stattfanden, am 15. Nisan, einem Feiertag. Die anderen 50% der Forscher folgen der »Chronologie des Johannes«, nach der die Kreuzigung am 14. Nisan stattfand, sodass die Verhandlungen früher am gleichen jüdischen Tag stattgefunden haben müssen, also ebenfalls am 14. Nisan, dem Vorabend eines Feiertags. Beide Varianten stehen aber im Widerspruch zu den jüdischen Gesetzen, die in der Mischna überliefert sind.

Die Mischna schreibt außerdem vor, dass der Sanhedrin bei schwerwiegenden Verbrechen an zwei aufeinanderfolgenden Tagen einberufen werden musste. Die Hauptverhandlung findet am ersten Tag statt, und wenn der Angeklagte verurteilt wird, müssen die Mitglieder des Hohen Rats ihr Urteil einmal überschlafen und es am nächsten Tag bestätigen. Wenn das Letzte Abendmahl am Donnerstagabend stattgefunden hat und die Kreuzigung am Freitagmorgen erfolgte, kann man sich unmöglich an diese Vorgabe gehalten haben.

Und schließlich heißt es in der Mischna noch, dass die Verhandlungen *tagsüber* stattfinden müssen. Dennoch gehen viele Forscher davon aus, dass die Hauptverhandlung vor dem Sanhedrin nachts stattgefunden hat, am frühen Freitag vor Sonnenaufgang, und zwar aus zwei Gründen: Erstens müsste sie nachts stattgefunden haben, um all den Geschehnisse, von denen die Evangelien berichten, einen zeitlich ausreichenden Raum zu geben, und zweitens legen diese Forscher die Schilderungen bei Matthäus und Markus so aus, dass sie eine Verhandlung in der Nacht nahelegen.

Es ist eindeutig, dass eine Datierung des Letzten Abendmahls auf den Donnerstagabend und der Kreuzigung auf den folgenden Morgen die jüdischen Gerichtsvorschriften, wie sie in der Mischna dokumentiert sind, vollkommen außer Acht lässt. Auch wenn es in den Evangelien heißt, es habe bei den Verhandlungen viele falsche Zeugen gegeben, ist doch in keinem einzigen der Evangelienberichte die Rede davon, dass die Verhandlungen gesetzeswidrig gewesen seien. Stattdessen wird ihre Rechtmäßigkeit stillschweigend vorausgesetzt.

Wie gehen die Religionswissenschaftler damit um? Die fast durchgängige Meinung der christlichen Exegeten lautet, diese Gesetze der Mischna seien um das Jahr 200 n. Chr. verfasst worden und man könne nicht davon ausgehen, dass sie zu Lebzeiten Jesu Anwendung gefunden hätten. John Robinson etwa schreibt: »An dieser Stelle können wir das Zeugnis aus der Mischna anführen, mit dem man für gewöhnlich aufzeigen will, wie ungesetzlich das jüdische Verfahren gegen Jesus gewesen sei. Ob jedoch ihre Vorschriften zur Zeit Jesu überhaupt Geltung hatten, bleibt äußerst zweifelhaft.«[196]

Zahlreiche jüdische Gelehrte schlagen eine andere Sichtweise vor. So schreibt beispielsweise Geza Vermes: »Die älteste überlieferte rabbinische Gesetzessammlung, die Mischna, beinhaltet ein spezielles Traktat namens Sanhedrin, das einen detaillierten Bericht über die verschiedenen jüdischen Gerichtshöfe und ihre Verfahrensregeln enthält. Der Codex selbst wurde nicht vor dem Jahr 200 n. Chr. niedergeschrieben. [...] Dennoch ist klar, dass das Traktat Sanhedrin ... eine ganze Anzahl gesetzlicher Überlieferungen bewahrt hat, die deutlich älter sind. [...] Einige Wissenschaftler wollen aus Prinzip rabbinische Literatur nicht als gültigen Beweis für die Zeit Jesu anerkennen. Doch wenn sie etwas gegen die Verwendung der Mischna oder der Tosefta einzuwenden haben, weil diese erst später niedergeschrieben wurden, können sie deshalb nicht Quellen des ersten Jahrhunderts n. Chr. wie Philo und die Schriftrollen vom Toten Meer verwerfen. [...] Das Damaskus-Dokument von Qumran stellt ebenfalls eindeutig fest, dass am Sabbat ›niemand richten solle‹ (10, 17–18). [...] [Zudem ist es] schwer vorstellbar, dass in einem jüdischen Umfeld des ersten Jahrhunderts n. Chr. über ein Kapitalverbrechen bei Nacht verhandelt wurde.«[197]

Wir können nicht mit Sicherheit sagen, ob alle, einige oder keine der juristischen Vorschriften für schwerwiegende Verbrechen, wie sie in der Mischna überliefert sind, zum Zeitpunkt der Verhandlungen Jesu Anwendung fanden. Da dies aber möglicherweise der Fall war, sollten wir sie in Erinnerung behalten, wenn wir uns jetzt den Schilderungen dieser Verhandlungen in den Evangelien zuwenden, unter besonderer Berücksichtigung der im letzten Kapitel entwickelten Möglichkeit, dass das Letzte Abendmahl am Mittwoch stattgefunden hat. Wenn diese neue Chronologie korrekt ist, bringt dies die Möglichkeit mit sich, dass die Hauptverhandlung vor dem Sanhedrin weder an einem Feiertag noch an einem Vortag eines Feiertags stattfand. Es könnte zwei Verhandlungen vor dem Sanhedrin an zwei aufeinanderfolgenden Tagen gegeben haben, die sogar tagsüber stattgefunden haben könnten. Mit anderen Worten: Unsere neue chronologische Abfolge könnte sich in vollkommenem Einklang mit den juristischen Regeln der Mischna befinden.

Das Letzte Abendmahl als Passah

Zuerst werden wir uns die Zeiten des Beginns und des Endes des offiziellen jüdischen Passahfests im ersten Jahrhundert ansehen. Bei Josephus können wir nachlesen, dass die Passahlämmer zwischen der neunten und der elften Stunde, also ungefähr zwischen 15 und 17 Uhr nachmittags am 14. Nisan geschächtet wurden (*Jüdischer Krieg* 6.423). Dann wurden sie gebraten, und das Mahl selbst wurde am gleichen Abend nach Sonnenuntergang begangen (gemäß dem offiziellen jüdischen Kalender also zu Beginn des 15. Nisan). Um Mitternacht endete das Mahl (*Mischna Pesachim* 10.9), und unmittelbar nach Mitternacht öffneten die Priester die Tore des Tempels wieder.[198]

Wichen der Beginn und das Ende des Letzten Abendmahl-Passahs von denen des offiziellen Passah ab? Wenn Jesus den vorexilischen Kalender verwendete und die Passahzeiten in Exodus 12 beachtete, müssen die Passahlämmer während der Dämmerung »zwischen den beiden Abenden« (Ex 12,6) am 14. Nisan des vorexilischen Kalenders geschächtet worden sein. Wie ich in Kapitel 8 ausgeführt habe, bedeutet »zwischen den Abenden« wahrscheinlich die Zeitspanne zwischen Sonnenuntergang und dem Erscheinen der ersten Sterne am Himmel.[199] Der Sonnenuntergang fand am 1. April des Jahres 33 n. Chr. um 18:14 Uhr statt,[200] die Lämmer müssen demnach in der Zeit zwischen 18:14 und etwa 19:45 Uhr geschächtet worden sein, entweder in der Nähe des Hauses mit dem Obergemach in Jerusalem oder im dortigen Tempel. (Wie in Kapitel 11 ausgeführt, begann mit Sonnenuntergang am 1. April des Jahres 33 n. Chr. der 13. Nisan des offiziellen Kalenders, der Tag also, an dem die Lämmer für das Passah im Tempel in Jerusalem geopfert werden durften.)

Wann wurden die Passahlämmer gemäß Exodus 12 gegessen? Cornelius Houtman schreibt dazu: »Angesichts der Zeit, zu der das Tier geschächtet werden sollte, und der Zeit, die man zur Vorbereitung für das Braten (eine bis eineinhalb Stunden) sowie für das Braten selbst benötigte, kann man davon ausgehen, das es *etwa Mitternacht war, als man mit dem Mahl begann* [*Hervorhebung durch den Verf.*].«[201] Hinzu kommt, dass die Samaritaner, die den vorexilischen Kalender verwenden, ihr Passahmahl kurz vor Mitternacht *beginnen*. In Exodus 12,10 heißt es: »Und ihr dürft nichts davon [vom Passahlamm] bis zum Morgen übrig lassen.« Wie Houtman erläutert, ist dies »eine Anweisung hinsichtlich der Dauer des Mahls«,[202] das scheinbar bis zum Morgen weitergehen konnte. Im etwa 200 v.Chr. verfassten Jubiläenbuch wird ausgeführt: »Sie sollen es [das Passahlamm] zur Abendzeit bis zum dritten Teil der Nacht essen« (Jub 49,12). Anscheinend wird also im Jubiläenbuch die Nacht in drei Teile geteilt, und es wird nahegelegt, dass das Mahl um 2 Uhr nachts beendet sein muss. Da das Jubiläenbuch in der Gemeinde von Qumran weit verbreitet war, scheint es, dass die Essener davon ausgingen, das Mahl solle nicht länger als bis 2 Uhr nachts andauern.

Was erfahren wir in der Bibel über den zeitlichen Ablauf des Letzten Abendmahls? Joachim Jeremias betont, das Letzte Abendmahl sei ein ausführliches Mahl gewesen, das »während der Nacht«[203] stattgefunden habe. Bei Paulus heißt es, Jesus habe »in der *Nacht* [*Hervorhebung durch den Verf.*], in der er überliefert wurde« (1 Kor 11,23) das Brot gebrochen. Johannes sagt: »Als nun jener [Judas] den Bissen genommen hatte, ging er sogleich hinaus. Es war aber *Nacht* [*Hervorhebung durch den Verf.*]« (Joh 13,30). In den Evangelien findet sich kein Hinweis darauf, dass das Letzte Abendmahl in Eile stattgefunden habe; tatsächlich ist das Gegenteil der Fall. Zuerst wusch Jesus seinen Jüngern die Füße (Joh 13,2–17), dann teilte er Brot und Wein mit ihnen (Lk 22,17–19), Judas verließ das Obergemach, um ihn zu verraten (Joh 13,18–30), und Jesus kündigte an, dass Petrus ihn verleugnen würde (Lk 22,31–38). Neben Ereignissen wie diesen berichtet Johannes, Jesus habe mehrere lange Dialoge mit den Jüngern geführt und Lehrreden gehalten (Joh 14,1–16,33). Nach diesen

Gesprächen sprach Jesus zunächst ein Gebet für sich (Joh 17,1–5), dann eines für seine Jünger (Joh 17,6–19) und zuletzt für alle, die an ihn glaubten (Joh 17, 20–26). Erst nach all diesen Gesprächen und Gebeten verließen Jesus und seine Jünger das Obergemach. Der früheste Zeitpunkt für das Ende des Letzten Abendmahls wäre Mitternacht gewesen, wenn Jesus den offiziellen jüdischen Kalender verwendet hätte. Wenn er sich aber am vorexilischen Kalender orientierte und das letzte Abendmahl als ein Passahmahl im Obergemach eines Hauses im essenischen Viertel Jerusalems beging (siehe Kapitel 11), kann das Letzte Abendmahl aus den oben angeführten Gründen bis 2 Uhr nachts gedauert haben.

Es hat mich, nebenbei bemerkt, immer verwundert, warum Judas, als er Jesus verriet, die Wachen nicht in das Obergemach gebracht hat, um die Verhaftung dort vorzunehmen, was doch die einfachste Vorgehensweise gewesen wäre. Wenn sich aber dieses Obergemach im Jerusalemer Viertel der Essener befand, würden die Tempelwachen es nicht gewagt haben, dort einzudringen, aus Furcht, den Unwillen der Essener zu erregen.

Vom Letzten Abendmahl bis Gethsemane

Das Letzte Abendmahl fand in einem Obergemach statt, vermutlich im Viertel der Essener im Südwesten Jerusalems. Wenn dies zutrifft, werden Jesus und seine Jünger Jerusalem durch das Tor der Essener verlassen und durch das Hinnom-Tal im Süden der Stadt gegangen sein, um dann durch das Kidrontal in einen Garten (Joh 18,1) mit dem Namen Gethsemane (Mt 26,36) an den Hängen des Ölbergs (Lk 22,39) zu gelangen, der sich östlich von Jerusalem befindet (siehe Abb. 11.1 auf S. 218). Der Name *Kidron* ist von einem hebräischen Wort abgeleitet, das »dunkel« oder »trübe« bedeutet, und die Talsohle des Kidrontals befindet sich etwa 60 Meter unterhalb der Fläche des äußeren Platzes des Tempels.[204] Wir wissen nichts über die genaue Wegstrecke, die Jesus mit seinen Jüngern genommen hat, doch sie müssen durch dieses dunkle, trübe Tal gegangen sein, über das ausgetrocknete Flussbett am tiefsten Punkt des Tals, um dann auf der anderen Seite wieder die Hänge des Ölbergs hinaufzusteigen. Sehr wahrscheinlich haben sie die alten Fußwege beschritten, die auf der Karte zu sehen sind. Sie sind im Licht des Vollmonds gewandelt (der in der Mitte des Mondmonats schien).

Wie lange werden sie für diesen Weg gebraucht haben? Die Entfernung zwischen dem überlieferten Standort des Hauses mit dem Obergemach und dem Garten Gethsemane über das Tor der Essener beträgt mindestens eineinhalb Kilometer (und etwa drei Kilometer, wenn man die alten Wege auf der Karte 11.1 abschreitet). Angesichts der »Tages«-Zeit und des schwierigen Terrains nehme ich an, dass sie dafür mindestens 15 bis 20 Minuten benötigt haben.

Die Gebete im Garten Gethsemane

Die Evangelien berichten, dass Jesus Petrus, Jakobus und Johannes gebeten habe, zu wachen, während er beten wolle, sie aber seien eingeschlafen. Jesus betete noch einmal, doch sie schliefen wieder ein. Jesus betete ein drittes Mal und sie schliefen wiederum ein (Mk 14,32–41). Nachdem die Jünger zum ersten Mal eingeschlafen waren, sagte Jesus zu Petrus: »Konntest du nicht eine Stunde wachen? Wacht und betet ...« In den Evangelien ist kein Hinweis darauf zu finden, dass Jesus während seiner Gebete in Eile gewesen wäre – wieder ist das Gegenteil der Fall. Wenn Jesus sagt: »Konntest du nicht eine Stunde wachen?«, ist diese zeitliche Angabe möglicherweise keine Übertreibung. Können wir beurteilen, wie lang diese Gebete gedauert haben, wenn die Jünger währenddessen drei Mal einschliefen, obwohl sie sich doch bemüht haben werden, wach zu bleiben? Es ist unwahrscheinlich, dass sie weniger als eine Stunde in Anspruch genommen haben, wahrscheinlich eher länger.

Die Gefangennahme Jesu

Alle vier Evangelien beschreiben die Gefangennahme Jesu im Garten Gethsemane. Es ist notwendig, darauf hinzuweisen, dass man von Gethsemane aus die Stadt Jerusalem überblicken kann, Jesus wird also die Wachen, die ihn gefangen nehmen sollten, haben kommen sehen. Er hätte in die Wüste fliehen und sich verstecken können, doch er entschied sich dafür, zu bleiben. Die Gefangennahme ist voller Dramatik: Judas erreichte Gethsemane mit den Wachen, identifizierte Jesus mit einem Kuss, und Jesus wurde ergriffen. Petrus schlug dem Knecht des Hohenpriesters mit seinem Schwert das Ohr ab, Jesus ermahnte ihn, sein Schwert in die Scheide zu stecken, und heilte den Verwundeten. Jesus fragte, warum die Wachen bewaffnet mit Schwertern und Stöcken in der Nacht gekommen seien, obwohl er doch täglich im Tempel gebetet habe. Seine Jünger verließen ihn und flohen; einer von ihnen lief nackt davon, als man ihn ergriff und an seinem Umhang festhielt. Dann wurde Jesus gebunden und nach Jerusalem gebracht.

Die Gefangennahme und die sie begleitenden Ereignisse müssen etwa 15 bis 30 Minuten lang gedauert haben, und für den Weg zurück in die Stadt, wahrscheinlich wiederum durch das Kidrontal, wird man noch einmal 15 bis 30 Minuten gebraucht haben.

Wir sind jetzt in der Lage, den Zeitpunkt zu bestimmen, an dem Jesus wieder in Jerusalem ankam. Wenn das letzte Abendmahl zwischen Mitternacht und 2 Uhr morgens endete, der Weg bis zum Garten Gethsemane 15 bis 30 Minuten dauerte, die Gebete im Garten Gethsemane etwa eine Stunde in Anspruch nahmen, die Gefangennahme etwa 15 bis 30 Minuten dauerte und der Weg zurück nach Jerusalem noch einmal 15 bis 30 Minuten, war Jesus zwischen 1:45 und 4:30 Uhr morgens wieder in Jerusalem. Gehen wir von einem Durchschnittswert dieser Zeiten aus, können wir sagen, dass Jesus wahrscheinlich gegen 3 Uhr morgens (plusminus eineinhalb Stunden) wieder in Jerusalem war.

Das Verhör durch Hannas

Nur im Johannesevangelium finden wir die Schilderung, dass Jesus nach der Gefangennahme für ein vorläufiges und informelles Verhör zu Hannas gebracht wurde (Joh 18,13–24). Hier können wir ein deutliches Beispiel für die Auswahl der Ereignisse innerhalb der Evangelien erkennen, in diesem Fall hinsichtlich der synoptischen Evangelien. Wer war Hannas? Johannes berichtet, er sei der »Schwiegervater des Kaiphas, der jenes Jahr Hoherpriester war« (Joh 18,13). Hannas selbst war in den Jahren 6–15 n. Chr. Hoherpriester, und Kaiphas selbst wurde im Jahr 18 n. Chr. zum Hohenpriester ernannt. (Er hatte dieses Amt bis ins Jahr 36 n. Chr. inne.)[205] Viele Forscher gehen davon aus, Hannas sei »die Macht hinter dem Thron« gewesen, der noch immer das Ansehen des »Hohenpriesters« innegehabt habe.[206] Das erinnert mich an eine Reise nach Singapur im Jahr 1992. Zwei Jahre zuvor war der mächtige Premierminister Lee Kuan Yew zurückgetreten, blieb aber als »Senior Minister« im Kabinett. Ich stellte die Frage nach der Situation des Premierministers und bekam die Gegenfrage gestellt: »Meinen Sie Lee Kuan Yew?«, denn *de facto* war er noch immer Premierminister.

Aus der Bibel und den Schriften des Josephus geht eindeutig hervor, dass die Juden Hannas auch nach (vielleicht aber auch aufgrund) seiner Absetzung durch den römischen Statthalter Pilatus im Jahr 15 n. Chr. als »ehrenamtlichen« Hohepriester betrachteten. Dementsprechend heißt es bei Lukas: »Aber im fünfzehnten Jahr der Regierung des Kaisers Tiberius ... unter dem Hohepriester Hannas und Kaiphas« (Lk 3,1–2). Wir wissen, dass Kaiphas zu dieser Zeit der offizielle Hohepriester war, doch betont Lukas zurecht, dass das Amt faktisch von Hannas wahrgenommen wurde, und so erwähnt er nicht nur Hannas und Kaiphas, sondern nennt darüber hinaus Hannas in Anerkennung seiner höheren Position zuerst. Vergleichbar heißt es in der Apostelgeschichte: »Unter ihnen Hannas, der Hohepriester und Kaiphas und Johannes ...« (Apg 4,6).

Auch in der hier erwähnten Zeit war Kaiphas offiziell Hoherpriester, doch eigentlich bekleidete Hannas dieses Amt.

Der Umstand, dass zum Zeitpunkt der Verhandlungen Jesu sowohl Hannas als auch Kaiphas als Hohepriester bezeichnet wurden, bietet innerhalb der Evangelienberichte offensichtlich Anlass zu einiger Verunsicherung, wenn der Hohepriester nicht namentlich genannt wird. Dies finden wir in der Schilderung des Verhörs Jesu durch Hannas im Johannesevangelium bestätigt. Johannes schreibt, Jesus sei zuerst zu Hannas geführt worden (Joh 18,13), dann habe »der Hohepriester [Hannas oder Kaiphas?]« Jesus befragt (Joh 18,19), und zuletzt habe ein Diener Jesus gefragt: »Antwortest du so dem Hohenpriester [Hannas oder Kaiphas]?« (Joh 18,22). Johannes beendet seine Schilderung des Verhörs mit den Worten: »Hannas nun sandte ihn gebunden zu Kaiphas, dem Hohenpriester« (Joh 18,24). Dieser letzte Satz ist natürlich der Schlüssel für das Verständnis dessen, was Johannes zuvor gemeint hat. Er sagt, dass Kaiphas während der Befragung durch Hannas nicht anwesend war, da Hannas, als er mit Jesus fertig war, diesen gebunden zu Kaiphas sandte. Wie Raymond Brown meint, haben diese Worte »eindeutig die Bedeutung, dass Kaiphas sich anderswo aufhielt«.[207] Johannes macht keine Angaben darüber, wie lange die Befragung durch Hannas gedauert hat. Um hierüber etwas zu erfahren, werden wir nun die zeitlichen Hinweise innerhalb der Evangelien untersuchen, die sich auf die Verleugnungen Jesu durch Petrus beziehen.

Die drei Verleugnungen durch Petrus und die beiden Hahnenschreie

Laut Markus sagte Jesus während des Letzten Abendmahls voraus, dass Petrus ihn verleugnen würde: »Wahrlich, ich sage dir, dass du heute, in dieser Nacht, ehe der Hahn zweimal kräht, mich dreimal verleugnen wirst« (Mk 14,39). In den anderen Evangelien spricht Jesus nur von *einem* Krähen des Hahnes (Mt 26,34, Lk 22,34, Joh 13,38). In einigen Handschriften des Markusevangeliums fehlt das Wort »zweimal«, doch verlässliche frühe Handschriften enthalten es, und zahlreiche Forscher gehen davon aus, dass die Fassung mit dem zweimaligen Krähen des Hahnes der ursprünglichen Form entspricht.[208] Ich gehe also von zwei Hahnenschreien aus.

Johannes führt aus, dass Jesus nach der Gefangennahme zu Hannas gebracht, dort befragt und dann zu Kaiphas gesandt wurde. Markus beschreibt, dass Petrus Jesus gefolgt sei, und als er im Hof des Hauses des Hohenpriesters[209] gestanden und sich an einem Feuer gewärmt habe, sei eine Magd an ihn herangetreten und habe ihn bezichtigt, mit Jesus zusammengewesen zu sein. Petrus leugnete dies und der Hahn krähte. Die Magd beschuldigte ihn noch einmal und Petrus leugnete zum zweiten Mal. Die Umstehenden beschuldigten ihn abermals, Petrus leugnete zum dritten Mal und »sogleich krähte zum zweiten Mal der Hahn« (Mk 14,72).

Ich konzentriere mich zunächst auf die erste Verleugnung durch Petrus. Johannes betont den zeitlichen Abstand zwischen der ersten Verleugnung einerseits und der zweiten und dritten andererseits. Laut Johannes wurde Jesus gebunden zu Hannas gebracht (Joh 18,12–14), und schon im nächsten Vers wird die erste Verleugnung erwähnt (Joh 18,15–18). Demnach kommt es laut Johannes kurz nach Jesu Ankunft zum Verhör bei Hannas zur ersten Verleugnung. Weiter oben habe ich ausgeführt, dass Jesus wahrscheinlich gegen 3 Uhr morgens (plusminus eineinhalb Stunden) zu Hannas geführt wurde. Die erste Verleugnung durch Petrus fand demnach etwa zu dieser Zeit statt.

Was wissen wir über das Krähen von Hähnen in Jerusalem? In der rabbinischen Literatur wird ausdrücklich beschrieben, dass das Züchten von Hähnen in Jerusalem verboten war.[210] Andererseits ist in der Mischna drei Mal von Hahnenschreien die Rede.[211] Es scheint also, als habe die Realität anders ausgesehen, als die Rabbiner es sich gewünscht hätten, und dass es zu Jesu Lebzeiten wenn auch nicht viele, so doch zumindest einige Hähne in Jerusalem gegeben hat.

Flavius Josephus berichtet von einer römischen Heeresabteilung, die sich dauerhaft in der Burg Antonia in Jerusalem niedergelassen habe (*Jüdischer Krieg* 5.243). Die Römer unterteilten die Nacht in vier Wachen zu je drei Stunden, etwa von 18 bis 21 Uhr, von 21 Uhr bis Mitternacht, von Mitternacht bis 3 Uhr morgens und von 3 bis 6 Uhr. Das Signal der Römer zum Ende der dritten Nachtwache um 3 Uhr morgens war ein Trompetensignal mit dem Namen »Hahnenschrei« (lat. *gallicinium*). Jesus erwähnt es im Vers Markus 13,35, wenn er seine Jünger darum bittet, die gleiche Wachsamkeit zu zeigen, wie die Römer bei ihren Nachtwachen: »So wacht nun! Denn ihr wisst nicht, wann der Herr des Hauses kommt, ob des Abends oder um Mitternacht oder um den Hahnenschrei oder frühmorgens.« Man beachte, dass Jesus, wenn er an dieser Stelle vom »Hahnenschrei« spricht, ganz offensichtlich das Trompetensignal der Römer um 3 Uhr morgens meint, das *Gallicinium*.

Obwohl vielfach behauptet wurde, dass Hähne um 0:30, 1:30, 2:30 Uhr nachts etc. krähen,[212] ist es doch so, dass Hähne normalerweise, wie viele andere Vögel auch, kurz vor Beginn der Dämmerung zu krähen beginnen (und dann den ganzen Tag lang). Das »Morgenkonzert der Singvögel«, an dem auch der Hahn teilnimmt, beginnt normalerweise etwa eine Stunde vor Sonnenaufgang mit vereinzelten Rufen und steigert sich dann in einem Crescendo bis zum Sonnenaufgang. Graeme Waddington hat für mich ermittelt, dass der Sonnenaufgang in Jerusalem am 2. April des Jahres 33 n. Chr. um 5:46 Uhr stattfand. Dass um 3 Uhr morgens, also zu der von mir angenommenen Zeit der ersten Verleugnung durch Petrus, ein Hahn gekräht hat, wäre daher ungewöhnlich (wenn auch nicht unmöglich, wenn man ihn aufgeschreckt hätte). Wir haben nun allerdings noch einen weiteren Kandidaten, der für dieses erste Krähen verantwortlich sein könnte: das römische Trompetensignal um 3 Uhr morgens, das *Gallicinium* (Hahnenschrei). Auch wenn zahlreiche Kommentatoren nicht gewillt sind, sich auf den Gedanken einzulassen, dass es sich bei dem Hahnenschrei bei der Leugnung durch Petrus um das *Gallicinium* gehandelt hat,[213] halte ich es für höchst einleuchtend. Die Burg Antonia, die Kaserne der römischen Garnison in Jerusalem, befand sich mit Blick auf den Tempel in dessen Nachbarschaft. Das Haus des Hohenpriesters stand in der Nähe des Tempels (tatsächlich befinden sich dort die beiden wichtigsten traditionellen Orte[214]). Petrus befand sich quasi vor der Tür, im Hof des Hohenpriesters. Ich bin der Meinung, es kann daher kaum ein Zweifel daran bestehen, dass er die Trompeten des *Galliciniums* um 3 Uhr morgens laut und deutlich gehört hat.

Es scheint mir eine zu große Übereinstimmung darin zu liegen, dass sich die erste Verleugnung durch Petrus wahrscheinlich gegen 3 Uhr morgens ereignete, und das römische Trompetensignal zur Wachablösung, der »Hahnenschrei«, ebenfalls zu dieser Zeit stattfand. Zusätzlich haben wir gesehen, dass Markus berichtet, Jesus habe das Trompetensignal der Römer um 3 Uhr morgens ausdrücklich als »Hahnenschrei« bezeichnet (Mk 13,35) – und gleich darauf, im nächsten Kapitel (Mk 14,68), erwähnt er den Hahnenschrei zum Zeitpunkt des ersten Leugnens durch Petrus. Außerdem sollten wir nicht vergessen, dass Jesus gern mit Worten gespielt hat.[215] Es wäre meines Erachtens durchaus schlüssig, wenn Jesus Petrus gegenüber ein solches Element der Überraschung benutzt hätte, indem er mit dem ersten Hahnenschrei das *Gallicinium* und mit dem zweiten den des tatsächlichen Hahns gemeint hätte, worauf auch in den Evangelien hingewiesen wird, wenn Petrus die beiden *unterschiedlichen* Hahnenschreie hört. Wenn wir dies als Annahme akzeptieren, können wir den Zeitpunkt der ersten Verleugnung durch Petrus und den Beginn der Befragung durch Hannas auf 3 Uhr morgens festlegen. Ich behaupte, dass Matthäus und Lukas das *Gallicinium* nicht erwähnt haben, da sie die Schilderung, wie wir sie bei Markus finden, verkürzt dargestellt haben, wie sie es auch in Bezug auf zahlreiche andere Stellen getan haben.[216]

Die ausführlichste Schilderung der zweiten und dritten Verleugnung durch Petrus finden wir bei Lukas. Hinsichtlich des Zeitraums zwischen der ersten und zweiten Verleugnung schreibt er, die zweite habe »kurz danach« (Lk 22,58) stattgefunden, und die dritte »nach Verlauf von etwa einer Stunde« (Lk 22,59) ausgehend von der zweiten. Wenn es um 3 Uhr morgens zur ersten Verleugnung kam, hätte die dritte also gegen 4:30 Uhr stattgefunden, was sich gut mit unseren Ausführungen oben vereinbaren lässt: dass nämlich die Sonne um 5:46 Uhr aufging und der erste Hahnenschrei im Rahmen des morgendlichen Vogelgesangs ungefähr eine Stunde früher zu hören war. Somit haben wir einen stimmigen Bericht und einen stimmigen zeitlichen Ablauf für die drei Verleugnungen durch Petrus und die beiden Hahnenschreie. Lukas schildert, dass Jesus sich unmittelbar nach dem letzten Hahnenschrei umgewandt und Petrus angeschaut habe (Lk 22,61). Dies war, als Jesus von Hannas über den Hof zu Kaiphas geführt wurde.

Die Hauptverhandlung vor dem Hohen Rat

Die synoptischen Evangelien belegen deutlich, dass es sich dabei um eine lange Verhandlung handelte. Matthäus schreibt: »Die Hohenpriester und der ganze Hohe Rat suchten falsches Zeugnis gegen Jesus, um ihn zu Tode zu bringen; und sie fanden keins, obwohl viele falsche Zeugen herzutraten« (Mt 26,59f.; Mk 14,55f. entsprechend). Nachdem wir von diesen falschen Zeugen gehört haben, fährt Matthäus fort: »Zuletzt aber traten zwei falsche Zeugen herbei und sprachen: Dieser sagte: Ich kann den Tempel Gottes abbrechen und in drei Tagen ihn wieder aufbauen« (Mt 26,61; Mk 14,58). Die verwendete Terminologie »viele falsche Zeugen ... zuletzt aber« legt nahe, dass es sich um einen ausführlichen Prozess handelte, in dem ein Zeuge nach dem anderen seine Aussage machte, wobei aber alle einander widersprachen (Mk 14,56).

Dann änderte der Hohepriester seine Strategie, und alle drei synoptischen Evangelien halten fest, dass er Jesus fragte, ob er »der Christus« sei (Mt 26,63; Mk 14,61; Luk 22,67). Jesus antwortete, er sei der Sohn Gottes und sie würden ihn zur Rechten Gottes sitzen sehen (Mt 26,64; Mk 14,62; Lk 22,68–70). Daraufhin verkündete der Hohe Rat, er habe Gott gelästert und den Tod verdient (Mt 26,65f.; Mk 14,63f.; Lk 22,71). Die weitgehende Übereinstimmung der Wortwahl bei Matthäus, Markus und Lukas in den Schilderungen des letzten Teils dieser Verhandlung (Lukas erwähnt die falschen Zeugen zu Beginn nicht) verdeutlichen, dass alle drei Evangelien das gleiche Ereignis beschreiben: die Hauptverhandlung Jesu vor dem Hohen Rat, dem Sanhedrin.

Wir haben gezeigt, dass Jesus, gemäß dem Johannesevangelium und unter Zuhilfenahme der zeitlichen Angaben bei Lukas, zuerst von Hannas befragt wurde und dieses Verhör bis gegen 4:30 Uhr morgens gedauert hat. Danach wurde Jesus gefesselt zu Kaiphas gebracht, was etwa 15 Minuten in Anspruch nahm, und der Sonnenaufgang war um 5:46 Uhr. Demnach blieb gar keine Zeit für eine langwierige *nächtliche* Verhandlung vor Kaiphas und dem Sanhedrin. Wenn meine Überlegungen korrekt sind, hat Jesus den größten Teil der Nacht nach seiner Festnahme bei Hannas verbracht und wurde um den Zeitpunkt der Dämmerung Kaiphas vorgeführt. Also muss der gesamte Prozess vor Kaiphas oder zumindest ein großer Teil davon tagsüber stattgefunden haben.[217]

Wann fand die Verhandlung vor dem Sanhedrin statt?

Nur Lukas berichtet, wann die Hauptverhandlung vor dem Sanhedrin stattgefunden hat. Er schreibt: »Und *als es Tag wurde* [Hervorhebung durch den Verf.] versammelte sich die Ältestenschaft des Volkes, Hohepriester sowie Schriftgelehrte, und führten ihn hin in ihren Hohen Rat« (Lk 22,66). Dies stimmt mit den zeitlichen Angaben bei Johannes überein, die wir oben erschlossen haben und denen zufolge Jesus etwa eine Stunde vor Sonnenaufgang gefesselt von Hannas zu Kaiphas geführt wurde (Joh 18,24). Daher bin ich der Meinung, dass es sich um eine Verhandlung am Tag gehandelt hat, die bei Tagesanbruch begann und wahrscheinlich aufgrund der zahlreichen Zeugenvernehmungen eine längere Verhandlung war.

Wenn Lukas und Johannes darin übereinstimmen, dass die Verhandlung tagsüber stattfand, stellt sich die Frage, warum die meisten Forscher davon ausgehen, dass sie nachts stattfand? Es gibt hierfür zwei Hauptgründe: Wenn das Letzte Abendmahl am Donnerstagabend stattfand und die Kreuzigung am Freitagmorgen gegen 9 Uhr erfolgte, bedeutet dies einen gewissen Zeitdruck, da die zahlreichen Ereignisse, von denen berichtet wird, dass sie zwischen dem Letzten Abendmahl und der Kreuzigung stattgefunden hätten, zwangsweise mit sich bringen, dass die Hauptverhandlung vor dem Sanhedrin am Freitag vor Sonnenaufgang stattgefunden haben muss. Darüber hinaus vertreten die meisten Forscher die Ansicht, die Schilderungen bei Matthäus und Markus ließen aus Gründen, die ich noch ausführen werde, darauf schließen, dass die Verhandlung nachts stattgefunden habe.

Während Johannes seine Darstellung der drei Verleugnungen durch Petrus mit dem in der Nacht stattfindenden Verhör durch Hannas durchwirkt, vermischen Matthäus und Markus ihre Schilderung der Verleugnungen mit der Verhandlung vor dem Sanhedrin. Da die Verleugnungen durch Petrus in der Nacht stattfanden, sind viele Forscher der Meinung, dass die Darstellungen bei Matthäus und Markus darauf hinauslaufen, dass die Verhandlung vor dem Sanhedrin ebenfalls in der Nacht stattfand. Das bringt uns zu folgender Schlüsselfrage bezüglich der Interpretation biblischer Texte:

Die Evangelisten waren keine professionellen modernen Historiker und haben daher die Ereignisse, von denen sie berichteten, nicht notwendigerweise in streng chronologischer Reihenfolge dargestellt (was auch heute nicht bei allen professionellen Historikern der Fall ist). Manchmal war ihnen die zeitlich korrekte Abfolge der Geschehnisse wichtig und manchmal nicht, etwa dann, wenn es nicht von Bedeutung für den darzustellenden Inhalt war. Ein Beispiel dafür sind die Versuchungen Jesu in der Wüste. Bei Matthäus bestand die erste Versuchung darin, dass Jesus Steine in Brot verwandeln sollte, die zweite darin, dass er sich von den Zinnen des Tempels in Jerusalem stürzen und überleben sollte, und die dritte war, dass er den Teufel anbeten sollte, um über die Welt zu herrschen (Mt 4,1–11). Lukas beschreibt die Versuchungen ebenfalls, aber in einer anderen Reihenfolge: Zuerst soll Jesus Steine in Brot verwandeln, dann den Teufel anbeten und sich zuletzt vom Tempel stürzen (Lk 4,1–13). Matthäus und Lukas schildern also diese Ereignisse nicht in der gleichen Reihenfolge, aber die Reihenfolge ist für beide auch nicht von Bedeutung. Ein Beispiel aus unserer Zeit mag hier aufschlussreich sein. An einem Wochenende jätete ich einmal Unkraut und mähte danach den Rasen, in dieser Reihenfolge. Als meine Frau am gleichen Tag ihre Mutter anrief, erzählte sie ihr: »Colin hat heute den Rasen gemäht und Unkraut gejätet.« Es wäre grotesk, meiner Frau vorzuwerfen, sie habe die Ereignisse ungenau wiedergegeben, da die Reihenfolge dessen, was ich getan hatte, weder für sie noch für ihr Publikum (ihre Mutter) von irgendeiner Bedeutung war. In vergleichbarer Weise war die Reihenfolge der Versuchungen Jesu für die Evangelisten offenbar von untergeordneter Bedeutung. Wenn aber die Evangelisten besonderen Wert auf *zeitliche Angaben* legen, sollten wir die Reihenfolge der geschilderten Ereignisse ernst nehmen. Wenn Lukas also ausdrücklich schreibt, die Verhandlung vor dem Sanhedrin habe begonnen, »als es Tag wurde«, sollten wir diese Zeitangabe ernst nehmen.

Sowohl Matthäus als auch Markus schildern die Verleugnungen durch Petrus (Mt 26,69–75; Mk 14,66–72) *nach* ihrer Schilderung des Prozesses vor dem Sanhedrin (Mt 26,57–68; Mk 14,53–65). Für meine Begriffe ist dies vergleichbar mit der voneinander abweichenden Reihenfolge der Ereignisse hinsichtlich der Versuchungen

Jesu bei Matthäus und Lukas. Daher müssen wir uns fragen, wer unter den Evangelisten größeren Wert auf die korrekte Darstellung der Reihenfolge bezüglich der Verleugnungen und der Verhandlung vor dem Hohen Rat gelegt hat. Meiner Meinung nach liegt die Antwort auf der Hand: Es war Lukas. Nur er berichtet explizit, dass die Verhandlung vor dem Sanhedrin begann, »als es Tag wurde«. Und er beschreibt die nächtlichen Verleugnungen durch Petrus folgerichtig so, dass sie sich *vor* der am Tag stattfindenden Verhandlung vor dem Hohen Rat ereigneten. Hier stimmt er vollkommen mit Johannes überein, in dessen Schilderung die Verleugnungen parallel zu dem Verhör durch Hannas stattfinden.

Wir können versuchsweise darüber spekulieren, warum diese zeitliche Abfolge Lukas und Johannes wichtig gewesen sein mag, Matthäus und Markus dagegen nicht. Die meisten Forscher gehen davon aus, dass das Markusevangelium und das Matthäusevangelium früher verfasst wurden als das des Lukas und des Johannes. Darüber hinaus sind die meisten Forscher der Meinung, das Markusevangelium bilde die Grundlage für das Matthäusevangelium, sodass die Übereinstimmungen zwischen den beiden nicht überraschend seien. Als Markus und Matthäus ihre Evangelien niederschrieben, war es vielleicht weder für sie noch für ihr Publikum von besonderer Bedeutung, ob die Verleugnungen durch Petrus vor oder nach der Verhandlung vor dem Sanhedrin stattgefunden haben. In der Folge kann aber die Frage nach der Reihenfolge dieser Ereignisse aufgekommen sein, und vielleicht gab es auch Menschen, die wissen wollten, ob die Verhandlung vor dem Sanhedrin nachts oder tagsüber stattgefunden hat, vor allem, wenn eine Verhandlung in der Nacht den Gesetzen widersprochen hätte. Also beschlossen sowohl Lukas wie auch Johannes, den Sachverhalt klarzustellen. Abgesehen davon mag es von Interesse sein, darauf hinzuweisen, dass bereits im zweiten nachchristlichen Jahrhundert erkannt wurde, dass das Markusevangelium keine streng chronologische Schilderung bietet.[218]

Über die Möglichkeit einer Verhandlung bei Nacht schreibt Geza Vermes: »Obwohl die Verhaftung Jesu plötzlich und unvorbereitet erfolgte, berichten die Evangelisten, dass die gesamte erhabene Körperschaft des Sanhedrin – die nach der Mischna aus 71 Mitgliedern besteht – bereits mitten in der Nacht im Palast des Hohepriesters versammelt war, und das gerade in der Nacht des Passahfestes. Nicht nur die Ratsmitglieder waren anwesend, sondern auch jede Menge Zeugen, die bereit waren, gegen Jesus auszusagen. War dies alles sorgfältig geplant worden, als noch nicht einmal sicher war, ob Jesus wirklich allein festgenommen werden konnte?«[219] Auch wenn es gemäß dem judäischen Kalender nicht die Nacht vor dem Passahfest war, ist Geza Vermes' Argumentation nicht unberechtigt. Erscheint es nicht schlüssiger, dass sich der Hohe Rat mitsamt seinen Zeugen während der Zeit, in der Jesus nachts von Hannas verhört wurde, im Palast des Kaiphas versammelte und sich auf eine Verhandlung am Morgen vorbereitet hat?

Markus beschließt seine Schilderung der ersten Verhandlung vor dem Sanhedrin mit den Worten: »Sie verurteilten ihn aber alle, dass er des Todes schuldig sei« (Mk 14,64). Und gleich darauf: »Und einige fingen an, ihn anzuspeien und sein Angesicht zu verhüllen und ihn mit Fäusten zu schlagen und zu ihm zu sagen: Weissage! Und die Diener schlugen ihn ins Gesicht!« (Mk 14,65). Diese Verse sollen besagen: Die Hauptverhandlung vor dem Sanhedrin endete mit dem Todesurteil. Jesus wurde bespuckt, die Augen wurden ihm verbunden, und er wurde vom Hohen Rat an die Wachen weitergereicht, die ihn schlugen. Diese Vorgehensweise, dass Jesus vom Hohen Rat den Wachen übergeben wurde, stimmt mit dem Vers Matthäus 5,25 überein: »Damit nicht etwa der Gegner dich dem Richter überliefert und der Richter dem Diener und du ins Gefängnis geworfen wirst.« Alfred E. J. Rawlinson bemerkt dazu, dass die letzten Worte des Verses Markus 14,65 vielleicht so übersetzt werden sollten: »Und die Wächter nahmen Ihn unter Schlägen in Gewahrsam«.[220]

Wenn wir die Hinweise aller Evangelien berücksichtigen, lässt dies in meinen Augen nur eine Schlussfolgerung zu: Die Hauptverhandlung vor dem Sanhedrin begann bei Tagesanbruch und dauerte wahrscheinlich einige Stunden lang. Sie folgte auf die nächtlichen Verleugnungen durch Petrus und das nächtliche Verhör durch Hannas. Nach der Verhandlung wurde Jesus den Wachen übergeben.

Die zweite Verhandlung vor dem Sanhedrin

Wir werden uns jetzt die zweite Verhandlung vor dem Sanhedrin anschauen, bei der das Urteil bestätigt werden musste. Matthäus und Markus beginnen ihre Schilderungen dieser Verhandlung mit den folgenden ausdrücklichen Hinweisen auf die Zeit: »Und am frühen Morgen fassten die Hohenpriester mit den Ältesten und Schriftgelehrten und dem ganzen Hohen Rat sogleich einen Beschluss, und sie banden Jesus und führten ihn weg und überlieferten ihn dem Pilatus« (Mk 15,1). Bei Matthäus heißt es entsprechend: »Als es aber Morgen geworden war, hielten alle Hohenpriester ... Rat gegen Jesus, um ihn zu Tode zu bringen. Und ... überlieferten ihn dem Statthalter Pilatus« (Mt 27,1–2). R. T. France schreibt, die mit »Am frühen Morgen« übersetzte Passage in Markus 15,1 bedeute »bei oder sogar vor Anbruch des Tages«.[221]

Die hier zitierten Worte aus dem Markus- bzw. Matthäusevangelium sind von besonderer Bedeutung. Wenn das Verhör durch Hannas in der Nacht stattgefunden hat, vor Sonnenaufgang, und Jesus danach zu Kaiphas gebracht wurde (Joh 18,12–24), wenn darüber hinaus die *erste Verhandlung* vor Kaiphas und dem Sanhedrin sehr ausführlich war und begann, »als es Tag wurde« (Lk 22,66), und wenn schließlich die *zweite kurze Verhandlung* vor Kaiphas und dem Sanhedrin *ebenfalls bei Tagesanbruch* begann (Mt 27,1–2 und Mk 15,1), nach welcher Jesus von Kaiphas zu Pilatus geführt wurde, was sich immer noch »frühmorgens« (Joh 18,28) ereignete, dann müssen *die beiden Verhandlungen vor dem Sanhedrin an zwei aufeinanderfolgenden Tagen stattgefunden haben.* Ich bin der Meinung, dass sich dies bei unvoreingenommener Lektüre aller vier Evangelien ergibt.[222] Interessanterweise steht diese Interpretation in völligem Einklang mit dem Gebot der Mischna, dass der Sanhedrin nur tagsüber zusammenkommen darf und bei der Verhandlung schwerwiegender Straftaten (Kapitalverbrechen) an aufeinanderfolgenden Tagen einberufen werden muss, wobei die zweite und kürzere dazu dient, schwere Strafen wie die Todesstrafe zu verhängen. Zusätzlich schreibt die Mischna vor, dass weder am Vorabend des Sabbat noch am Vorabend eines Feiertages Verhandlungen stattfinden dürfen (Mischna Sanhedrin 4.1[223]). Wenn die zeitliche Abfolge, wie ich sie im vergangenen Kapitel dargestellt habe, richtig ist, fand das Letzte Abendmahl am Mittwochabend statt, die Hauptverhandlung vor dem Sanhedrin am Donnerstagmorgen, dem 13. Nisan des offiziellen jüdischen Kalenders, in dem der 15. Nisan der erste Tag des Festes der ungesäuerten Brote ist. Gemäß dieser Chronologie fand die Verhandlung nicht am 14. Nisan statt, dem Vorabend eines Feiertages, sondern am Tag zuvor, was wiederum mit den Regeln der Mischna übereinstimmt. Übrigens befindet sich unsere neue zeitliche Abfolge, die die Verhaftung und die Verhandlungen zeitlich vorzieht, außerdem im Einklang mit den Äußerungen der religiösen Obrigkeit, die einen Weg suchte, wie sie Jesus »greifen und töten könnten; denn sie sagten: Nicht an dem Fest, damit nicht etwa ein Aufruhr des Volkes entsteht« (Mk 14,1–2).

Ich behaupte, dass eine unvoreingenommene Interpretation der Evangelien die folgende Reihenfolge der Ereignisse ergibt: Letztes Abendmahl am Mittwochabend, wahrscheinlich zwischen Mitternacht und 2 Uhr morgens endend; Gefangennahme Jesu am Donnerstag in den frühen Morgenstunden, gefolgt vom Verhör bei Hannas, das bis zur Dämmerung dauert (Johannes); Verleugnungen durch Petrus, zeitgleich mit dem Verhör bei Hannas (Johannes);

Verhandlung vor Kaiphas und dem Sanhedrin, beginnend am Donnerstag bei Tagesanbruch (Lukas); Verkündung des Todesurteils und Übergabe an die Wachen (Matthäus und Markus); Jesus verbringt den Donnerstagabend und die Nacht im Gefängnis; kurze Zusammenkunft des Sanhedrin zur Bestätigung des Todesurteils am Freitag bei Tagesanbruch (Matthäus und Markus); Jesus wird zu Pilatus gebracht.

Vom Letzten Abendmahl bis zur Verhandlung vor Pilatus

Ereignis	**Tag und Uhrzeit**
Das Letzte Abendmahl	Mittwochabend und -nacht
Gefangennahme Jesu	erste Stunden des Donnerstags
Verhör durch Hannas und Verleugnungen durch Petrus	Donnerstag, etwa 3:00 Uhr bis zur Dämmerung
Verhandlung vor Kaiphas und dem Sanhedrin	Donnerstag, bei Anbruch des Tages
Verkündung des Todesurteils und Übergabe an die Wachen	Donnerstag
Jesus verbringt eine Nacht im Gefängnis	Donnerstagnacht
Zusammenkunft des Sanhedrin, zur Bestätigung des Todesurteils	Freitag, bei Anbruch des Tages
Verhandlung vor Pilatus	Freitag, am frühen Morgen

Die Verhandlung vor Pilatus

Johannes berichtet, die Juden hätten Jesus zu Pilatus gebracht, da sie trotz des Todesurteils durch den Hohen Rat nicht die Befugnisse gehabt hätten, das Urteil zu vollstrecken (Joh 18,31). Dies entspricht einem Passus des Jerusalemer Talmuds, der besagt, vierzig Jahre vor der Zerstörung des Tempels sei den Juden das Recht entzogen worden, die Todesstrafe zu verhängen.[224] Der Tempel wurde im Jahr 70 n. Chr. zerstört, also hatte dieses Gesetz im Jahr 33, dem Jahr der Kreuzigung, bereits Gültigkeit.

Johannes führt aus, Jesus sei in den frühen Morgenstunden in das *Prätorium*, den Amtssitz des Statthalters Pilatus gebracht worden (Joh 18,28). Es ist überliefert, dass die römischen Beamten ihren Dienst gern zur Zeit der Morgendämmerung begannen.[225] Wenn die zweite, kurze Zusammenkunft des Sanhedrin zur Urteilsbestätigung bei Sonnenaufgang am Freitag, dem 3. April des Jahres 33 begann, der um 5:46 Uhr stattfand, wurde Jesus vermutlich um kurz nach 6 Uhr zu Pilatus gebracht. Bei seiner Befragung erfuhr Pilatus, dass Jesus aus Galiläa stammte, und so sandte er ihn zu Herodes Antipas, da dieser der Beamte war, in dessen Zuständigkeitsbereich Galiläa fiel. Dieser jedoch ließ ihn nach einer Befragung seinerseits zurück zu Pilatus bringen (Lk 23,6–12).

Der eigenartige Traum der Frau des Pilatus

Matthäus berichtet, dass Pilatus' Frau ihrem Mann, während er über Jesus zu Gericht saß, die folgende Botschaft gesandt habe: »Habe du nichts zu schaffen mit jenem Gerechten! Denn im Traum habe ich heute um seinetwillen viel gelitten« (Mt 27,19). Wenn die herkömmliche Darstellung der Zeitabläufe korrekt ist, mutet dies merkwürdig an, denn wenn Jesus am Freitag in den frühen Morgenstunden gefangengenommen wurde, stellt sich die Frage: Woher konnte Pilatus' Frau davon wissen, wenn sie am Donnerstagabend schlafen ging und in dieser Nacht ihren Traum hatte? Entsprechend unserer neuen Darstellung der zeitlichen Abläufe allerdings, nach der Jesus in den frühen Morgenstunden am *Donnerstagmorgen* gefangengenommen wurde, und sowohl Verhandlung als auch Todesurteil an diesem Tag stattfanden, hätte Kaiphas Pilatus am Donnerstagnachmittag vorab mitgeteilt, dass Jesus zum Tode verurteilt worden sei, dass der Sanhedrin in den frühen Morgenstunden des nächsten Tages noch einmal zusammenkommen würde, um die Entscheidung zu bestätigen, und dass man ihn ihm vorführen würde, um das Todesurteil zu bestätigen. So hätte Pilatus' Frau am Donnerstag davon erfahren und in der Nacht ihren Traum haben können, den sie Pilatus am Freitagmorgen mitteilen lassen konnte. Nach Auskunft des Altertumswissenschaftlers Bruce Winter wäre es den Juden nicht erlaubt gewesen, am Freitagmorgen »kurz einmal bei Pilatus vorbeizuschauen«. Um Jesus vor Gericht zu stellen, hätten sie vorher einen schriftlichen Antrag stellen müssen.[226] Ein geeigneter Zeitpunkt hierfür wäre am Donnerstag nach der Verhandlung vor dem Sanhedrin gewesen; etwa um diese Zeit wird auch Pilatus' Frau erfahren haben, dass man Jesus Pilatus vorführen würde. Dies ist ein weiteres kleines, aber gewichtiges Beispiel dafür, dass das Letzte Abendmahl am Mittwoch wesentlich besser mit den Darstellungen der Evangelien vereinbar ist, als wenn es am Donnerstag stattgefunden hätte.

Die Kreuzigung

Die Evangelien schildern, dass Pilatus angeboten habe, entweder Jesus oder Barrabas freizulassen. Die Menge forderte Barrabas, woraufhin Jesus gegeißelt und von den Soldaten verspottet wurde, Simon trug das Kreuz, und Jesus wurde gekreuzigt. Bekanntlich finden wir in den Evangelien scheinbar unterschiedliche zeitliche Angaben bezüglich des Zeitpunkts der Kreuzigung. Markus schreibt: »Es war aber die dritte Stunde, und sie kreuzigten ihn« (Mk 15,25). Johannes sagt, als Pilatus Jesus zur Kreuzigung übergab, sei dies »um die sechste Stunde« gewesen (Joh 19,14). Wie wir gesehen haben, entsprach es der bei den Juden üblichen Methode, die Stunden des Tages vom Sonnenaufgang an zu zählen. Die römischen Beamten aber, zu denen Pilatus gehörte, verwendeten den von Julius Cäsar eingeführten Julianischen Kalender und begannen die Zählung der Stunden ihres Tages um Mitternacht, wie wir es heute auch tun.[227] Es war möglicherweise ein römischer Beamter, von dem Johannes die Zeit erfahren hat, zu der Jesus Pilatus übergeben wurde, um gekreuzigt zu werden, und der ihm mitgeteilt hat, dass es um die sechste Stunde (römischer Zeit) gewesen sei, also um 6 Uhr morgens. Dies entspricht der Schilderung bei Markus, der berichtet, Jesus sei zur dritten Stunde (jüdischer Zeit) gekreuzigt worden, also gegen 9 Uhr. Jesus starb »in der neunten Stunde« (Mk 15,34), d.h. gegen 15 Uhr nachmittags, also zu der Zeit, als die Passahlämmer geopfert wurden (Flavius Josephus, *Jüdischer Krieg* 6.432), am Freitag, dem 14. Nisan des offiziellen jüdischen Kalenders. Die folgende Tabelle zeigt die Zeittafel der Ereignisse zwischen dem Letzten Abendmahl und der Kreuzigung:

Vom Letzten Abendmahl bis zur Kreuzigung

Ereignis	**Evangelium**	**Zeit**
Letztes Abendmahl	alle	Mittwochabend und -nacht, endend zwischen Mitternacht und 2 Uhr morgens am Donnerstag
Gang nach Gethsemane	alle	früher Donnerstagmorgen
Gebete in Gethsemane	Synoptiker	früher Donnerstagmorgen
Gefangennahme Jesu	alle	früher Donnerstagmorgen
Verhör durch Hannas	Johannes	Donnerstag, zwischen 3:00 und 4:40 Uhr
Erste Verleugnung durch Petrus und Hahnenschrei	alle	Donnerstag, gegen 3:00 Uhr

Ereignis	Evangelium	Zeit
Dritte Verleugnung durch Petrus und Hahnenschrei	alle	Donnerstag, gegen 4:30 Uhr
Jesus wird zu Kaiphas gebracht	alle	Donnerstag, gegen 5:00 Uhr
Hauptverhandlung vor dem Sanhedrin	Synoptiker	Donnerstag, nach Sonnenaufgang (etwa 5:46 Uhr), wahrscheinlich einige Stunden lang
Sanhedrin übergibt Jesus den Wachen	Markus	Donnerstag, nach der Hauptverhandlung
Zweite kurze Zusammenkunft des Sanhedrin zur Bestätigung	Matthäus, Markus	Freitag, nach Sonnenaufgang (5:46 Uhr)
Verhandlung vor Pilatus	alle	Freitagmorgen
Verhandlung vor Herodes	Lukas	Freitagmorgen
Verhandlung vor Pilatus	alle	Freitagmorgen
Pilatus' Frau berichtet von ihrem Traum	Matthäus	Freitagmorgen
Freilassung des Barrabas	alle	Freitagmorgen
Jesus wird gegeißelt	Matthäus, Markus, Johannes	Freitagmorgen
Soldaten verspotten Jesus	Matthäus, Markus, Johannes	Freitagmorgen
Simon trägt das Kreuz	Synoptiker	Freitagmorgen
Kreuzigung	alle	Freitag, gegen 9:00 Uhr
Jesu Tod	alle	Freitag, gegen 15 Uhr

Zusammenfassung

Die Tabelle fasst die Ereignisse zwischen dem Letzten Abendmahl und der Kreuzigung zusammen, wie sie in den vier Evangelien dargestellt werden. Eine genaue Analyse der Evangelien ergibt, dass das Letzte Abendmahl Mittwochabend und -nacht stattgefunden hat und die Hauptverhandlung vor dem Sanhedrin tagsüber am Donnerstag, der eine weitere kurze Zusammenkunft des Sanhedrin am Freitag bei Tagesanbruch folgte, bei der das Urteil bestätigt wurde. Diese zeitliche Abfolge der Ereignisse stimmt mit den juristischen Regeln der Mischna in Bezug auf Kapitalverbrechen überein. Außerdem ist sie stimmig in Bezug auf die Tatsache, dass Jesus den vorexilischen Kalender verwendete, um sein Letztes Abendmahl als Passahmahl zu begehen. Berechnungen zufolge können wir festhalten, dass das Passahmahl im Jahr der Kreuzigung gemäß dem vorexilischen Kalender auf einen Mittwoch fiel. Eine Datierung des Letzten Abendmahls auf den Mittwoch und der Kreuzigung auf den Freitag lässt genau so viel Zeit, dass alle in den Evangelien erwähnten Ereignisse in der Spanne zwischen dem Letzten Abendmahl und der Kreuzigung stattgefunden haben können.

13

Eine neue Rekonstruktion der letzten Tage Jesu

Da es nun schon viele unternommen haben ... hat es auch mir gut geschienen, der ich allem von Anfang an genau gefolgt bin, es dir, hochedler Theophilus, der Reihe nach zu schreiben, damit du die Zuverlässigkeit der Dinge erkennst, in denen du unterrichtet worden bist.

Lk 1,1–4

Gelehrte, die untersucht haben, was wir anhand der Evangelien über den historischen Jesus erfahren können, kamen in aller Regel zu dem Schluss, dass die Antwort lautet: »Nicht viel«.

Judith Redman[228]

Diese beiden Zitate illustrieren auf markante Weise den Unterschied zwischen den Behauptungen der Evangelien, in diesem Fall des Lukasevangeliums, sie hätten die Geschichte des Lebens Jesus sorgfältig erforscht, und den Behauptungen vieler zeitgenössischer Wissenschaftler, dass wir den Evangelien nicht viel Zuverlässiges über das Leben des historischen Jesus entnehmen können. Geza Vermes repräsentiert, was häufig als die Meinung der Mehrzahl der Forscher über die Evangelien angesehen wird: »Entgegen der traditionellen Darstellungsweise, die die Kirche verbreitet, sind sie weder einfach noch zusammenhängend. Vielmehr sind sie, wie wir sehen werden, voller Diskrepanzen.«[229]

Ich habe in diesem Buch den Versuch unternommen, die letzten Tage Jesu erneut eingehend zu untersuchen. Ich habe die Evangelien kriminologisch durchleuchtet und sie sowohl miteinander wie auch mit außerbiblischen historischen Quellen verglichen. Dabei habe ich die Entdeckung gemacht, dass die bedeutendsten vermeintlichen Widersprüche innerhalb der Evangeliendarstellungen, inklusive die das Letzte Abendmahl betreffenden, gar nicht existieren. Diese Widersprüche sind dadurch entstanden, dass wir die Evangelientexte falsch interpretiert haben. Wenn man sie richtig deutet, stimmen alle vier Evangelien in bemerkenswerter Weise miteinander überein. Darüber hinaus befinden sie sich im Einklang mit den entsprechenden Passagen der Schriftrollen vom Toten Meer und denen der jüdischen und römischen Geschichtsschreiber.

Es war nicht meine Absicht, ein frommes Andachtsbuch zu verfassen, es gab während des Schreibens allerdings auch Momente, in denen ich den Eindruck hatte, in eine ganz wunderbare Geschichte geraten zu sein. Wenn wir diese letzten Tage Jesu besser verstehen, entfaltet sich vor unseren Augen ein noch großartigeres Bild als zuvor.

Liebhaber von Kriminalromanen wissen ebenso gut wie jeder Wissenschaftler, dass die Lösung eines komplexen Falles oft ganz einfach ist, sobald man die Zusammenhänge einmal erfasst hat. So verhält es sich auch bei den Fragestellungen im Umkreis der Schilderungen des Letzten Abendmahls und der Kreuzigung in den Evangelien, die ich im ersten Kapitel skizziert habe. Die in diesem Buch dargestellte Lösung sieht folgendermaßen aus:

1. Laut Johannes fanden das Letzte Abendmahl, die Verhandlungen und die Kreuzigung sämtlich *vor* dem offiziellen jüdischen Passahfest statt. Seiner Schilderung gemäß starb Jesus zu der Zeit, als die ersten Passahlämmer geschächtet wurden, gegen 15 Uhr am Nachmittag des vierzehnten Tages des jüdischen Monats Nisan.
2. Bei Matthäus, Markus und Lukas (den Synoptikern) ist das Letzte Abendmahl ein Passahmahl. Daher wurde Jesus *nach* diesem

Passahmahl gekreuzigt, am 15. Nisan. Also widersprechen sich Johannes und die Synoptiker scheinbar nicht nur hinsichtlich der Frage, ob das Letzte Abendmahl ein Passahmahl war oder nicht, sondern auch in Bezug auf das Datum der Kreuzigung.

3. Die Antwort auf diese Fragen, wie ich sie in diesem Buch dargestellt habe, lautet, dass Matthäus, Markus und Lukas für ihre Schilderungen des Letzten Abendmahls als Passahmahl *einen anderen Kalender* verwendet haben als Johannes. In diesem Buch habe ich bestimmt, um welche Kalender es sich dabei handelte.
4. Johannes verwendete den offiziellen jüdischen Kalender, den Kalender also, den die Priester im Tempel von Jerusalem im ersten Jahrhundert n. Chr. verwendeten. Dieser war ein Mondkalender, in dem der Tag *von Sonnenuntergang bis Sonnenuntergang* dauerte. Gemäß diesem Kalender wurde das Passahlamm am Nachmittag des 14. Nisan geopfert, und das Passahmahl feierte man nach Sonnenuntergang an dem Tag, der dann bereits der 15. Nisan war.
5. Matthäus, Markus und Lukas verwendeten für ihre Darstellungen einen anderen Mondkalender, in dem der Tag *von Sonnenaufgang bis Sonnenaufgang* dauerte. Nach diesem Kalender fanden sowohl die Opferung des Passahlamms wie auch das Passahmahl selbst am 14. Nisan statt. Der 14. Nisan in diesem Kalender war *vor* dem 14. Nisan im offiziellen jüdischen Kalender.
6. In der heutigen Zeit gibt es eine vergleichbare Konstellation: Die griechische und die russische orthodoxe Kirche feiern ihr Osterfest üblicherweise früher als die Katholiken und Protestanten, da die orthodoxen Kirchen den älteren Julianischen Kalender verwenden, um das Datum des Osterfests zu bestimmen, wohingegen Katholiken und Protestanten den neueren Gregorianischen verwenden.
7. Von unterschiedlichen Kalenderwerken ausgehend, stimmen alle vier Evangelien hinsichtlich des Datums und des Charakters des Letzten Abendmahls miteinander überein. Das

Letzte Abendmahl war nach dem Kalender, den die Synoptiker verwendeten, ein echtes Passahmahl. Wenn dieses Mahl allerdings gemäß diesem Kalender *vor* dem im offiziellen Kalender begangen wurde, hat Johannes folglich recht, wenn er schreibt, dass das Letzte Abendmahl *vor* dem offiziellen Passahmahl stattfand. Auf diese Weise stimmen nun alle vier Evangelien in Bezug auf das Datum der Kreuzigung miteinander überein: Sie fand am 14. Nisan im offiziellen jüdischen Kalender statt, und Jesus starb am Nachmittag um 15 Uhr, zur Stunde, da die Passahlämmer geschächtet wurden (laut Johannes und Paulus).

8. Alle Hinweise der Bibel und anderer frühen Schriften stimmen mit der Datierung der Kreuzigung auf den 14. Nisan im offiziellen Kalender überein.
9. Welchen abweichenden Kalender hat Jesus verwendet, um sein Letztes Abendmahl als Passahmahl zu feiern, wie es von den Synoptikern beschrieben wird? Der einzige infrage kommende Kalender, der in jüngerer Zeit vorgeschlagen wurde, ist der Sonnenkalender der Qumrangemeinschaft, die wahrscheinlich der jüdischen Religionsgemeinschaft der Essener angehörte; ein Kalender, der in den Schriftrollen vom Toten Meer überliefert ist. Ich habe dargelegt, dass dies unmöglich der Fall sein kann, da das Passahfest gemäß diesem Kalender *nach* dem Passah des offiziellen Kalenders stattfand.
10. Der *abweichende Kalender,* den ich als denjenigen ermittelt habe, den Jesus verwendet haben muss, um sein Letztes Abendmahl als Passahmahl zu begehen, war der *vorexilische Kalender des alten Israel.* Als die Judäer im sechsten Jahrhundert v. Chr. im Babylonischen Exil lebten, übernahmen sie einen babylonischen Kalender mit babylonischen Monatsbezeichnungen. Dabei handelte es sich um einen Mondkalender, in dem der Tag von Sonnenuntergang bis Sonnenuntergang dauerte; dies war auch der offizielle jüdische Kalender im ersten Jahrhundert n. Chr. Vor

diesem Kalender nach babylonischer Art verwendeten die Juden einen früheren, *vorexilischen* Kalender.

11. Ich habe diesen alten, vorexilischen jüdischen Kalender als einen Kalender bestimmt, dessen Grundlage der Mondkalender der alten Ägypter bildet, allerdings wurde der erste Monat des Jahres in den Frühling verschoben (mit Namen *Abib*, was soviel bedeutet wie »die reifenden Ähren der Gerste«). Der Monat wurde später, als sich die Juden im Exil in Babylon befanden, umbenannt in *Nisan* (die hebräische Entsprechung des ersten Monats der Babylonier: Nisannu).
12. Dieser vorexilische Kalender war ein Mondkalender, dessen Tag von *Sonnenaufgang bis Sonnenaufgang* dauerte, ebenso wie der ägyptische Mondkalender. Er blieb bis zum ersten nachchristlichen Jahrhundert in Gebrauch, und ich habe nachgewiesen, dass er von verschiedenen Gruppierungen verwendet wurde, um das Passahfest zu bestimmen, etwa von den Samaritanern, den Zeloten und zumindest einigen Essenern. Demnach wäre es nichts auffallend Unübliches gewesen, wenn Jesus diesen Kalender gewählt hätte, um sein Letztes Abendmahl als Passahmahl begehen zu können, etwa so, als entschiede sich ein Christ in unserer Zeit, Ostern nach dem Julianischen Kalender zu feiern (was ich tatsächlich einmal getan habe, als ich mich im Urlaub in Griechenland befand), und nicht nach dem Gregorianischen (an dem ich mich orientiere, wenn ich in England bin). Aus den Schriften des jüdischen Historikers Flavius Josephus erfahren wir, dass im ersten Jahrhundert n. Chr. Samaritaner, Essener und Zeloten in Jerusalem gelebt haben.
13. Mit der Hilfe eines Astrophysikers habe ich sowohl den offiziellen jüdischen Kalender wie auch den vorexilischen Kalender des ersten nachchristlichen Jahrhunderts rekonstruiert. Das Passahfest fand im vorexilischen jüdischen Kalender *immer* ein paar Tage vor dem Passah des offiziellen Kalenders statt.

14. Anhand dieser Kalenderrekonstruktionen können wir das Datum der Kreuzigung und des Letzten Abendmahls bestimmen. Die Kreuzigung fand am Freitag, dem 3. April des Jahres 33 statt, das Letzte Abendmahl am Mittwoch, dem 1. April 33.
15. Aus seinen Worten und Taten geht eindeutig hervor, dass Jesus sich selbst als den »neuen Moses« gesehen hat. Indem er sich entschied, sein Letztes Abendmahl gemäß dem vorexilischen Kalender als Passahmahl zu begehen, feierte er dieses Passahmahl *exakt* am Jahrestag des ersten Passahmahls, wie es im Buch Exodus beschrieben wird. Jesus kennzeichnete sich somit symbolisch selbst als den neuen Moses, was in Übereinstimmung mit seinen Worten während des Letzten Abendmahls steht.
16. Ein Letztes Abendmahl am Mittwoch widerspricht der weitverbreiteten Annahme, dass es am Donnerstag stattgefunden habe. In der Bibel wird allerdings *an keiner Stelle* gesagt, es habe am Donnerstag stattgefunden. Eine eingehende Analyse der Evangelien ergibt, dass sie vielmehr auf den Mittwoch hinweisen.
17. Ein Letztes Abendmahl am Mittwoch ist die Antwort auf die offenen Fragen, die ich im ersten Kapitel dieses Buches skizziert habe. Es erklärt, was am »verlorenen Mittwoch« geschah. Es löst die vermeintlichen Widersprüche zwischen Johannes und den Synoptikern hinsichtlich des Datums und der Art des Letzten Abendmahls auf. Es führt dazu, dass ausreichend Zeit für alle Geschehnisse bleibt, die sich den Evangelien zufolge zwischen dem Letzten Abendmahl und der Kreuzigung ereignet haben. Zuletzt bedeutet es, dass die jüdischen Verhandlungen nicht gegen die Gesetze verstießen. Wenn man von einem Letzten Abendmahl am Mittwochabend bzw. Mittwochnacht ausgeht, wurde Jesus am Donnerstag in den frühen Morgenstunden gefangen genommen. Die Hauptverhandlung vor dem jüdischen Sanhedrin, dem Hohen Rat, fand am Donnerstag tagsüber statt. Dann kam dieser am frühen Freitagmorgen noch einmal zu-

> sammen, um das Todesurteil zu bestätigen. Dies befindet sich im Einklang mit den Regeln der Mischna, die besagen, dass der Sanhedrin nur tagsüber einberufen werden darf, und dass man bei Kapitalverbrechen am nächsten Tag noch einmal zusammenkommen muss, um das Urteil zu bekräftigen.

Lassen Sie mich abschließend noch einmal zu der Äußerung Richard Dawkins zurückkommen, die ich in Kapitel 1 zitiert habe: »Der einzige Unterschied zwischen dem *Da Vinci Code (Sakrileg)* von Dan Brown und den Evangelien besteht darin, dass der *Da Vinci Code* eine moderne literarische Erfindung ist, während die Evangelien schon vor sehr langer Zeit erfunden wurden.« Ich habe mich an »das dornigste Problem des Neuen Testaments«, wie der Religionswissenschaftler F. F. Bruce die Frage nach Datierung und Art des Letzten Abendmahls bezeichnet hat, herangewagt. Ich habe gezeigt, dass die Evangelien trotz dieses komplexen Problems im Wesentlichen übereinstimmen, wenn man sie im Zusammenhang mit den Hinweisen der Schriftrollen vom Toten Meer, des alten Ägypten und anderen Quellen versteht. Die ausführlichen Analysen dieses Buches zeigen, dass die Evangelien eine einheitliche und detaillierte, sachgerechte Darstellung der letzten Tage Jesu bieten; Tage, die die Welt verändert haben. Demgegenüber handelt es sich bei Dan Browns *Sakrileg* tatsächlich um reine Fiktion.

Zuletzt möchte ich noch einmal den außerordentlich symbolträchtigen theologischen Wert betonen, den unsere neue Datierung der letzten Tage Jesu offenbart hat. Indem er den vorexilischen Kalender verwendete, feierte Jesus sein Letztes Abendmahl als Passahmahl an exakt dem Jahrestag des allerersten, im Buch Exodus beschriebenen Ur-Passahfests, wodurch er sich selbst als neuen Moses identifiziert, einen neuen Bund begründet und das Volk Gottes aus der Sklaverei führt. Jesus starb etwa um 15 Uhr nachmittags am 14. Nisan des offiziellen jüdischen Kalenders, zu dem Zeitpunkt, da die Passahlämmer geschächtet wurden, wodurch er sich selbst zum Passahopfer macht. Dieses kraftvolle und komplexe Symbol basiert auf objektiven historischen Ereignissen. Die Details der letzten Tage Jesu, die ich in diesem Buch rekonstruiert habe, sind von großer Bedeutung und Aussagekraft und werfen, so behaupte ich, ein neues Licht darauf, wie es durch Gottes Handeln zu einem Höhepunkt innerhalb der Geschichte der Menschheit kam.

Anhang

Anmerkungen

1 Richard Dawkins, *Der Gotteswahn*. Deutsch von Sebastian Vogel. Ullstein [10]2011, S. 136, 391.

2 *The NIV Study Bible*, ›Chart of Passion Week‹. London 1987, S. 1492f.

3 John P. Meier, *A Marginal Jew: Rethinking the Historical Jesus*. Band 1: *The Roots of the Problem and the Person*. New York 1991, S. 395.

4 Es gibt zahlreiche Theorien über die wechselseitige Abhängigkeit der Passionsschilderungen bei Matthäus, Markus und Lukas, vgl. u. a.: Raymond E. Brown, *The Death of Messiah*. 2 Bände, New York 1994, S. 40ff. [Dtsch. Kurzfassung: R. E. Brown, *Der gekreuzigte Messias. Versuche über die vier Leidensgeschichten*. Aus d. Amerik. v. Michael Lauble. Echter Verlag, Würzburg 1998, 82 Seiten]

5 Der Hohe Rat oder *Sanhedrin* war das oberste Gericht der Juden, dem der Hohepriester vorstand. Zur Zeit der Kreuzigung war dies Kaiphas.

6 Geza Vermes, *Die Passion. Die wahre Geschichte der letzten Tage im Leben Jesu*. Darmstadt 2006, S. 132.

7 Tabelle: »Das Leben Christi«, in: *The NIV Study Bible*. London 1998, S. 1452.

8 Josef Blinzler, *Der Prozess Jesu*. Regensburg 1969, S. 101–126. Vgl. auch: E. P. Sanders, *Sohn Gottes. Eine historische Biografie Jesu*. Deutsch von Ulrich Enderwitz. Stuttgart 1996.

9 Das auf seine Unabhängigkeit ausgerichtete England und seine amerikanischen Kolonien brauchten bis 1752, um sich dieser Ordnung ebenfalls anzuschließen, Preußen tat dies im Jahr 1700. Als letztes Land vollzog China im Jahr 1949 den Wechsel.

10 Jack Finegan, *Handbook of Biblical Chronology*. Überarbeitete Neuauflage, Peabody 1998, S. 329ff.

11 A. Burnett; M. Amandry; P. P. Ripollès, *Roman Provincial Coinage*, Bd. 1: *From the Death of Ceasar to the Death of Vitellius (44 BC–AD 69)*.

London 1922. Auf S. 621 heißt es: »Die Münzprägung unter Tiberius lässt sich sehr genau datieren. Zuerst wird das 1. Jahr des Tiberius als Kaiser genannt, dann das Jahr 45 nach Actium (= August – November 14 n. Chr.). Abb. 2 ist eine Fotografie dieser doppelt datierten Münze, die belegt, dass Tiberius seit 14 n. Chr. Kaiser war.

12 John P. Meier, *A Marginal Jew: Rethinking the Historical Jesus.* Band 1: *The Roots of the Problem and the Person.* New York 1991, S. 395.

13 Dem *Anchor Bible Dictionary* zufolge » ~ 18 bis ~ 36« und laut Finegan (vgl. Anm. 10) »18–36«, siehe dort, S. 352.

14 Siehe auch: Finegan, *a. a. O.*, S. 362; Harold W. Hoehner, *Chronological Aspects of the Life of Christ.* Grand Rapids 1977, S. 30. Riesner nennt das Jahr 26 als den Zeitpunkt von Pilatus' Ernennung und datiert seinen Weggang aus Palästina auf die Zeit nach Passah 36, aber vor Passah 37 n. Chr. Rainer Riesner, *Die Frühzeit des Apostels Paulus.* Tübingen 1994, S. 32ff.

15 Im Buch Ester heißt es beispielsweise, dass Königin Ester, die jüdische Frau des berühmten persischen Königs Xerxes, ihrem Adoptivvater Mordechai gesagt habe: »Esset nicht und trinket nicht drei Tage lang, Nacht und Tag; auch ich werde mit meinen Mägden ebenso fasten. Und alsdann will ich zu dem König hineingehen …« (Ester 4,16). Nach dem Fasten, »am dritten Tage« (Ester 5,1), ging Ester zu König Xerxes. Es scheint also, als zähle das Fasten an einem Teil des dritten Tages wie ein ganzer Tag. König Xerxes regierte etwa von 486–465 v. Chr., fast 500 Jahre vor Jesus.

16 Jerusalemer Talmud, Sabbat IX, 3.

17 Im 19. Jahrhundert datierte beispielsweise der anglikanische Bischof Broke Foss Westcott, der gemeinsam mit Fenton Hort einen neuen griechischen Text des Neuen Testaments erstellte, die Kreuzigung auf Donnerstag. Das beinhaltet, dass er das Letzte Abendmahl auf den Mittwoch verlegte, womit er möglicherweise meine Datierung des Letzten Abendmahls vorwegnahm, siehe Kapitel 11.

18 Laut Levitikus ist der 15. Nisan der Tag des Passahmahls; Flavius Josephus bestätigt diese Angabe für das erste Jahrhundert n. Chr.

19 Vgl. hierzu F. F. Bruce, *The Gospel of John.* Grand Rapids 1983, S. 374.

20 Eine interessante Studie zu diesem Thema findet sich in I. Howard Marshall, *Last Supper and Lord's Supper.* Exeter 1980, S. 57–75.

21 Joachim Jeremias, *Die Abendmahlsworte Jesu.* Göttingen [4]1967, S. 35ff.

22 »Es war das Hauptanliegen des Johannes, den theologischen Sinn der Geschichte Jesu auf der Grundlage der über ihn existierenden Überlieferungen herauszuarbeiten.« C. K. Barrett, *Das Evangelium nach Johannes*. Deutsch von Hans Bald. Berlin 1990, S. 153f.
23 Donald A. Carson, *The Gospel According to John*. Grand Rapids 1991, S. 460.
24 Ebenda, S. 589.
25 Craig L. Blomberg, *Die historische Zuverlässigkeit der Evangelien*. Nürnberg 1998. Siehe auch Carson, *a. a. O.*, S. 622.
26 John Meier, *a. a. O.*, S. 399.
27 N. T. Wright, *Jesus and the Victory of God*. Minneapolis 1996, S. 438.
28 Flavius Josephus, *Geschichte des Jüdischen Krieges*, 6.432. Wiesbaden 2005.
29 *Der Fiedler auf dem Dach*. Besser bekannt als *Anatevka*, nach der Erzählung *Tewje, der Milchmann* von Sholem Alejchem (1859–1916). Uraufführung 1964.
30 Annie Jaubert, *La date de la cène*. Paris 1957. Englisch: *The Date of the Last Supper*. New York 1965.
31 Diese findet man zusammengefasst bei: Marshall, *Last Supper*. 1980, S. 55–57 und Harold W. Hoehner, *Chronological Aspects of the Life of Christ*. Grand Rapids 1977, S. 81–99.
32 Vgl. Mark A. Matson, »The Historical Plausibility of John's Passion Dating«, in: *John, Jesus and History. Bd. III: Aspects of Historicity in the Fourth Gospel*. Paul N. Anderson / Felix Just / Tom Thatcher (Hrsg.), Atlanta 2009, S. 307. Siehe auch: *Für und wider die Priorität des Johannesevangeliums. Symposion in Salzburg am 10. März 2000*. Hrsg. v. Paul N. Anderson, Peter Hofrichter u. a., Hildesheim 2002.
33 John Meier, *A Marginal Jew*, S. 427.
34 R. T. France, *The Gospel of Marc*. Grand Rapids 2002, S. 559.

Auswahl der wichtigsten Literatur zum Jüdischen Kalender:

Jack Finegan, *Handbook of Biblical Chronology*. Peabody 1998; Emil Schürer, *Geschichte des jüdischen Volkes im Zeitalter Christi*. 3 Bände. Hildesheim 1964 (Originalausgabe: *Lehrbuch der neutestamentlichen Zeitgeschichte*. Leipzig 1874); Sacha Stern, *Calendar and Community. A History of the Jewish Calendar 2nd Century BCE – 10th Century CE*. Oxford 2001. Ludwig Basnizki, *Der jüdische Kalender; Entstehung und Aufbau*. Frankfurt/M. 1998

35 Jonathan Sacks, *The Chief Rabbi's Haggadah: Hebrew and English Text with New Essays and Commentary*. London 2003, S. 67.

36 Im 5. Kapitel dieses Buches wird davon berichtet, dass im 1. Jahrhundert im Rahmen des Erstlingsfrüchtefests am 16. Nisan die Priester im Tempel die ersten Garben der Gerste schwingen, siehe Lev 23,11.

37 Mark E. Cohen, *The Cultic Calendars of the Ancient Near East*. Bethesda 1993, S. 4.

38 Nikos Kokkinos, »Crucifiction in AD 36«, in: *Chronos, Kairos, Christos: Nativity and Chronological Studies. Presented to Jack Finegan*. Hrsg. von Jerry Vardaman und Edwin Yamauchi. Winona Lake 1989, S. 133ff.

39 Dabei handelt es sich nur um eine Konjunktion hinsichtlich der ekliptikalen Länge, nicht der Breite, da sonst jede Konjunktion gleichbedeutend mit einer Mondfinsternis wäre.

40 J. K. Fotheringham, »The Evidence of Astronomy and Technical Chronology for the Date of the Crucifixion« in: *Journal of Theological Studies* 34/1934, S. 146–62.

41 Joachim Jeremias, *Die Abendmahlsworte Jesu*. Göttingen [4]1967, S. 34f.

42 Colin J. Humphreys & W. G. Waddington, »Dating the Crucifixion«, Nature 306/1983, S. 743–46. Außerdem: dies., »Astronomy and the Date of the Crucifixion«, in: *Chronos, Kairos, Christos*. 1989, S. 165–81.

43 John Meier, *A Marginal Jew*, S. 431.

44 Ebenda, S. 401.

45 Ebenda, S. 401f.

46 E. A. Pearce / C. G. Smith, *The Hutchinson World Weather Guide*. Oxford 2000. Hier finden sich Daten hinsichtlich der Regefälle in Jerusalem (und anderer Orte). Fälschlicherweise wird hier allerdings angegeben, Jerusalem liege auf eine Höhe von 557 Metern bzw. 1485 Fuß. Beides ist falsch, und auch eine Verwechslung der Maßeinheiten kommt nicht infrage. Die meteorologischen Daten beziehen sich auf einen Ort 2 Kilometer nordwestlich des Tempelbergs mit einer Höhe von etwa 757 Metern (2485 Fuß). Wahrscheinlich wurden aus 757 Metern versehentlich 557 Meter.

47 John Wilkinson, *Jerusalem as Jesus Knew It*. London 1978. Bildlegende zu Abbildung 18 des Buches.

48 Der jüdische Kalender wies starke Ähnlichkeiten mit dem babylonischen Mondkalender auf, in dem der erste Tag des Monats ebenfalls aufgrund der Beobachtung des Neumonds definiert wurde. »Es

ist sehr wahrscheinlich, dass der Mondkalender der Juden unter direktem Einfluss des babylonischen Kalenders übernommen wurde.« Sacha Stern, *Calendar and Community*. Oxford 2001.

Die Babylonier waren versierte Astronomen, die bereits lange vor Christi Geburt detaillierte astronomische Berechnungen anstellten. Bei Stern heißt es: »Berechnungen von Sonnenwenden und Tagundnachtgleichen wurden seit mindestens 322 v. Chr. angestellt.« Die Bedeutung dieser Berechnungen und ihr Verhältnis zu etwaigen falschen Beobachtungen und folglich zu dem Problem des bewölkten Himmels stellt Stern so dar: »Der babylonische Kalender basierte nicht nur auf Beobachtungen, sondern auch auf detaillierten Berechnungen, die vermutlich zu einem großen Teil den Fall fehlerhafter Augenzeugenberichte ausschlossen. Dasselbe geschah beim rabbinischen [jüdischen] Kalender, wenn ausführliche Befragungen der Augenzeugen durchgeführt wurden, um etwaige falsche Beobachtungen zu ermitteln.« Stern, *a. a. O.*, S. 111. Ben Zion Wacholder und David B. Weisberg (»Visibility of the New Moon in Cuneiform and Rabbinic Sources«, Hebrew Union College Annual 42/1971, S. 227–42) weisen ebenfalls auf die Ähnlichkeiten zwischen den babylonischen und den rabbinischen Methoden hinsichtlich der Vorhersagen des Erscheinens des Neumonds hin.

Viele Zivilisationen des Altertums stützten sich bei ihrer monatlichen Zeitmessung auf den Mond. Die alten Völker verfügten über die Fähigkeit, den Tag des Monats aufgrund der Form des Mondes bis auf einen Tag genau zu bestimmen. Sachkundige Amateur-Astronomen können dies auch heute noch; am besten ist dies zur Zeit des Halbmonds möglich, wenn der Mond wie ein »D« am Himmel erscheint: Die exakte Form des Halbmonds ermöglicht es, den Tag des Monats zuverlässig zu bestimmen. In Bezug auf die Vorhersage des jeweils nächsten Vollmonds berichtete Waddington, dass die Juden des ersten nachchristlichen Jahrhunderts gewusst haben, dass ein Mond-Monat entweder 29 oder 30 Tage lang ist. Aufgrund der Beobachtung der einzelnen Phasen des Mondes waren sie in der Lage, das Erscheinen des kommenden Neumonds genau vorherzusagen. Die Babylonier praktizierten dies bereits mehrere Jahrhunderte vorher.

49 Der Umstand, dass der Monat entweder 29 oder 30 Tage lang sein musste, ist auch die Begründung dafür, dass die Tabelle »Die Auswir-

kung einer Verschiebung des Monatsbeginns durch bedeckten Himmel ...« im Unterschied zur vorangegangenen Tabelle »Der 14. Nisan des Jüdischen Kalenders ...« keinerlei weiterer Anmerkungen bedarf.

50 Meier, *A Marginal Jew*, S. 402.

51 J. K. Fotheringham, »The Evidence of Astronomy and Technical Chronology for the Date of the Crucifixion«, *Journal of Theological Studies* 34/1934, S. 146–62.

52 Robin Lane Fox, *The Unauthorised Version: Truth and Fiction in the Bible*. London 1991, S. 34. Nikos Kokkinos, »Crucifixion in AD 36« in: *Chronos, Kairos, Christos: Nativity and Chronological Studies. Presented to Jack Finegan*. Jerry Vardaman / Edwin Yamauchi (Hrsg.), Winona Lake 1989, S. 133–63.

53 I. Howard Marshall, *The Gospel of Luke: A Commentary on the Greek Text*. Exeter 1978, S. 43.

54 John P. Meier, *A Marginal Jew: Rethinking the Historical Jesus*. Band 1: *The Roots of the Problem and the Person*. New York 1991, S. 384.

55 Rainer Riesner, *Die Frühzeit des Apostels Paulus*. Tübingen 1994, S. 31ff.

56 Meier, *A Marginal Jew*, S. 384.

57 Jack Finegan, *Handbook of Biblical Chronology*. Peabody 1998, S. 340f.

58 Siehe etwa: Ormond Edwards, *Chronologie des Lebens Jesu und das Zeitgeheimnis der drei Jahre. Neue Gesichtspunkte zur Datierung seiner Geburt*. Stuttgart 1978, und Robert Jewett, *Dating Paul's Life*. London 1979, S. 99f.

59 Rainer Riesner, *Die Frühzeit des Apostels Paulus*. Tübingen 1994, S. 63.

60 Robert Jewett, *Dating Paul's Life*. London 1979, S. 160.

61 Rainer Riesner, *Frühzeit des Apostels Paulus*; siehe dort Kapitel »Das Jahr der Berufung«, S. 56–65.

62 In diesem und im nächsten Kapitel werden weitere Argumente folgen, die das Jahr 34 ausschließen. Das Jahr 33 dagegen stimmt mit sämtlichen verfügbaren Zeugnissen überein, wohingegen das Jahr 34 beinahe allem widerspricht, was wir an Quellen zur Verfügung haben.

63 Joachim Jeremias, *Die Abendmahlsworte Jesu*. Göttingen [4]1967, S. 35.

64 Zur Zählung der Tage in der Bibel, besonders die Tage zwischen Kreuzigung und Auferstehung betreffend, siehe Kapitel 2.

65 J. P. Segal, *The Hebrew Passover: From the Earliest Times to AD 70*. London 1963, S. 248ff. Segal führt hier aus, dass die Sadduzäer den Sabbat nach Levitikus 23,11 als den normalen Sabbat interpretiert hätten

(Freitagabend bis Samstagabend), der in der Passahwoche stattgefunden hätte. Da die Gerstengarben »am Tag nach Passah« geschwungen werden mussten, interpretierten die Sadduzäer dies als den jüdischen Tag von Samstagabend bis Sonntagabend in der Passahwoche. Die Pharisäer dagegen interpretierten den Sabbat der Passahwoche als fixiert auf den 15. Nisan, da es bei Levitikus 23,6–7 heißt: »Am fünfzehnten Tag dieses Monats ist das Fest der ungesäuerten Brote dem Herrn ... Am ersten Tag soll für euch eine heilige Versammlung sein, keinerlei Dienstarbeit dürft ihr tun.« Also wurde, wie wir in Kapitel 3 gesehen haben, der 15. Nisan als der Sabbat des Passahfests bekannt, und die Pharisäer legten fest, dass am Tag darauf, dem 16. Nisan, die Gerstengarben geschwungen werden sollten.

66 Hier und im Folgenden zitiert nach der Ausgabe: Flavius Josephus, *Jüdische Altertümer.* Übersetzt und mit einer Einleitung versehen von Dr. Heinrich Clementz. Mit der Paragraphenzählung nach Flavii Josephi Opera recognovit Benedictus Niese (Editio minor), Berlin 1888–1895. Wiesbaden [3]2011.

67 Jack Finegan, *Handbook of Biblical Chronology.* 1998, S. 368.

68 Harold W. Hoehner, *Chronological Aspects of the Life of Christ.* 1977, S. 45–63.

69 Welches Datum für die Kreuzigung wird in der aktuellen Forschung allgemein favorisiert? Die Recherchen Blinzlers (siehe Kapitel 2) haben gezeigt, dass sich etwa 50% der Forscher für das Jahr 30 und ca. 25% für das Jahr 33 aussprechen. Warum entscheidet sich die Mehrheit der Wissenschaftler für das Jahr 30 und gegen das Jahr 33? Einige von ihnen, unter anderem Riesner, argumentieren, dass das fünfzehnte Jahr der Herrschaft des Tiberius vom Zeitpunkt seiner gemeinsamen Regierung mit Augustus im Jahr 12 n. Chr. an gezählt werden müsse, was hieße, dass Johannes der Täufer sein Amt als Prediger im Zeitraum 26–27 aufgenommen hätte. Das würde wiederum die Datierung der Kreuzigung in das Jahr 30 zur Folge haben. (siehe R. Riesner, *Die Frühzeit des Apostels Paulus.* 1994) Wie ich aber gezeigt habe, gibt es keine schlüssige Grundlage für diese Zählweise, wohingegen deutliche Hinweise dafür vorliegen, das fünfzehnte Jahr der Herschafft des Tiberius vom Beginn seiner Proklamation zum Kaiser am 17. September des Jahres 14 an zu zählen. Andere Forscher, wie etwa John Meier, teilen diese Meinung. Doch dann fährt er fort:

»Wir haben gesehen, dass das fünfzehnte Jahr des Tiberius zumindest teilweise in die Jahre 27, 28 und 29 n. Chr. gefallen sein kann.« (Meier, *A Marginal Jew: Rethinking the Historical Jesus.* 1991, S. 385f.) Sodann stellt er die These auf, Jesus habe sein öffentliches Wirken sehr früh im Jahr 28 begonnen, demzufolge das erste Passah-Fest im Frühling dieses Jahres und die Kreuzigung im Frühling des Jahres 30 stattgefunden hätten. Das Problematische dieser Untersuchung liegt darin, dass Tiberius' Amtszeit, wenn sie am 17. September des Jahres 14 begonnen hat, nicht »teilweise« in das Jahr 27 gefallen sein kann, wenn man einen der sachlich infrage kommenden Kalender zu Rate zieht, sei es der römische, der jüdisch-religiöse oder der jüdisch-zivile (siehe Tabelle: Das fünfzehnte Jahr der Regierung des Tiberius auf S. 94). Dementsprechend kann das erste Passah-Fest in der Wirkenszeit Jesu nicht früher als in den Frühling des Jahres 28 gefallen sein. Ich vertrete daher die Ansicht, dass die Gründe derer, die die Kreuzigung auf das Jahr 30 datieren, als nicht stichhaltig bezeichnet werden müssen, was zur Folge hat, dass nur der 3. April des Jahres 33 als einzig mögliches Datum übrig bleibt.

70 Harold W. Hoehner, *Chronological Aspects of the Life of Christ.* 1977, S. 23.

71 Ebenda, S. 25.

72 Paul L. Maier, »The date of the Nativity and the Chronology of Jesus' Life«, in: *Chronos, Kairos, Christos: Nativity and Chronological Studies. Presented to Jack Finegan.* 1989, S. 122.

73 Colin J. Humphreys, »The Star of Bethlehem – a Comet in 5 BC – and the Date of the Birth of Christ«, in: *Quarterley Journal of the Royal Astronomical Society* 32/1991, S. 389–407. Siehe auch Humphreys, »The Star of Bethlehem, a Comet in 5 BC and the Date of Christ's Birth«, in: *Tyndale Bulletin*, 43.1/1992, S. 31–56.

74 Jack Finegan, *Handbook of Biblical Chronology*, S. 347.

75 F. F. Bruce, *The Gospel of John.* Grand Rapids 1983, S. 76.

76 Finegan, S. 348.

77 Ormond Edwards, *The Time of Christ. A Chronology of the Incarnation.* Edinburgh 1986, S. 127f.

78 R. T. France, *The Gospel of Marc.* Grand Rapids 2002, S. 437f.

79 Ebenda, S. 438.

80 Es gibt noch ein weiteres mögliches Beweisstück, das ich in diesem Kapitel nicht besprochen habe. Einige Forscher (etwa Kokkinos, »Cru-

cifiction in AD 36«, 1989) gehen davon aus, Johannes der Täufer sei im Jahr 35 gestorben, und da er den Evangelien zufolge vor Jesus starb (z. B. Mk 6,14–29), datieren sie die Kreuzigung auf das Jahr 36. Sowohl bei Markus als auch bei Flavius Josephus (*Jüdische Altertümer* 18.119) heißt es, Herodes Antipas habe Johannes ermordet. Einige Zeit später wurde Herodes Antipas in der Schlacht durch Aretas besiegt (36 n. Chr.), und Josephus berichtet, einige Juden hätten dies als die Rache Gottes für die Enthauptung des Johannes betrachtet (*Jüdische Altertümer* 18.116–19). Kokkinos und andere argumentieren, die Rache Gottes sei schnell erfolgt, sodass Herodes Antipas, wenn er 36 besiegt wurde, Johannes kurze Zeit vorher umgebracht haben muss, im Jahr 35. Hoehner (*Chronological Aspects of the Life of Christ.* 1977, S. 101) weist allerdings darauf hin, dass Flavius Josephus nicht von einem so kurzen zeitlichen Abstand ausgeht und deutlich betont, dass letztlich eine Reihe *anderer* Begebenheiten zum Krieg geführt habe (Herodes Antipas trennte sich von seiner ersten Frau – wobei erwähnt werden sollte, dass dies die Tochter des Aretas war –, Grenzkonflikte etc.) Bei Hoehner heißt es: »Diese Theorie [der Enthauptung des Johannes im Jahr 35] brächte Verwirrung in die zeitliche Abfolge innerhalb der Evangelien, wohingegen sich die Darstellungen bei Josephus sehr einfach in die Evangelien eingliedern lassen, solange man ihrem zeitlichen Rahmen folgt.« Darüber hinaus zeigt unsere Rekonstruktion des jüdischen Kalenders, dass weder 35 noch 36 n. Chr. als Jahre der Kreuzigung infrage kommen.

81 C. K. Barrett, *The Acts of the Apostels: A Shorter Commentary.* London & New York 2002, S. 24f.

82 Meine Interpretation, Petrus habe die jüngsten Ereignisse als die Erfüllung der gesamten Prophezeiung gesehen, schließt nicht die Möglichkeit aus, dass er sie auch als eine Art Vorgeschmack hinsichtlich einer größeren Erfüllung in der Zukunft gesehen haben mag, nach der Wiederkehr Christi.

83 F. F. Bruce, *The Book of the Acts.* Grand Rapids 1988, S. 61.

84 Ebenda, S. 61f.

85 Levitikus 23,15 und 16 beschreiben, wie der Tag des Pfingstfests berechnet werden solle: »Und ihr sollt für euch zählen von dem Tag nach dem Sabbat [des Passah-Fests, 15. Nisan], von dem Tag, an dem ihr die Garbe [vom Weizen] fürs Schwingopfer [am 16. Nisan] gebracht habt:

Es sollen sieben volle Wochen sein. Bis zum andern Tag nach dem siebten Sabbat sollt ihr fünfzig Tage zählen. Dann sollt ihr dem Herrn ein neues Speiseopfer [Weizen] darbringen.«

Der Pfingsttag war der Tag des Erstlingsfests der Weizenernte, an dem zwei gesäuerte Brotlaibe aus jungem Weizen und Hefe im Tempel von den Priestern geschwungen wurden. Von den Erträgen der Weizenernte durfte nicht gegessen werden, ehe dies geschehen war. Genauso wie das Opfern der ersten Garben der Gerste am 16. Nisan den Beginn der Saison der Gerstenernte bezeichnete, stand das Opfern der Brotlaibe aus jungem Weizen für den Beginn der Weizenernte. Das hierfür gefundene Zeitmaß – sieben Wochen mit je sieben Tagen – ist eine »perfekte« Zeitspanne, davon ausgehend, dass die Sieben eine außergewöhnliche Zahl ist. Dieses Fest wurde auch als »Wochenfest« (Ex 34,22; Dtn 16,10) bezeichnet, da es exakt sieben Wochen nach dem Schwingen der Gerste stattfand.

Es stellt sich also heraus, dass an den beiden einzigen infrage kommenden Daten der Kreuzigung, 7. April 30 und 3. April 33, der 16. Nisan auf einen Sonntag fällt. Fünfzig Tage (jüdische Zählweise), gezählt von Sonntag, dem 16. Nisan, führen wieder zu einem Sonntag. Die kirchliche Tradition, die Ausgießung des Heiligen Geistes an einem Sonntag, dem Pfingstsonntag zu feiern, ist demnach berechtigt.

86 William Neil, *The Acts of the Apostels.* London 1973, S. 75.

87 Bruce, *The Book of Acts,* S. 62.

88 Colin Humphreys, *Und der Dornbusch brannte doch.* Gütersloh 2007, S. 159.

89 Friedrich Blass, »Die Sibyllinen«, in: Emil Kautzsch (Hrsg.): *Die Apokryphen und Pseudepigraphen des Alten Testaments.* Mohr (Siebeck), Tübingen 1900, Bd. 2, S. 200. Die ursprünglichen Sibyllinischen Orakel wurden von prophetischen Priesterinnen (den Sibyllen) verfasst und lassen sich bis ins 6. Jahrhundert v. Chr. datieren. Die meisten oder sogar alle dieser Schriften sind allerdings verbrannt, und die Sibyllinischen Orakel, wie wir sie kennen, sind wahrscheinlich eine Sammlung von Schriften jüdischer und christlicher Verfasser, die die heidnischen Sibyllen imitieren. Charlesworth datiert den Abschnitt der Orakel, aus dem ich zitiere, auf 163–145 v. Chr.; es ist aber bekannt, dass die Orakel christliche Ergänzungen enthalten. Wenn die zitierte Passage vorchristlichen Ursprungs ist, deutet sie darauf hin,

dass Sandstürme das Sonnenlicht vollkommen verschwinden lassen können.

90 Robert Hanbury Brown, *The Land of Goshen and the Exodus.* London 1919, S. 60.

91 M. R. James, *The Apokryphal New Testament.* Oxford 1924, S. 154. Dort zitiert nach: »Acta Petri et Pauli«, siehe Acta Apostolorum apocrypha I. Hrsg. v. R. A. Lipsius. Hildesheim 1959.

92 Tertullian, *Apologetikum* 21.

93 P. E. Pursey, *Cyrilli Archiepiscopi Alexandrini In XII Prophetas,* Bd. 1 (1886), S. 341f., zitiert nach: G. R. Driver, »Two Problems in the New Testament«, Journal of Theological Studies 16 (1965), S. 334f.

94 Wir sprechen von einer Mondfinsternis, wenn die Erde zur Zeit des Vollmonds zwischen Mond und Sonne steht. Der Mond befindet sich somit im Schatten der Erde, sodass man eigentlich erwarten könnte, dass der Mond schwarz aussieht oder am nächtlichen Himmel unsichtbar ist. Dennoch gelangt ein Teil des Sonnenlichts zum Mond, da es den Sonnenstrahlen gelingt, sich durch die Erdatmosphäre einen Weg um die Erde herum zu bahnen, was man als *Lichtbrechung* bezeichnet. Wenn die Lichtstrahlen der Sonne die Erdatmosphäre passieren, werden sie durch die Luftmoleküle, auf die sie treffen, zerstreut. Dies trifft vorzugsweise auf die kürzeren (blauen) Wellenlängen des Lichts zu, was dazu führt, dass der Himmel blau aussieht.
Bei Sonnenuntergang befindet sich die Sonne gerade eben über dem Horizont, und das Sonnenlicht, das uns erreicht, muss sich durch einen dichteren Abschnitt der Erdatmosphäre hindurcharbeiten, als es der Fall ist, wenn die Sonne hoch am Himmel steht. Demzufolge wird noch mehr Licht »gebrochen« – neben Blau auch Grün, Gelb und Orange –, sodass nur noch Rot übrigbleibt. Deshalb sehen wir die untergehende (und auch die aufgehende) Sonne in roter Farbe. Bei einer Mondfinsternis ist das Sonnenlicht, das den Mond erreicht, deshalb rot, weil das Sonnenlicht eine verhältnismäßig lange Strecke durch die Erdatmosphäre zurücklegen musste. Dann reflektiert der Mond das rote Licht zurück zur Erde, sodass er uns während der Mondfinsternis blutrot erscheint. Die tatsächliche Farbe des Mondes während einer Mondfinsternis variiert abhängig von den jeweiligen Bedingungen der Erdatmosphäre. Manchmal ist der Mond fast schwarz, manchmal ist er aber auch in tiefes Rot gehüllt: die Farbe des Blutes.

95 F. F. Bruce, *The Book of the Acts*, S. 62.

96 Lassen Sie mich an dieser Stelle auf einige der Probleme eingehen, die bei der Berechnung von Verfinsterungen im Altertum entstehen. Wir müssen die Gleichungen zur Berechnung der Bewegung des Mondes um die Erde und der Erde um die Sonne zeitlich »zurückspulen«. Dabei müssen wir allerdings auch die Geschwindigkeit berücksichtigen, mit der die Erde sich um die eigene Achse dreht (Erdrotation), da dies von Bedeutung für die Berechnungen ist, von welchen Standorten auf der Erde man die jeweiligen Verfinsterungen sehen kann. In der Vergangenheit ging man davon aus, dass die Geschwindigkeit der Erdrotation eine Konstante sei, inzwischen wissen wir aber, dass dies nicht der Fall ist. Einer der Gründe hierfür ist die sogenannte *Gezeitenreibung*. So wie sich das Wasser der Gezeiten auf dem Meeresboden bewegt und an den Ufern auf- und absteigt, geht durch Reibung Energie verloren, dadurch verlangsamt sich die Erdrotation und auch unsere Tage verlängern sich. Infolgedessen wird unsere Erde eines Tages in ferner Zukunft vollkommen aufhören, sich zu drehen. Man könnte also sagen, der Sand der Meeresstrände kontrolliert den Sand in den Sanduhren. Heutige Wissenschaftler sind in der Lage, die Veränderungen der Erdrotation durch die Gezeitenreibung in ihre Kalkulationen einzubeziehen und berücksichtigen sie bei der Berechnung historischer Verfinsterungen.

Es gibt allerdings noch einen anderen Effekt, den die Wissenschaft bis heute nicht vollständig berechnen kann. Durch das Schmelzen der polaren Eiskappen wird die Erdrotation ebenfalls beeinflusst. Wenn wir zurückschauen, finden wir mehrere Eiszeiten und Mini-Eiszeiten, können aber nichts Detailliertes darüber sagen, in welchen Ausmaßen sich die Eiskappen in der Vergangenheit verändert haben. Nichtsdestotrotz gibt es verschiedene geschichtliche Aufzeichnungen, die Aufschluss über Zeit, Datum und Beobachtungsort einzelner Verfinsterungen geben, beispielsweise aus Babylonien und China. Wenn sämtliche Quellen, die die gleiche historische Verfinsterung beschreiben, miteinander übereinstimmen, können wir davon ausgehen, dass wir ihnen Vertrauen schenken können. Solche Verfinsterungen können wir als »Markierungs-Finsternisse« bezeichnen, und indem wir eine Reihe solcher Finsternisse heranziehen, können wir aufgrund von Berechnungen herausfinden, wie sich die Geschwindigkeit der

Erdrotation im Laufe der Zeit verändert hat. Wenn wir auf diese Weise nachgewiesen haben, wie sich die Erdrotation historisch entwickelt hat, können wir diese Information in die rechnerische Ermittlung weiterer Finsternisse einfließen lassen. Mithilfe dieses Ansatzes können wir die Zeitspanne von 700 v. Chr. bis in die Gegenwart abdecken; die Berechnung von Verfinsterungen in der Zeit vor 700 v. Chr. ist mit größeren Schwierigkeiten verbunden.

97 Siehe hierzu: F. Richard Stephenson and David H. Clark, *Applications of Early Astronomical Records.* London, 1978, S. 36–59; F. Richard Stephenson, *Historical Eclipses and Earth's Rotation.* Cambridge 1997.

98 Colin J. Humphreys and W. G. Waddington, »Dating the Crucifixion«, Nature 306/1983, S. 743–746 und: C. J. Humphreys and W. G. Waddington, »Astronomy and the Date of the Crucifixion« in: *Chronos, Kairos, Christos* 1989, S. 165–181.

99 Aus der Gründonnerstags-Predigt Benedikts XVI. unter dem Titel »Vom Kreuz Christi her kommt die Gabe« «. Das Zitat stammt von der Website der internationalen Nachrichtenagentur Zenit mit Sitz in Vatikanstadt: http://www.zenit.org./article-12351?l=german. Den Text der gesamten Predigt findet man unter: http://www.vatican.va/holy_father/benedict_xvi/homilies/2007/documents/hf_ben-xvi_hom_20070405_coena-domini_ge.html . Siehe ferner den Artikel Benedikts XVI. in: ZEIT ONLINE vom 3. März 2011: www.zeit.de/2011/10/Papstbuch-Abendmahl

100 Beinah alle Wissenschaftler gehen davon aus, dass sich die Gemeinde von Qumran einer jüdischen Gruppierung angehörig fühlte, die man als Essener bezeichnet. Siehe hierzu: James C. VanderKam and Peter Flint, *The Meaning of the Dead Sea Scrolls: Their Significance for Understanding the Bible, Judaism, Jesus and Christianity.* London 2002, S. 239–54.

101 Shemaryahu Talmon, »Calendar Controversy in Ancient Judaism: The Case of the Community of the Renewed Covenant«, in: *The Provo International Conference on the Dead Sea Scrolls: Technological Innovations, New Texts, and Reformulated Issues.* Donald W. Parry / Eugene Ulrich (Hrsg.), Leiden 1999, S.379–85, bes. S. 380f.

102 Die Damaskusschrift verkündet, dass jeder, der den Wunsch hege, zu der »Torah des Mose« zurückzukehren das »Buch der Einteilung der Zeiten« anerkennen müsse (Damaskusschrift 16, 1–5), aller Wahr-

scheinlichkeit nach ein Zitat des Jubiläenbuches. Weiter heißt es in der Damaskusschrift, das Volk Israel sei »in die Irre gegangen«, da es vom ursprünglichen Kalender Mose abgerückt sei (Damaskusschrift 3, 13–15). Große Teile der Damaskusschrift wurden zuerst in Ägypten gefunden, in der Genisa der Esra-Synagoge, einem Raum zur Aufbewahrung alter Texte, der an eine Synagoge angrenzt. Später entdeckte man in mehreren Höhlen Qumrans weitere dazugehörende Fragmente, deren Entstehungszeit auf die Zeit zwischen dem ersten vorchristlichen Jahrhundert bis etwa 100 n. Chr. datiert wird.

103 Siehe hierzu: Yigael Yadin, *Die Tempelrolle. Die verborgene Thora vom Toten Meer.* Aus dem Englischen von Eva Eggebrecht. München 1985.

104 Das Jubiläenbuch, verfasst in hebräischer Sprache, erhebt den Anspruch, seine Inhalte seien Moses direkt von einem Engel offenbart worden. Es war weit verbreitet, es wurden Übersetzungen ins Griechische, Äthiopische, Lateinische und Syrische gefunden. Eines der wichtigsten Themen darin ist, dass der offizielle jüdische Kalender, der von den Priestern im Tempel benutzt wurde, nicht der ursprünglich von Moses eingesetzte Kalender gewesen sei, und dass die Priester sich somit des schwerwiegenden Fehlers schuldig machten, die Festtage zu den falschen Zeiten zu begehen. Das Jubiläenbuch verurteilt diejenigen, die den offiziellen jüdischen Mondkalender verwenden: »Denn es wird Leute geben, die den Mond genau beobachten. Denn er verdirbt die Zeiten und geht von Jahr zu Jahr zehn Tage vor. Deswegen werden für sie Jahre kommen, wo sie verderben werden den Tag des Zeugnisses und ihn zum verachteten machen werden und einen unreinen Tag zum Fest. Und alle werden vermengen sowohl heilige Tage mit unreinen wie den unreinen Tag statt des heiligen. Denn sie werden irren in Bezug auf Monate und Sabbate und Feste und Jubiläen«. Jub 6, 36–37, zitiert nach Klaus Berger: »Das Buch der Jubiläen«, In: Werner Georg Kümmel; Hermann Lichtenberger (Hg.): *Jüdische Schriften aus hellenistisch-römischer Zeit.* Bd. 2: Unterweisung in erzählender Form. Gütersloh 1973–1999, S. 362. Einige andere jüdische Schriften, unter anderem äth Henoch und die Damaskusschrift, lehnen den offiziellen jüdischen Kalender ebenfalls ab. Die meisten Forscher gehen davon aus, dass die Dokumente, die man in den Höhlen Qumrans fand, von der Qumran-Gemeinde etwa in der Zeit zwischen 100 v. Chr. und 68 n. Chr. verwendet wurden.

105 VanderKam and Flint, *The Meaning of the Dead Sea Scrolls*, S. 198–9. Das Jubiläenbuch soll auf das »Buch der Träume« im äthiopischen Henochbuch als Quelle zurückgehen, siehe etwa: O. S. Wintermute, »Jubilees: A New Translation and Introduction«, in: *The Old Testament Pseudepigrapha*, James H. Charlesworth (Hrsg.), 2 Bde., New York 1985, Bd. II, S. 49–50.

106 Siehe: VanderKam and Flint, *The Meaning of the Dead Sea Scrolls*, S. 199. Das Henochbuch und das Jubiläenbuch werden allerdings weder von der katholischen noch von der protestantischen Kirche als Teil des biblischen Kanons anerkannt.

107 Wintermute, »Jubilees«, S. 43f.

108 Wayne Horowitz, »The 360 and 364 Day Year in Ancient Mesopotamia«, in: Journal of the Ancient Near Eastern Society of Columbia University 24 (1996), S. 34–42.

109 Es ist nicht bekannt, ob die Qumran-Gemeinde oder die Verfasser des Henochbuchs oder des Jubiläenbuchs das erste Kapitel der Genesis wörtlich verstanden haben. Es wurde jedenfalls schon lange vor dem Entstehen der modernen Wissenschaft im übertragenen Sinn interpretiert.

110 Annie Jaubert, *La date de la cène*. Paris 1957. Zahlreiche Forscher interpretieren den Sonnenkalender aus Qumran fehlerhaft und sind der Meinung, das Passahmahl sei am Mittwoch abgehalten worden. Das ist falsch, und Annie Jaubert weist darauf hin, dass es am 14. Nisan stattfand, der immer auf einen Dienstag fiel, da der 1. Nisan immer ein Mittwoch war. Siehe hierzu auch: Martin G. Abegg, »Does Anyone Really Know What Time It Is? A Reexamination of 4Q503 in Light of 4Q317«, in: *The Provo International Conference of the Dead Sea Scrolls*, S. 396–406; Michael Wise, Martin Abegg, Edward Cook, *Die Schriftrollen von Qumran*. Übersetzung und Kommentar. Mit bisher unveröffentlichten Texten. Augsburg 1999.

111 Shemaryahu Talmon, »Calendar Controversy in Ancient Judaism«, S. 387. Siehe auch die Diskussion zum Thema der Interkalation von VanderKam in: *Anchor Bible Dictionary*, Bd. I, S. 819–20.

112 Roger T. Beckwith, *Calendar and Chronolgy, Jewish and Christian: Biblical, Intertestamental and Patristic Studies*. Leiden 2001, S. 93–140.

113 E. J. Bickerman, *Chronology of the Ancient World*. London 1980, S. 24. Einige Kommentatoren sind der Meinung, Abib stehe für »junge

Dinkelähre« und nicht für Gerste, doch da Dinkel und Gerste etwa zur gleichen Zeit reifen, beziehen sich beide Interpretationen auf die gleiche Zeit des Sonnenjahres.

114 Leider liegen uns keine genauen Angaben darüber vor, wann die Gemeinde von Qumran ihren Kalender begründet hat. Immerhin aber können wir ungefähr bestimmen, wann die Gemeinde gegründet wurde. Die ersten Schriftrollen vom Schwarzen Meer wurden 1947 von einem beduinischen Schafhirten gefunden, der einen Stein in eine Höhle in Qumran warf, das Zersplittern eines Tongefäßes hörte, in die Höhle hinabstieg und die Manuskripte fand, siehe: John C. Trevor, *The Untold Story of Qumran*. Westwood 1965, S. 103–04. Die Arbeiten an den archäologischen Ausgrabungen begannen im Jahr 1949 unter der Leitung von Roland de Vaux – siehe hierzu: VanderKam and Flint, *The Meaning of the Dead Sea Scrolls*, S. 34–41. In jüngerer Zeit hat auch Professor Jodi Magness eine überarbeitete Chronologie der Ausgrabungen vorgelegt, die inzwischen breite Anerkennung gefunden hat. Er vertritt die Auffassung, dass die Gemeinde sich irgendwann in der ersten Hälfte des ersten vorchristlichen Jahrhunderts in Qumran angesiedelt habe. Nach dem dokumentierten Erdbeben im Jahr 31 v. Chr. hätten sie den Ort nicht verlassen, sondern seien geblieben und hätten die beschädigten Gebäude repariert. Gegen 9/8 v. Chr. habe die Gemeinde Qumran aufgrund eines verheerenden Feuers verlassen und sei erst unter der Herrschaft des Herodes Archelaos zurückgekehrt, um den Ort wiederherzustellen, zwischen 4 und 6 v. Chr. Als die Römer die Stätte zerstört haben (68 n. Chr.), hätten sie Qumran wieder verlassen. Siehe Jodi Magness, *The Archeology of Qumran and the Dead Sea Scrolls*. Grand Rapids 2002; VanderKam and Flint, *The Meaning of the Dead Sea Scrolls*, S. 50–51.

115 J. Edward Wright, *The Early History of Heaven*. Oxford 2000, S. 19.

116 *Ägyptisches Totenbuch*, Kap. 109. Siehe auch: R. O. Faulkner, *The Ancient Egyptian Coffin Texts*, 3 Bände. Oxford 1973, Bd. I, S. 137f.

117 Siehe Kapitel 4, »*Das Problem der Schaltjahre*«, S. 81ff.

118 Anmerkung des Übersetzers: In seiner Predigt am Gründonnerstag, 5. April 2007 in der Lateranbasilika sagte Benedikt XVI: »In den Berichten der Evangelisten darüber [ob das Letzte Abendmahl ein Pascha-Mahl war] gibt es einen scheinbaren Widerspruch zwischen dem Evangelium des heiligen Johannes einerseits und dem, was uns

Matthäus, Markus und Lukas mitteilen auf der anderen Seite. [...] Dieser Widerspruch erschien bis vor kurzem unlösbar: Die Mehrheit der Ausleger war der Meinung, Johannes habe uns nicht das wirkliche historische Datum des Todes Jesu mitteilen wollen, sondern ein symbolisches Datum gewählt, um so die tiefere Wahrheit deutlich zu machen: Jesus ist das neue, das wahre Lamm, das sein Blut für uns alle vergossen hat. Die Schriftfunde von Qumran haben inzwischen zu einer überzeugenden Lösungsmöglichkeit geführt, die zwar noch nicht allgemein angenommen ist, aber doch eine hohe Wahrscheinlichkeit für sich hat. Johannes hat historisch genau berichtet, so dürfen wir nun sagen.«
In zweiten Teil seiner Jesus-Biografie, der wie die Originalausgabe dieses Buches von Colin J. Humphreys bei Cambridge University Press im Frühjahr 2011 veröffentlicht wurde, nimmt er das dort Gesagte allerdings in gewisser Weise zurück. Im Kapitel »Das Datum des Letzten Abendmahls« (S. 126–134) heißt es dort: »Gewiss, man wird der französischen Gelehrten zustimmen können, dass der Jubiläen-Kalender nicht strikt auf Qumran und die Essener beschränkt war. Aber dies reicht nicht aus, um ihn für Jesu Pascha reklamieren zu können. So ist es zu verstehen, dass die auf den ersten Blick faszinierende These von Annie Jaubert von der Mehrheit der Exegeten abgelehnt wird. [...] So würde ich dieser These nicht jede Wahrscheinlichkeit absprechen, aber sie schlicht zu übernehmen, ist angesichts ihrer Probleme nicht möglich.« (Freiburg 2011, S. 131)
Siehe hierzu: www.zeit.de/2011/10/Papstbuch-Abendmahl

119 E. J. Bickerman, *Chronolgy of the Ancient World*. London 1980, S. 24.

120 Ebenda.

121 Sacha Stern, *Calendar and Community. A History of the Jewish Calendar 2nd Century BCE – 10th Century CE*. Oxford 2001, S. 28.

122 Cornelis Houtman, *Exodus*, 2 Bände. Kampen 1996. Band II, S. 167.

123 Colin J. Humphreys, *Und der Dornbusch brannte doch*. Gütersloh 2007, S. 153f.

124 Ebenda, S.154ff. Dort habe ich ausgeführt, dass die Heuschrecken von der feuchten Erde angezogen wurden.

125 Siehe hierzu: Richard Parker, *The Calendars of Ancient Egypt*. Chicago 1950; Marshall Clagett, *Ancient Egyptian Science*. 3 Bände, Philadelphia 1995, Bd. II: *Calendars, Clocks and Astronomy*.

126 Marshall Clagett, *Ancient Egyptian Science*, Bd. II, S. 7.

127 Ebenda, p. 280f., 285f.

128 Parker, *The Calendars of Ancient Egypt*, S. 13–23.

129 Otto Neugebauer, *A History of Ancient Mathematical Astronomy*, 3 Bände, Berlin 1975, Bd. II, S. 563, Anm. 3. Darüber hinaus mag es noch von Interesse sein, zu erwähnen, dass die Atmosphäre kurz vor der Morgendämmerung klarer ist als kurz nach Sonnenuntergang, was die Beobachtung der Sichel des abnehmenden Mondes »einfacher« macht als die der Sichel des zunehmenden Mondes.

130 Siehe hierzu: Humphreys, *Und der Dornbusch brannte doch*, S. 38ff.

131 Clagett, *Ancient Egyptian Science*, Bd. II, S. 253f.

132 Ebenda, S. 268.

133 Ebenda, S. 269.

134 Ebenda, S. 285ff.

135 Es liegen uns auch Hinweise auf einen zweiten ägyptischen Mondkalender vor, die uns über einen astronomischen Text aus dem sogenannten *Papyrus Carlsberg 9* übermittelt sind, der im Jahr 144 n. Chr. oder später verfasst wurde (Parker, *The Calendars of Ancient Egypt*, S. 13). Dieser Papyrus ermöglicht es, den Schluss zu ziehen, dass dieser spätere Mondkalender wahrscheinlich im vierten vorchristlichen Jahrhundert eingeführt wurde. Da es aber sehr unwahrscheinlich ist, dass er schon in vorexilischer Zeit verwendet wurde, werde ich nicht weiter darauf eingehen. Siehe hierzu auch: Leo Depuydt, *Civil Calendar and Lunar Calendar in Ancient Egypt*. Löwen 1997.

136 J. B. Segal, *The Hebrew Passover: From the Earliest Times to AD 70*. London 1963, S. 131.

137 Bickerman, *Chronology of the Ancient World*, S. 40; Clagett, Bd. II, S. 4–7.

138 Nahum Sarna, *Exploring Exodus*. New York 1996, S. 81f.

139 E. J. Bickerman, *Chronolgy of the Ancient World*. London 1980, S. 24.

140 Sacha Stern, *Calendar and Community. A History of the Jewish Calendar 2nd Century BCE – 10th Century CE*. Oxford 2001, S. 28.

141 Marshall Clagett, *Ancient Egypt Science*, 3 Bände. Philadelphia 1995. Bd. II, S. 7–22.

142 Nahum Sarna, *Exploring Exodus*. New York 1996, S. 82.

143 Jack Finegan, *Handbook of Biblical Chronology*. Peabody 1998, S. 7.

144 Jan Wagenaar, »Passover and the First Day of the Festival of Unleav-

ened Bread in the Priestley Festival Calendar«, in: *Vetus Testamentum* 54/2004, 250–268, S. 263.

145 Nina L. Collins, »The Start of the Pre-Exilic Calendar Day of David and the Amalekites: A Note on 1 Samuel XXX.17«, in: *Vetus Testamentum* 41/1991, S. 203–10. Die korrekte Interpretation von 1 Sam 30,17 ist Gegenstand zahlreicher Diskussionen innerhalb der Forschung. Nina Collins vertritt die Auffassung, der Text sei dann verständlich und sinnvoll, wenn Davids Kalendertag am Morgen begänne und der der Amalekiter am Abend. Der Text müsse demzufolge so gelesen werden: »Und David schlug sie [die Amalekiter] von der Dämmerung kurz vor Morgengrauen bis kurz nach Sonnenuntergang am Abend, gemäß ihrem [d.h. dem der Amalekiter] neuen Kalendertag.«

146 Roland de Vaux, *Les institutions de l'Ancient Testament.* Paris, 1958, S. 275ff. Englische Ausgabe: *Ancient Israel: Its Life and Institutions.* Grand Rapids, 1997. De Vaux schreibt: »Als sie [die vorexilischen Israeliten] den 24-stündigen Tag festlegen wollten, sprachen sie von ›Tag und Nacht‹, sie nannten also den Tag zuerst; zahlreiche Belegstellen könnten genannt werden (Dtn 28,66–67; 1 Sam 30,12; Jes 28,19; Jer 32,20, etc.). Dies legt nahe, dass ihr Tag am Morgen begann ... [Jedoch] finden wir die Formulierung im letzten Buch des Alten Testaments in ›Nacht und Tag‹ umgekehrt: Judith preist Gott ›Nacht und Tag‹ (Jdt 11,17); Ester bittet um ein dreitägiges Fasten ›Nacht und Tag‹ (Est 4,16) und Daniel spricht von 2300 ›Abenden und Morgenden‹ (Dan 8,14).«

147 Es liegen verschiedene Interpretationen für die Formulierung »zwischen den Abenden« vor (siehe Houtman, *Exodus*, Bd. II, S. 175). Die Zeit am späten Nachmittag ist denkbar, zwischen dem Sinken der Sonne und dem Sonnenuntergang, wahrscheinlicher aber ist die Zeit zwischen Sonnenuntergang und dem Erscheinen der ersten Sterne. Eine Bestätigung innerhalb des Alten Testaments dafür, dass das Schächten der Lämmer beim Sonnenuntergang – eine exakte Abgrenzung – beginnen sollte, könnte man im Buch Deuteronomium sehen: »... sollst du das Passah schlachten am Abend, beim Untergang der Sonne ...« (Dtn 16,6). Das Eintreten der Dunkelheit ist natürlich ein Prozess, der stufenweise eintritt. Jüdische Rabbiner vertraten die Ansicht, dass man den Abend bis zum Erscheinen der ersten Sterne am Himmel erweitern könnte – eine weitere exakte Abgrenzung –, und

beriefen sich dabei auf das Buch Nehemia: »So arbeiteten wir an dem Werk – die Hälfte von ihnen hielt die Lanzen bereit – vom Aufgang der Morgenröte an, bis die Sterne hervortraten« (Neh 4,21), als Beweis dafür, dass das Ende des Tages entweder über den Sonnenuntergang oder über den Aufgang der Sterne definiert werden könne. Die Formulierung »zwischen den Abenden« bezieht sich dann auf den Zeitraum zwischen Sonnenuntergang und Sternenaufgang – zwei eindeutige zeitliche Abgrenzungen –, in Jerusalem sind das üblicherweise etwa achtzig Minuten. Die Sichel des aufgehenden Mondes ist nur in der Zeitspanne zwischen den beiden Abenden sichtbar (siehe Kapitel 4), und demnach begann der *erste* Tag jedes neuen Monats im jüdischen Kalender mit dem Aufgang der Sterne und nicht bei Sonnenuntergang (auch wenn die anderen Tage des Monats mit dem Sonnenuntergang begannen). Interessanterweise wird der Begriff »Dämmerung« (*twilight*) von modernen Astronomen für eben den Zeitraum zwischen Sonnenuntergang und dem ersten Erscheinen der Sterne verwendet.

Wie wir bereits gesehen haben, schreibt Flavius Josephus über die Zeit Jesu, dass die Lämmer um 15 Uhr nachmittags geschächtet worden seien. Wenn also die Opferung der Lämmer ursprünglich bei Sonnenuntergang stattgefunden hat, muss es irgendwann innerhalb der jüdischen Geschichte einen Zeitpunkt gegeben haben, an dem die Opferung von Sonnenuntergang auf 15 Uhr nachmittags vorverlegt wurde, höchstwahrscheinlich aufgrund der großen Anzahl der Lämmer, die geschächtet werden mussten. Josephus beschreibt in seiner *Geschichte des Jüdischen Krieges* 6.425, dass die zeitweilige Bewohnerzahl Jerusalems im ersten nachchristlichen Jahrhundert zur Passahzeit auf bis zu 3 Millionen Menschen ansteigen konnte. Jeremias reduziert dies auf ein realistischeres Maß von 125.000 (Joachim Jeremias, *Jerusalem zur Zeit Jesu*. Göttingen 1962, S. 97). Wenn wir von dieser Zahl ausgehen und annehmen, dass sich etwa zehn Esser ein Lamm geteilt haben, mussten zur Passahzeit im Tempel um die 18.000 Lämmer geschächtet werden. Das dürfte ein großes logistisches Problem dargestellt haben (siehe hierzu auch Mischna *Pesachim*), und die achtzig Minuten während der Abenddämmerung dürften kaum genügt haben, eine solche Menge an Lämmern zu schächten, ihr Blut in Schüsseln aufzufangen etc. (siehe *Pesachim*). Daher ist es nachvollziehbar, dass man das Schächten der Lämmer bis zur Zeit des ersten nachchristlichen Jahrhunderts auf 15 Uhr am Nachmittag vorverlegt hat, um Zeit zu gewinnen.

148 Jan Wagenaar, »Passover and the First Day of the Festival of Unleavened Bread in the Priestley Festival Calendar«, in: *Vetus Testamentum* 54/2004, S. 250. Wagenaar versteht, dass die Israeliten vor dem Exil den Tag als einen sich von Sonnenaufgang bis Sonnenaufgang erstreckenden definierten, nach dem Exil aber von Sonnenuntergang bis Sonnenuntergang. Außerdem vertritt er die Meinung, dass der vorexilische Kalender der Israeliten auf dem ägyptischen Mondkalender basierte (siehe oben, S. 262–266).

149 Parker, *The Calendars of Ancient Egypt*, S. 58f.

150 Es ist schwierig, das Hebräische im Buch Exodus präzise zu datieren, da wir über zu wenig hebräische Texte außerhalb der Bibel verfügen. Dennoch sind sich die Experten darin einig, dass das Hebräisch im Buch Exodus, wie es uns heute vorliegt, sich mit dem Hebräisch deckt, wie es in seiner endgültigen Form Hunderte von Jahren nach Moses verwendet wurde. Das genaue Datum ist Inhalt umfangreicher Diskussionen. Professor Alan Millard etwa, emeritierter Professor für Hebräisch und Altsemitische Philologie an der University of Liverpool, vertritt die Ansicht, das gegenwärtige Buch Exodus sei sehr wahrscheinlich vor dem Exil verfasst worden, da in der hebräischen Sprache keinerlei aramäische Einflüsse festzustellen seien. Andererseits sei die Sprache nicht so archaisch, dass man sie in die Zeit Mose datieren könnte (wohl im 13. Jahrhundert v. Chr). Millard geht davon aus, hier sei ein älterer Text »modernisiert« worden, vermutlich im achten oder siebten Jahrhundert vor Christus; siehe hierzu: Allan Millard, »How Reliable is Exodus?«, in: *Biblical Archaeology Review* 26.4/2000, S. 51ff.

Kenneth Kitchen schreibt: »Wir sollten uns also einen Moses oder Jesaja vorstellen, die auf einem Papyrus oder einer Haut schreiben, oder vielleicht sogar auf einer gewachsten Schrifttafel ... Kopien [der Originale] wurden noch einmal kopiert, wobei man veraltete grammatische Formen und Schreibweisen modernisierte – eine alltägliche Vorgehensweise im alten Nahen Osten in der Zeit von 2500 v. Chr. bis hin zur Griechisch-Römischen Epoche ... Das wiederholte Kopieren literarischer Texte war eine gängige Praxis, die über 3000 Jahre

hindurch gepflegt wurde.« (K. A. Kitchen, *On the Reliability of the Old Testament*. Grand Rapids 2003, S. 305.)
Ich bin mir dessen bewusst, dass die Behauptung, der Pentateuch (die ersten fünf Bücher der Bibel) habe seine endgültige Form erst lang nach dem Tod Mose erlangt, seine Authentizität bei einigen Lesern möglicherweise infrage stellt. Daher möchte ich solchen Lesern versichern, dass dies nicht der Fall ist. Die Ereignisse, die im Rahmen des Pentateuch beschrieben werden, umfassen mehrere Jahrhunderte, was zur Folge hat, dass einige dieser Ereignisse zwangsweise erst ein paar Jahrhunderte nach ihrem tatsächlichen Stattfinden niedergeschrieben wurden. Womit ich darauf hinweisen möchte, dass allem Anschein nach *alle* Ereignisse, die man in den ersten fünf Büchern der Bibel nachlesen kann, in ihrer »endgültigen Form« einige Jahrhunderte nach ihrem tatsächlichen Geschehen schriftlich niedergelegt wurden. Die entscheidende Frage lautet also nicht, wann diese finale Form festgelegt wurde, sondern, ob die Ereignisse, die im Pentateuch beschrieben werden, über mehrere Jahrhunderte hinweg zuverlässig übermittelt worden sind, bis hin zur »endgültigen« schriftlichen Niederlegung. Viele Forscher gehen davon aus, dass der Pentateuch aus vier bedeutenden literarischen Quellen zusammengesetzt worden sei; dieser Ansatz ist unter dem Begriff der Neueren Urkundenhypothese bekannt geworden. Verschiedene meiner Schlussfolgerungen stimmen mit dem durchgängigen Blickwinkel der sogenannten Priesterschrift (Quelle P) überein.

151 Bo Reicke, *Neutestamentliche Zeitgeschichte: Die biblische Welt von 500 v. Chr. bis 100 n. Chr.* Berlin [u.a.], de Gruyter 1982. Ich interpretiere den Satz: »Im ersten Monat, am Vierzehnten des Monats, zwischen den zwei Abenden, ist Passah dem HERRN« (Lev 23,5) so, dass hier Bezug auf die Opferung der Lämmer genommen wird, die während der Dämmerung des 14. Tages beginnt. Das Passahmahl wird dann am 15. Tag gegessen, in Übereinstimmung mit dem ersten Tag des Fests der ungesäuerten Brote (Lev 23,6), wenn man von einem Tag von Sonnenuntergang bis Sonnenuntergang ausgeht. In vergleichbarer Weise nimmt auch Numeri Bezug auf die Opferung der Passahlämmer: »Und im ersten Monat, am 14. Tag des Monats, ist Passah für den HERRN« (Num 28,16). Das Passahmahl wird am 15. Tag gegessen (Num 28,17), am ersten Tag des Fests der ungesäuerten Brote.

152 Bei Keil etwa ist nachzulesen: »Das Passah [bei Ezechiel] soll in der Art gefeiert werden, wie es in Exodus 12 festgelegt ist, mit dem Passahmahl am Abend des 14. Abib [Nisan].« C. F. Keil, *Biblical Commentary on the Prophecies of Ezekiel*, 2 Bände. Edinburgh 1876, Bd. II, S. 336. Cooke (G. A. Cooke, *The Book of Ezekiel*. Edinburgh 1936, S. 503) schreibt: »Viele [Religionswissenschaftler] gehen davon aus, dass der *vierzehnte* [bei Ezechiel] verändert wurde, damit es zu einer Übereinstimmung mit P kommt [der sogenannten *Priesterschrift*, einer der Quellen für das Buch Exodus, vermutlich die jüngste, aus der Zeit des Exils um 550 v. Chr.], und dass im ursprünglichen Text vom *fünfzehnten* die Rede war ..., was zeigt, dass der vierzehnte zu stark in der Tradition verwurzelt war, sodass man dieses Datum nicht verändern konnte.« Cooke führt hier aus, es sei unwahrscheinlich, dass man den Text bei Ezechiel verändert habe, um ihn der Priesterschrift anzugleichen. Vielmehr sei das Feiern des Passah am Vierzehnten traditionell fest verankert gewesen, trotz der Anweisungen in Levitikus und Numeri, die den Fünfzehnten vorschreiben.

153 Carl G. Howie, *Ezekiel, Daniel*. Westminster 1961, S. 84.

154 Walther Zimmerli schreibt, es herrsche eine gewisse Unklarheit hinsichtlich der Berechnung der Tage des Passahfests bei Ezechiel, und fragt sich, ob man tatsächlich der Ansicht sein müsse, dass hier bewusst eine abweichende Berechnung vorgenommen worden sei, die den Zeitpunkt des Passahfests um einen Tag verändere; siehe: Walther Zimmerli, *Ezechiel. Kap. 25–48*. Neukirchen 2011.

155 Eine andere Passage in Ezechiel: »Und mein Knecht David wird König über sie sein, und sie werden *alle* einen Hirten haben; und sie werden in meinen Rechtsbestimmungen leben und meine Ordnungen bewahren und sie tun« (Ez 37,24), bezieht sich auf ein neu zu errichtendes Heiligtum und auf eine Zukunft, in der David, der für den Messias gehalten wurde, das Volk Gottes dazu bringen würde, die Gesetze des Herrn zu befolgen; siehe E. P. Sanders, *Jesus and Judaism*. London 1985, S. 77–90, und R. T. France, *The Gospel of Mark*. Grand Rapids 2002, S. 438.

156 Menachem Mor, »The Persian, Hellenistic and Hasmonaean Period«, in: Alan D. Crown (Hrsg.), *The Samaritans*. Tübingen 1989, S. 1.

157 *The Anchor Bible Dictionary*, 1992, Bd. V, S. 941. Die Samaritaner behaupten, dass viele von ihnen die Zerstörung des Nordreichs Israels

durch die Assyrer im Jahr 722 v. Chr. überlebt hätten. Die Schriften des assyrischen Königs Sargon II. berichten von der Deportation eines relativ geringen Anteils der Israeliten (27.290), sodass anzunehmen ist, dass ein bedeutender Anteil in Samaria blieb. Daher betrachten sich die Samaritaner als die wahren Israeliten.

158 Flavius Josephus, *Jüdische Altertümer*, 9.277–291.

159 Menachem Mor, »Samaritan History«, S. 2.

160 Es mag einer Erwähnung wert sein, dass auch eine überarbeitete Übersetzung dieser Zeile vorliegt: »Israel ist verwüstet, ihr Getreide ist nicht mehr.« Siehe hierzu: G. W. Ahlström, »The Origin of Israel in Palestine«, in: *Scandinavian Journal of the Old Testament* 2/1991, S. 19–34.

161 Sylvia Powels, »The Samaritan Calendar and the Roots of Samaritan Chronolgy«, in: Alan Crown (Hrsg.) *The Samaritans*. Tübingen 1989, S. 691–742.

162 *Taulida* 2,2–6. Die *Taulida* enthält außerdem genealogische Listen, beginnend bei Adam bis zur Ankunft der Israeliten in Kanaan sowie von den nachfolgenden samaritanischen Familien der Hohepriester.

163 Powels, »The Samaritan Calendar and the Roots of Samaritan Chronolgy«, in: Crown 1989, S. 693.

164 Ebenda.

165 Abu'l Hasan as-Suri, »Kitab al-Tabbakh, Rylands Samaritan Codex IX«, in: *Bulletin of the John Rylands Library* 30/1946–47, S. 144–156. Etwa im 12. Jahrhundert n. Chr. erklärte der samaritanische Gelehrte Abu'l Hasan as-Suri, die Festlegung des ersten Tages des Monats aufgrund der Konjunktion stelle die einzige Möglichkeit dar, den tatsächlichen Beginn eines jeden Monats zu bestimmen, da die Konjunktion den echten Neumond beschreibe, wohingegen das spätere Erscheinen der Sichel des aufgehenden Mondes sich nur graduell von den späteren Mondphasen (Halbmond, Vollmond etc.) unterscheide.

166 Heinrich Brugsch, *Drei-Fest-Kalender des Tempels von Apollinopolis in Ober-Ägypten*. Bad Honnef 1982. Neudruck der Ausgabe Leipzig 1877. Siehe auch: Heinrich Brugsch, *Matériaux pour servir à la reconstruction du calendrier des anciens égyptiens*. Leipzig 1864; Marshall Clagett, *Ancient Egyptian Science*, 3 Bände. Philadelphia 1995, Bd. II, S. 280f., 285f.

167 Powels, »The Samaritan Calendar and the Roots of Samaritan Chronolgy«, in: Crown 1989, S. 721.

168 Ebenda, S. 723.

169 Sylvia Powels rekonstruiert Teile des Kalenders der Jahre 1971/72 und zeigt, dass der Kalender der Samaritaner dem offiziellem jüdischen Kalender meistens einen Tag, in dem Monat, der dem Juli entspricht, jedoch zwei Tage voraus war; siehe Powels, S. 705.

170 Bruce Hall, »From John Hyrcanus to Baba Rabbah«, in: Crown 1989, S. 36f.

171 Joachim Jeremias, *Die Passahfeier der Samaritaner.* Gießen 1932, S. 56.

172 Reinhard Pummer, »Samaritan Rituals and Customs«, in: Crown 1989, S. 679.

173 John Wilson, *The Lands of the Bible*, 2 Bände. Edinburgh 1874, S. 66.

174 Amnon K'fir, *Israel Travel.* Veröffentlicht am 5. Februar 2007. Siehe den vollständigen Text in englischer Sprache unter: ynetnews.com.

175 Sacha Stern, *Calendar and Community: A History of the Jewish Calendar 2nd Century BCE – 10th Century CE.* Oxford 2001, S. 13.

176 S. Talmon & I. Knohl, »A Calendrical Scroll from a Qumran Cave: Mismarot Ba, 4Q321«, in: *Pomegranates and Golden Bells: Studies in Biblical, Jewish and Near Eastern Ritual, Law and Literature in Honour of Jacob Milgram*, Hrsg. v. D. P. Wright, D. N. Freeman and A. Hurvitz. Winona Lake, 1995, S. 297f.

177 *The Anchor Bible Dictionary*, Bd. VI, S. 1045–50. Siehe auch: Martin Hengel, *Die Zeloten. Untersuchungen zur jüdischen Freiheitsbewegung in der Zeit von Herodes I. bis 70 n. Chr.* Leiden 1976.

178 I. Howard Marshall, *The Gospel of Luke: A Commentary on the Greek Text.* Exeter 1978, S. 240; F. F. Bruce, *The Acts of the Apostles.* Leicester 1952, S. 73.

179 In Flavius Josephus' *Geschichte des Jüdischen Krieges* heißt es: »Da nämlich der Tag der ungesäuerten Brote am vierzehnten des Monats Xanthikus, an welchem vor Alters nach dem Glauben der Juden ihre Befreiung aus der Knechtschaft der Ägypter stattgehabt, unmittelbar bevorstand, öffneten die Anhänger des Eleazar mit der entsprechenden Vorsicht die Tempeltore und ließen die Leute aus dem Volke, die es wünschten, zum Gottesdienste hinein« (*Jüdischer Krieg* 5.99). Diese Aussage steht im Zusammenhang damit, dass im Frühling des Jahres 70 n. Chr. drei unterschiedliche jüdische Gruppierungen miteinander um die Kontrolle über den Tempel von Jerusalem kämpften. Bei dem hier erwähnten *Eleazar* handelt es sich um Eleazar ben Si-

mon, den Anführer der jüdischen Gruppierung der Zeloten. Xanthikus ist der Name des Monats im Kalender der Makedonier, der im Hebräischen dem Nisan entspricht. Josephus sagt an anderer Stelle: »Moses aber setzte für die Einrichtung der Festtage als ersten Monat den Nisan oder Xanthikus fest, weil er in diesem die Hebräer aus Ägypten geführt hatte« (*Jüdische Altertümer* 1.81).

Der Bericht aus *Jüdischer Krieg* 5.99, demzufolge der Tag, an dem die Juden Ägypten verlassen hätten, der 14. Nisan (Xanthikus) gewesen sei, ist merkwürdig, da Josephus an anderer Stelle schreibt: »Sie verließen aber Ägypten im Monat Xanthikus um die Zeit des Vollmondes am fünfzehnten Tage ...« (*Altertümer* 2.318). Ähnlich verhält es sich mit der Aussage aus der *Geschichte des Jüdischen Krieges*, der Tag der ungesäuerten Brote sei der *vierzehnte* Xanthikus (Nisan) gewesen, da es in den *Altertümern* heißt: »Am *fünfzehnten* Tage folgt dann dem Pascha das siebentägige Fest der ungesäuerten Brote« (*Altertümer* 3.249).

Josephus war ein Pharisäer und wird von Kindheit an gelernt haben, dass die Juden Ägypten gemäß dem offiziellen jüdischen Kalender am 15. Nisan verlassen haben und dementsprechend der erste Tag des Fests der ungesäuerten Brote, das an dieses Ereignis erinnert, der 15. Nisan war. Warum also schrieb er in der *Geschichte des Jüdischen Krieges*, dass die Juden Ägypten am 14. Xanthikus (Nisan), »an welchem vor Alters nach dem Glauben der Juden ihre Befreiung aus der Knechtschaft der Ägypter stattgehabt«, verlassen hätten? Nach dem Glauben *welcher* Juden? Aus dem Kontext geht eindeutig hervor, dass dieses Datum von Eleazar und den Zeloten als das richtige erachtet wurde, denn sie öffneten die Tore des Tempels am 14. Xanthikus, damit diejenigen, die es wollten, an diesem Tag dem Gottesdienst beiwohnen konnten. Josephus führt aus, dass die Zeloten glaubten, der 14. Xanthikus sei der Jahrestag der ersten Befreiung der Juden aus Ägypten. Die beiden voneinander abweichenden Daten für den ersten Tag des Fests der ungesäuerten Brote resultierenden also aus der Verwendung zweier voneinander abweichender Kalender.

Aus mehreren Gründen nicht uninteressant scheint mir der Hinweis, dass der jüdische Historiker Cecil Roth ebenfalls die Meinung vertritt, die Zeloten hätten einen anderen als den offiziellen Kalender verwendet. Er schreibt: »Zu Passah des Jahres 68 griffen sie [die Zeloten] En

Gedi an, das auf halber Strecke zwischen Masada und Qumran liegt. Josephus beschuldigt sie für ihr militärisches Vorgehen am Feiertag der Pietätlosigkeit. Wenn es aber zutrifft, dass die Zeloten einen anderen religiösen Kalender als den maßgeblichen Judäas verwendeten, werden sie wahrscheinlich auch das Fest an einem anderen Tag begangen haben.« Siehe: Cecil Roth, »The Zealots in the War of 66–73«, in: *Journal of Semitic Studies* 4/1959, S. 347f. Roth weist vollkommen zu Recht darauf hin, dass eine jüdische Gruppierung unter keinen Umständen einen kriegerischen Angriff am Tag des Passah unternehmen würde, am Tag der Ruhe, an einem besonderen Sabbat. Wenn sie also dennoch an diesem Tag angriffen, dann kann das nicht am Tag *ihres* Passahfests gewesen sein; sie müssen einen anderen Kalender verwendet haben. Im gleichen Artikel schreibt Roth im Zusammenhang mit den jüdischen Gruppierungen und ihrem Kampf um den Tempel im Jahr 70 n. Chr.: »Da Juden zu dieser Zeit offensive Kampfhandlungen vor allem gegenüber anderen Juden an einem Feiertag unterlassen hätten, ist es auch aus diesem Grunde denkbar, dass die beiden Gruppierungen nicht den gleichen Kalender verwendeten.«

180 »Galiläa nimmt in den jüdischen Quellen keine prominente Rolle ein ... In der *Mischna* wird es hauptsächlich als eine von Judäa getrennte Region erwähnt.« *Anchor Bible Dictionary*, Bd. II, S. 899.

181 *Mischna Pesachim* 4.5.

182 Darrell C. Bock & Gregory J. Herrick, *Jesus in Context*. Grand Rapids 2005, S. 238.

183 Harold W. Hoehner, *Chronological Aspects of the Life of Christ*. 1977, S. 88.

184 Wenn einige Juden Galiläas für die Feierlichkeiten des Passah einen Kalender verwendet haben, der von dem der Judäer abwich, hätten sie bestimmen müssen, wann ihr Mondmonat beginnt. Die einzige denkbare Variante wäre, nach der letzten Sichtbarkeit der Sichel des alten Mondes Ausschau zu halten und dann den nächsten Tag zu wählen, den Tag der ersten Unsichtbarkeit des Mondes, um diesen als ersten Tag des Monats zu deklarieren (den echten Neumond: den Tag der Konjunktion). Dies entspräche dem vorexilischen Kalender, nicht einer einfachen Verschiebung um 12 Stunden, wie Hoehner vorschlägt. Dazu kommt, dass die Juden Galiläas unter Umständen seit der Zeit Josuas den vorexilischen Kalender verwendet haben. Wäre dies der

Fall, hieße das, dass das Beobachten der ersten Unsichtbarkeit der Sichel des alten Mondes in ihrer Tradition verankert gewesen wäre.

185 Rudolf Bultmann, *Die Geschichte der synoptischen Tradition*. Göttingen 1921, S. 282.

186 Joachim Jeremias, *Die Abendmahlsworte Jesu*. Göttingen [4]1967, S. 91f.

187 *Mischna Pesachim* 1.1–3.

188 R. T. France, *The Gospel of Mark*. Grand Rapids 2002, S. 563f.

189 Siehe Harold W. Hoehner, *Chronological Aspects of the Life of Christ*. 1997, S. 85–90. Es scheint ein weit verbreiteter Glaube zu sein, dass ein Mondkalender, der auf Beobachtung des ersten Erscheinens des zunehmenden Mondes beruht, mit einem Kalender kompatibel sei, dessen Tag von Sonnenaufgang bis Sonnenaufgang dauert. Kenneth Doig etwa schreibt: »Der Exodus-Kalender war ein Mondkalender, dessen Monate mit dem Sonnenaufgang nach der ersten Beobachtung der Sichel des neuen Mondes begannen.« Kenneth Doig, *New Testament Chronology*, Lewiston 1990, S. 5. Das ist ein fundamentaler Fehler. Wie wir gesehen haben, ist die Sichel des neuen Mondes *ausschließlich* kurz nach Sonnenuntergang am *Abendhimmel* sichtbar, daher beginnt der Tag am Abend.

Howard Marshall (*Last Supper and Lord's Supper*. Exeter 1980, S. 71ff.) diskutiert unterschiedliche Kalendertheorien Hoehners und anderer. Hoehner erkennt an, dass Markus 14,12 voraussetzt, dass Jesus einen Kalender mit einem Tag von Sonnenaufgang bis Sonnenaufgang verwendet haben muss. Dennoch geht Hoehner davon aus, Jesus habe einen auf Beobachtung der Sichel des neuen Mondes basierenden Kalender verwendet. Einige andere Forscher (u. a. Calvin, Pickl, Chwolson and Billerbeck) vertreten ähnliche Meinungen.

Hoehner und die Vertreter ähnlicher Theorien argumentieren meiner Meinung nach korrekt, dass Jesus für die Datierung seines Letzten Abendmahls einen Kalender mit einem Tag von Sonnenaufgang bis Sonnenaufgang verwendet habe, doch dann nehmen sie an, er hätte einen Mondkalender verwendet, der auf Beobachtung der ersten Sichel des aufgehenden Mondes basiert. Astronomische Betrachtungen führen dazu, dass man diese Theorien sämtlich verwerfen kann. In der Antike gab es keinen (jedenfalls keinen uns bekannten) solchen Kalender.

190 I. Howard Marshall, *The Gospel of Luke: A Commentary on the Greek Text*. Exeter 1978, S. 792.

191 B. Pixner, *Wege des Messias und Stätten der Urkirche.* Basel / Gießen 1991, S. 219ff. Siehe auch: B. J. Chapper, »›With the Oldest Monks …‹ Light from Essene History on the Career of the Beloved Disciple?« in: *Journal of Theological Studies* 49/1998, S. 1–55.

192 Benedikt XVI, *Jesus von Nazareth.* Erster Teil. Freiburg 2007, S. 5–7. Der Papst bekräftigt hier das Bild des »neuen Moses«.

193 Waddingtons Berechnungen haben gezeigt, dass für einen Beobachter in Jerusalem in der Zeit zwischen 500 v. Chr. und 100 n. Chr. die Zeitspanne der Unsichtbarkeit des Mondes 36 Stunden in einem Prozent der Fälle betrug, 60 Stunden in 51%, 84 Stunden in 47% und 108 Stunden in 1%. (Ich hatte Waddington um eine Berechnung für einen Beobachter in *Jerusalem* gebeten. Die Berechnungen Parkers in Kapitel 8 wurden für einen Beobachter in Ägypten angestellt. Die Abweichungen zwischen diesen beiden Orten können beträchtlich sein.) Der Zeitraum der Unsichtbarkeit dauert von der letzten Beobachtung der Mondsichel am Morgen, die der Konjunktion vorangeht (letzte Sichtbarkeit) bis zur ersten Sichtbarkeit der Mondsichel nach der Konjunktion am Abend (erste Sichtbarkeit). Es ist wichtig, festzuhalten, dass dies anders ist als der Unterschied zwischen einem ägyptischen Mondkalender und dem offiziellen jüdischen Kalender, da der erste Tag des Monats im ägyptischen Kalender der Tag des ersten Morgens ist, an dem der Mond nicht sichtbar ist, und somit ein Tag (24 Stunden) nach dem Tag der letzten Sichtbarkeit. Demnach ist die Zeitspanne zwischen dem Morgen der ersten Unsichtbarkeit und dem Abend der ersten Sichtbarkeit 24 Stunden kürzer als die Zeit der Unsichtbarkeit selbst.

194 Die Tosefta *Pesachim* ergänzt die Lehren der Mischna zum Passah und sie enthält eine Passage zu Passahopfern zum falschen Zeitpunkt. Es heißt dort über das Passah, das am Morgen des 14. Nisan »unter einer anderen Bezeichnung« geopfert wird, dass Rabbi Josua es so anerkenne wie jene, die von Leuten gebracht werden, die sagen, das Passah könne auch am 13. geopfert werden (Tosefta *Pesachim* 4.8). Dieser Passus scheint darauf hinzudeuten, dass es Leute gab, die Passahlämmer vor dem offiziellen Zeitpunkt und unter anderem Namen geopfert haben; siehe Maurice Casey, »The Date of the Passover Sacrifices and Mark 14.12«, in: *Tyndale Bulletin* 48/1997, S. 245. David Instone-Brewer kommentiert diesen Passus mit den Worten: »Manche Leute

brachten vor dem offiziellen Zeitpunkt Passahopfer, in dem Glauben, dass die Torah dies erlaubte« (David Instone-Brewer, *Traditions of the Rabbis from the Era of the New Testament. Feasts and Sabbaths: Passover and Atonement.* Bd. IIA, Grand Rapids, 2011). Wer waren diese »manche Leute«? Sicherlich keine orthodoxen Juden, sie hätten ihre Lämmer am 14. Nisan geopfert. Wenn Passahlämmer von Leuten geopfert worden wären, die den vorexilischen Kalender verwendeten, hätte dies am 14. Nisan gemäß diesem Kalender stattgefunden, was in der Mehrheit der Jahre dem 13. Nisan des offiziellen Kalenders entsprochen hätte, wie unsere Rekonstruktion dieses Kalenders zeigt. Daher meine ich, dass es mit hoher Wahrscheinlichkeit Menschen waren, die den vorexilischen Kalender verwendeten, was Anlass zu der oben angeführten rabbinischen Diskussion darüber gegeben hat, ob es erlaubt war, am 13. Nisan im Tempel Lämmer zu opfern.

195 Michael Krupp (Hrsg.), *Die Mischna.* Verlag der Weltreligionen, Frankfurt 2002f.

196 John A. T. Robinson, *Johannes – Das Evangelium der Ursprünge.* Wuppertal 1999, S. 259.

197 Geza Vermes, *Die Passion. Die wahre Geschichte der letzten Tage im Leben Jesu.* Darmstadt 2006, S. 28f., 32 und 132.

198 J. B. Segal, *The Hebrew Passover: From the Earliest Times to AD 70.* Oxford 1963, S. 37ff.

199 In *The Jewish Encyclopedia.* 12 Bände. New York 1901ff. Bd. IX, S. 553, schreibt Emil G. Hirsch, die Sadduzäer und die Samaritaner hätten die Lämmer in der Zeit zwischen Sonnenuntergang und Eintritt der Dunkelheit geschächtet. Im *Targum Onkelos, der Übersetzung der Tora ins Aramäische,* heißt es: »zwischen den beiden Abenden« und in Ex 12,6 »zwischen den beiden Sonnen«, was später erklärt wird als die Zeit zwischen Sonnenuntergang und dem Erscheinen der ersten Sterne; siehe auch: *Jack Finegan, Handbook of Biblical Chronology.* Peabody 1998, S. 12; S. R. Driver, *The Book of the Exodus.* Cambridge 1911, S. 89.

200 Ich danke Graeme Waddington für diese Berechnung.

201 Cornelius Houtman, *Exodus,* 2 Bände. Kampen 1996, Band. II, S. 183. An anderer Stelle im gleichen Buch (S. 177f.) erwähnt Houtman, das Braten selbst habe etwa drei Stunden in Anspruch genommen.

202 Ebenda, S. 181.

203 Joachim Jeremias, *Die Abendmahlsworte Jesu.* Göttingen [4]1967, S. 38.

204 F. F. Bruce, *The Gospel of John.* Grand Rapids 1983, S. 339.

205 Ebenda, S. 343.

206 Raymond E. Brown weist darauf hin, dass Flavius Josephus Hannas auch noch gegen Ende der Amtszeit des Kaiphas »Hohepriester« nennt: Raymond E. Brown, *The Death of the Messiah,* 2 Bände. New York 1994, Bd. I, S. 405. Die Macht, die Hannas gehabt hat, lässt sich auch dem Umstand entnehmen, dass in den 50 Jahren, die seiner Amtsenthebung als Hoherpriester im Jahr 15 n. Chr. folgten, fünf seiner Söhne Hohepriester wurden, was Josephus mit den Worten kommentiert: » ... und so etwas war noch bei keinem unserer Hohenpriester der Fall gewesen« (*Jüdische Altertümer* 20.198f.); dazu kommen ein Schwiegersohn und ein Enkel im Amt. Darüber hinaus behielt der Hohepriester, wie Howard Marshall bemerkt, seinen Titel auch nach seiner Amtszeit, etwa wie ein emeritierter Professor; siehe I. Howard Marshall, *The Gospel of Luke.* Exeter 1978, S. 134.

207 Raymond E. Brown, *The Death of the Messiah,* Bd. I, S. 405.

208 France führt beispielsweise aus, dass der Hinweis auf zwei Hahnenschreie bei Markus authentisch sei, und dass der Bericht im Markusevangelium die vollständigste und ausführlichste Fassung darstelle: R. T. France, *The Gospel of Mark.* Grand Rapids 2002, S. 579. Brown ist ebenfalls der Meinung, Markus' Hinweis auf zwei Hahnenschreie sei authentisch: Brown, *The Death of the Messiah,* Bd. I, S. 137.

209 Alle vier Evangelien stimmen hinsichtlich des Ortes überein, an dem Petrus sich während der drei Verleugnungen befand: »im Hof des Hohenpriesters« (Mt 26,58; Mk 14,54, Lk 22,15; Joh 18,15). Dennoch finden wir uns hier mit der Unklarheit konfrontiert, von der bereits die Rede war: War der Hohepriester, der hier erwähnt wird, Kaiphas, der offizielle Hohepriester, oder war es Hannas, der das Amt faktisch bekleidete?

Bei Matthäus heißt es: »Die aber Jesus gegriffen hatten, führten ihn weg zu Kaiphas, dem Hohenpriester ... Petrus aber folgte ihm von Weitem bis zu dem Hof des Hohenpriesters« (Mt 26,57f.). Einer unvoreingenommenen Lektüre zufolge hieße das, dass Petrus sich im Hof des Kaiphas befand. Markus und Lukas nennen den Namen des Hohenpriesters in ihren Berichten nicht. Johannes schreibt: »Sie führten ihn [Jesus] zuerst zu Hannas, denn er war Schwiegervater des Kaiphas, der jenes Jahr Hoherpriester war ... Simon Petrus aber folgte Jesus und ein anderer Jünger. Dieser Jünger aber war dem Hohenpriester bekannt und ging mit Jesus hinein in den Hof des Hohenpriesters ... sprach mit der Türhüterin und führte Petrus hinein« (Joh 18,13–16). Die naheliegende Lesart dieser Verse ist, dass Petrus sich im Innenhof des Kaiphas befindet, da Johannes Kaiphas hier als den Hohenpriester erwähnt. Ist dies korrekt, stimmen Matthäus und Johannes miteinander überein: Die Befragung durch Hannas fand im Palast des Kaiphas statt und Petrus befand sich vor der Tür im Hof. Einige Kommentatoren sind anderer Meinung. Bruce beispielsweise geht davon aus, das Verhör Jesu habe in Hannas' Haus stattgefunden (Bruce, *The Gospel of John*, S. 344), Johannes schreibt jedoch, Jesus sei zu Hannas gebracht worden, nicht *zum Haus* des Hannas. Aber das ist, verglichen mit dem Rest der Geschichte, ein unbedeutendes Detail.

Josephus schildert, dass sich das Haus des Hohenpriesters in der Oberstadt im westlichen Teil Jerusalems befunden habe (*Jüdischer Krieg* 2.427). Es gibt mehrere überlieferte Standorte, und wir wissen nicht, ob irgendeiner von ihnen korrekt ist. Jedenfalls handelt es sich bei allen um große Gebäude mit zentralem Innenhof. Ich bin der Meinung, dass Jesus zum Palast des Kaiphas gebracht wurde und Hannas einen der Räume dort verwendete, um Jesus zu verhören. Unabhängig davon, ob Hannas in diesem Palast lebte oder nicht, war er mit den Räumlichkeiten vertraut, da seine Tochter dort wohnte. Während er Jesus in einem Flügel des Gebäudes verhörte, versammelte Kaiphas den Sanhedrin und einige Zeugen im anderen Flügel, um sich auf die Verhandlung tagsüber vorzubereiten, der Hannas zweifelsohne beigewohnt hat. Daher ist es nur schlüssig, dass Hannas »vor Ort« war. Wenn meine Interpretation korrekt ist, wäre Jesus, als er gefesselt von Hannas zu Kaiphas gebracht wurde, aus dem einen Flügel des Palasts über den Hof, wo er Petrus anschaute (Lk 22,61), zum anderen Flügel geführt worden, in dem sich Kaiphas befand. Haben dagegen Bruce und einige andere Forscher recht, dann wurde Jesus aus dem Haus des Hannas zum Palast des Kaiphas geführt.

210 Zur Begründung wird angegeben, dass Hähne auf dem Boden scharren und Gegenstände aufpicken, die levitisch als unrein gelten, und folglich Unreinheit verbreiten (Baba Kama 7.7).

211 Mischna Sukkah 5.4: »Sobald der Hahn krähte, bliesen sie einen lang

gedehnten, einen schmetternden und wieder einen gedehnten Schofarton«; Mischna Tamid 1.2: »Manchmal erscheint er [der Vorsteher] beim Hahnenschrei«; Mischna Joma 1.8: »An jedem Tag räumte man den Altar auf, durch Beiseiteräumung der Asche, vom Hahnenschrei an oder um diese Zeit herum ... Noch war der Hahnenschrei nicht nahe, da war der Vorhof des Tempels schon voll von Israeliten.«

212 Siehe: R. T. France, *The Gospel of Mark*, S. 578, und Brown, *The Death of the Messiah*, Bd. I, S. 607.

213 Etwa France, *The Gospel of Mark*, S. 579, und Brown, *The Death of the Messiah*, Bd. I, S. 606.

214 Jack Finegan, *The Archaeology of the New Testament*. Princeton 1978, S. 152ff.

215 Den wahrscheinlich bekanntesten spielerisch-kreativen Umgang mit Worten finden wir in Mt 16,18: »Du bist Petrus, und auf diesem Felsen werde ich meine Gemeinde bauen.« Der Name Petrus geht auf das griechische Wort *petros*, der Felsen zurück. Im Aramäischen ist der doppelte Wortsinn noch signifikanter, da das Wort *kephas* beides bedeutet. Siehe hierzu Joh 1,42: »Du bist Simon, der Sohn des Johannes; du wirst Kephas heißen – was übersetzt wird: Stein.« Zur Thematik Petrus/Kephas siehe auch: Judith Hartenstein, *Charakterisierung im Dialog. Maria Magdalena, Petrus, Thomas und die Mutter Jesu im Johannesevangelium*. Göttingen 2007, S. 185ff. (Für weitere Beispiele für einen spielerisch-kreativen Umgang in den sogenannten *Ipsissima verba* Jesu, siehe: Robert H. Stein, *The Method and Message of Jesus' Teachings*. Louisville 1995, S. 12ff.

216 Richard Bauckham schreibt dazu: »*Veranschaulichende Bildsprache!* Wo man sie findet, ist sie ein charakteristisches Merkmal für Markus, und es ist bezeichnend, dass diese lebendige Bildsprache in den entsprechenden Stellen bei Matthäus und Lukas nicht vorhanden ist (z. B. Mk 2,4; 4,37f.; 6,39f.; 7,33f.; 9,20; 10,32, 50; 11,4). Der Grund dafür ist, dass Matthäus und Lukas diese Passagen viel knapper erzählen als Markus (Matthäus meistens kürzer als Lukas). Das veranschaulichende Detail gehört zu den Merkmalen, auf die Matthäus und Lukas in ihren Evangelien zugunsten anderer Erzählungen verzichtet haben, die wiederum für Markus untypisch sind. Dies geschah schlichtweg aus Platzgründen, denn beide strebten eine wesentlich umfangreichere Sammlung von Überlieferungen an als Markus, mussten sich

jedoch ebenfalls auf einen gewissen Umfang beschränken, der sich über die gebräuchlichen Maße einer Papyrusrolle definierte, damit ihre Bücher sowohl für den Gebrauch wie für das Kopieren nicht unerschwinglich würden.« R. Bauckham, *Jesus and the Eyewitnesses.* Grand Rapids 2006, S. 342.

217 Bei Lukas gehen die drei Verleugnungen durch Petrus (Lk 22,54–62) der tagsüber stattfindenden Hauptverhandlung Jesu vor Kaiphas und dem Sanhedrin (Lk 22,66–71) voran. Johannes lässt die Verleugnungen während seines Berichts des Verhörs bei Hannas einfließen: Jesus wird zu Hannas gebracht (Joh 18,12–14), Petrus verleugnet Jesus (Joh 18,15–18); danach wird Jesus von Hannas verhört, der ihn daraufhin zu Kaiphas schickt (Joh 18,19–24); dann kehrt Johannes zur Schilderung der zweiten und dritten Verleugnung und des Hahnenschreis zurück (Joh 18,25–27). Lukas weist ausdrücklich darauf hin, dass Jesus Petrus unmittelbar nach der letzten Verleugnung und dem Hahnenschrei angeschaut habe (Lk 22,61). Alles scheint darauf hinzudeuten, dass dies geschehen sein muss, als Hannas sein Verhör beendet hatte und Jesus über den Hof zu Kaiphas gebracht wurde. Dementsprechend gehe ich davon aus, dass die Verse Joh 18,25–27 zeitlich nicht später als Joh 18,19–24 zu verstehen sind, sondern als Fortsetzung der eingeflochtenen Schilderungen der Verleugnungen während des Verhörs durch Hannas.

218 Richard Bauckham, *Jesus and the Eyewitnesses,* S. 12–14, schreibt, Papias, der Bischof von Hierapolis, habe um das Jahr 80 n. Chr. mündlich überlieferte Berichte über Jesus zusammengetragen, also nachdem das Markusevangelium verfasst wurde, wahrscheinlich aber um die Zeit, als Matthäus, Lukas und Johannes ihre Evangelien schrieben. In der Folge verfasste Papias etwa um den Beginn des zweiten Jahrhunderts eine bedeutende fünfbändige Geschichte des Lebens Jesu, die leider nicht erhalten ist, jedoch von einigen späteren Autoren zitiert wird. Der Kirchenhistoriker (und »Vater der Kirchengeschichte«) Eusebius von Caesarea (ca. 260 – 240 n. Chr.) zitiert Papias wie folgt: »Markus hat die Worte und Taten des Herrn, an die er sich als Dolmetscher des Petrus erinnerte, genau, *allerdings nicht ordnungsgemäß* [*Hervorhebung durch den Verf.*], aufgeschrieben. Denn nicht hatte er den Herrn gehört und begleitet ...« (Bauckham, *Jesus and the Eyewitnesses,* S. 203.) Bauckham sagt also unter Bezugnahme auf Papias, Markus

habe die Worte des Petrus über das Leben und die Lehren Jesu genau, aber nicht ordnungsgemäß wiedergegeben (Bauckham, S. 217), und unter »ordnungsgemäß« verstehe Papias die zeitlich korrekte Reihenfolge (Bauckham, S. 221).

219 Geza Vermes, *Die Passion. Die wahre Geschichte der letzten Tage im Leben Jesu.* Darmstadt 2006, S. 57.

220 A. E. J. Rawlinson, *The Gospel according to St Mark.* London 1947, S. 223.

221 France, *The Gospel of Mark,* S. 626.

222 Möglicherweise werden manche Forscher meiner Analyse widersprechen und ins Feld führen, es habe nur *eine* Verhandlung vor dem Sanhedrin gegeben, nicht zwei. Begründen werden sie dies etwa damit, dass die Verse Lukas 22,66–71, in denen ich die erste Verhandlung bei Tagesanbruch beschrieben sehe, den Passagen Matthäus 27,1 und Markus 15,1, bei mir die zweite Verhandlung bei Tagesanbruch, entsprechen, und dass alle drei Evangelien von einer und derselben Verhandlung berichten. Ich widerspreche dem, und zwar aus den folgenden Gründen: In Lukas 22,67 lesen wir, dass der Hohe Rat Jesus gefragt habe, ob er der Christus sei. Entsprechendes finden wir in Matthäus 26,63 und Markus 14,61. Dann heißt es in Lukas 22,69, Jesus habe geantwortet, er werde zur Rechten Gottes sitzen, entsprechend Matthäus 26,62 und Markus 14,62. Weiter heißt es in Lukas 22,71, der Hohe Rat habe gefragt: »Was brauchen wir noch Zeugen?«, was übereinstimmt mit Matthäus 26,65 und Markus 14,63. Demnach stimmt Lukas 22,66–71 überein mit Matthäus 26,57–66 sowie mit Markus 14,53–64, nicht aber mit Matthäus 27,1 und Markus 15,1.
In Matthäus 26,57–66 und den entsprechenden Versen in Markus 14,53–64 wird eine Verhandlung vor dem Hohen Rat dargestellt, die zu einem eindeutigen Ergebnis führt. Bei Markus heißt es: »Sie verurteilten ihn aber alle, dass er des Todes schuldig sei« (Mk 14,64), und Matthäus 26,66 wiederholt dies. Die Verhandlung wurde beendet und das Todesurteil ausgesprochen. Unmittelbar nach der Urteilsverkündigung wird Jesus den Wachen übergeben, die ihn unter Schlägen empfangen (Mk 14,65). Dann trennen Matthäus und Markus diese Verhandlung von einer zweiten Verhandlung vor dem Hohen Rat, indem sie die Verleugnungen durch Petrus zeitlich zwischen diesen beiden Prozessen verorten (Mt 26,69–75; Mk 14,66–72). Obwohl ich

dargestellt habe, dass diese Verleugnungen durch Petrus bei Matthäus und Markus nicht in der erzählerisch exakten Reihenfolge dargestellt werden, dienen sie Matthäus und Markus dazu, die beiden Verhandlungen vor dem Sanhedrin voneinander zu trennen, und zu eben diesem Zweck ziehen sie sie heran.

Markus 15,1 und Matthäus 27,1 beschreiben in der Folge, dass sich der Hohe Rat am frühen Morgen getroffen habe und zu einer Entscheidung gekommen sei. R. T. France legt dar, man sei zusammengekommen, um »das Ergebnis der vorangegangen Nacht formell zu bestätigen« (France, *The Gospel of Mark*, S. 627). Folgen wir aber Lukas, begann die erste Verhandlung bei Anbruch des Tages und fand nicht nachts statt (Lk 22,66). Markus und Matthäus beschreiben hier in nur einem Satz eine kurze Verhandlung des Hohen Rats bei Tagesanbruch, um die Entscheidung zu bestätigen, zu der man bei der Hauptversammlung des Hohen Rats gekommen sei, die ebenfalls bei Tagesanbruch begonnen habe. Da beide Verhandlungen bei Tagesanbruch begannen, müssen sie offensichtlich an aufeinanderfolgenden Tagen stattgefunden haben.

223 Zur Frage, ob und wie treu der Hohe Rat die Vorschriften der Mischna befolgt hat, siehe Wolfgang Reinbold, *Der Prozess Jesu*. Göttingen 2006, S. 114f., sowie Eduard Lohse, *Die Einheit des Neuen Testaments. Exegetische Studien zur Theologie des Neuen Testaments.* Göttingen 1973, S. 96f.

224 Jerusalemer Talmud Sanhedrin 18o und 24б, die sich auf Mischna Sanhedrin 1.1 und 7.2 beziehen. Siehe hierzu: Brown, *The Death of the Messiah*, Bd. I, S. 365.

225 Siehe Bruce, *The Gospel of John*, S. 349.

226 Bruce W. Winter, »Official Proceedings and the Forensic Speeches in Acts 24–26«, in: *The Book of Acts in its First Century Settings*, Bd I: *Ancient Literature Setting*. Bruce W. Winter / Andrew D. Clarke (Hrsg.), Grand Rapids 1993, S. 305–337.

227 »Was die Tageszeit betrifft, ging diese auf den Mittag zu … Es gibt keine verbindlichen Belege dafür, dass zu dieser Zeit bei den Römern, Griechen oder Juden die Stunden anders als vom Sonnenaufgang an gezählt wurden.« F. F. Bruce, *The Gospel of John*, S. 364. Auch wenn man die Stunden im alltäglichen Leben vom Sonnenaufgang an zählte, wurden sie in rechtlichen Angelegenheiten von den Römern den-

noch ab Mitternacht gezählt. Plinius der Ältere sagt in seiner *Naturgeschichte*, die »Priester von Rom und die, welche den bürgerlichen Tag bestimmet haben, [...] setzen die Zeit von einer Mitternacht bis zur andern« (*Naturgeschichte* Buch 2, Kap. 77). Die angemessene Form der Zeiteinteilung, an der Römer sich orientiert haben, wenn es um Urteile in Rechtssachen ging, wäre die offizielle römische Zeiteinteilung gewesen, die um Mitternacht begann, sodass Pilatus sich ebenfalls an dieses System gehalten haben wird, als er Jesus »um die sechste Stunde« verurteilte, also um 6 Uhr morgens.

228 Judith C. S. Redman, »How Accurate Are Eyewitnesses? Bauckham and the Eyewitnesses in the Light of Psychological Research«, in: *Journal of Biblical Literature* 129/2010, S. 177.

229 Geza Vermes, *Die Passion. Die wahre Geschichte der letzten Tage im Leben Jesu.* Darmstadt 2006, S. 8.

Bibliografie

Abegg, Martin G., »Does Anyone Really Know What Time It Is: A Reexamination of 4Q503 in Light of 4Q317«, *The Provo International Conference on the Dead Sea Scrolls*, D. W. Parry / E. Ulrich (Hrsg.), Leiden 1999, 396–406.

Ahlström, G. W., »The Origin of Israel in Palestine«, *Scandinavian Journal of the Old Testament* 2 (1991), 19–34.

The Anchor Bible Dictionary, ed. D. N. Freedman, 6 Bde., New York 1992.

Anderson, Paul N., Just, Felix and Thatcher, Tom (Hrsg.), *John, Jesus and History*, Bd. II: *Aspects of Historicity in the Fourth Gospel.* Atlanta 2009.

Bachmann, Veronika, Die Welt im Ausnahmezustand. Eine Untersuchung zu Aussagengehalt und Theologie des Wächterbuches (1 Hen 1–36). Berlin 2009.

Barrett, C. K., *The Acts of the Apostles: A Shorter Commentary*, London and New York 2002.

– *The Gospel According to John: An Introduction with Commentary and Notes on the Greek Text*, Philadelphia [2]1978.

Bauckham, Richard, *Jesus and the Eyewitnesses*, Grand Rapids 2006.

Beckwith, Roger T., *Calendar and Chronology, Jewish and Christian: Biblical, Intertestamental and Patristic Studies*, Leiden 2001.

Berger, Klaus, *Das neue Testament und frühchristliche Schriften.* Frankfurt 2005.

Bickerman, E. J., *Chronology of the Ancient World.* London 1980.

Black, M. / VanderKam, J. C. / Neugebauer, O., *The Book of Enoch: A New English Edition*, Leiden 1985.

Friedrich Blass, »Die Sibyllinen«, in: Emil Kautzsch (Hrsg.): *Die Apokryphen und Pseudepigraphen des Alten Testaments.* Tübingen 1900.

Blinzler, Josef, *Der Prozess Jesu.* Regensburg [4]1969.

Blomberg, Craig L., *The Historical Reliability of John's Gospel*, Leicester 2001.

Bock, Darrell L. and Herrick, Gregory J., *Jesus in Context*, Grand Rapids 2005.

Bockmuehl, Marcus (Hrsg.), *The Cambridge Companion to Jesus*, Cambridge 2001.

Borg, Marcus J. and Crossan, John Dominic, *The Last Week: What the Gospels Really Teach about Jesus's Final Days in Jerusalem*, San Francisco 2006.

Brown, Raymond E., *The Death of the Messiah*, 2 Bde., New York 1994.

– *Der gekreuzigte Messias. Versuche über die vier Leidensgeschichten.* Würzburg 1998

Brown, Robert Hanbury, *The Land of Goshen and the Exodus*, London 1919.

Bruce, F. F., *The Acts of the Apostles*, Leicester 1952.

– *The Book of the Acts*, revised edition, Grand Rapids 1988.

– *The Gospel of John*, Grand Rapids 1983.

– *Zeitgeschichte des Neuen Testaments.* Wuppertal 1976ff.

Brugsch, Heinrich, *Die Ägyptologie. Abriss der Entzifferung und Forschungen auf dem Gebiete der ägyptischen Schrift, Sprache und Altertumskunde.* Leipzig 1891.

Bultmann, Rudolf, *Die Geschichte der synoptischen Tradition.* Göttingen [5]1979.

Burnett, A.; Amandry, M.; Ripollès, P. P., *Roman Provincial Coinage*, Bd. I: *From the Death of Caesar to the Death of Vitellius (44 BC–AD 69)*, London 1992.

Capper, B. J., »›With the Oldest Monks …‹ Light from Essene History on the Career of the Beloved Disciple?«, *Journal of Theological Studies* 49 (1998), 1–55.

Carson, D. A., *The Gospel According to John*, Leicester 1991.

Casey, Maurice, »The Date of the Passover Sacrifices and Mark 14:12«, *Tyndale Bulletin* 48 (1997), 245–7.

Charlesworth, J. H. (Hrsg.), *The Old Testament Pseudepigrapha*, 2 Bde., London 1983.

Clagett, Marshall, *Ancient Egyptian Science*, 3 Bde., Philadelphia 1995, Bd. II: Calendars, Clocks and Astronomy.

Cohen, Mark E., *The Cultic Calendars of the Ancient Near East*, Bethesda 1993.

Collins, Nina L., »The Start of the Pre-Exilic Calendar Day of David and the Amalekites: A Note on 1 Samuel XXX 17«, Vetus Testamentum41 (1991), 203–10.

Cooke, G. A., *The Book of Ezekiel*, Edinburgh 1936.

Crown, Alan D. (Hrsg.), *The Samaritans*, Tübingen 1989.

Davidson, Norman, *Astronomy and the Imagination: A New Approach to Man's Experience of the Stars*, London and New York 1985.

Dawkins, Richard, *Der Gotteswahn*. Berlin 2007.

Depuydt, Leo, *Civil Calendar and Lunar Calendar in Ancient Egypt*, Leuven 1997.

Doig, Kenneth, *New Testament Chronology*, Lewiston 1990.

Driver, S.R., *The Book of the Exodus*, Cambridge 1911.

Edwards, Ormond, *The Time of Christ: A Chronology of the Incarnation*, Edinburgh 1986.

Faulkner, R. O., *The Ancient Egyptian Coffin Texts*, 3 Bde., Oxford 1973.

Finegan, Jack, *The Archaeology of the New Testament*, Princeton 1978.

Handbook of Biblical Chronology, Peabody, MA 1998.

Fotheringham, J. K., »The Evidence of Astronomy and Technical Chronology for the Date of the Crucifixion«, *Journal of Theological Studies* 34(1934), S. 146–62.

France, R. T., *The Gospel of Mark*, Grand Rapids 2002.

Freyne, Sean, *Galilee*, Edinburgh 1980.

Gibson, Shimon, *The Final Days of Jesus: The Archaeological Evidence*, New York 2009.

Hall, Bruce, »*From John Hyrcanus to Baba Rabbah*«, in: Crown 1989, S. 32–54.

Hirsch, Emil G., in *The Jewish Encyclopedia*, ed. Isidore Singer, 12 Bde., New York 1901–5, Bd. IX, 553.

Hoehner, Harold W., *Chronological Aspects of the Life of Christ*, Grand Rapids 1977.

Horowitz, Wayne, »The 360 and 364 Day Year in Ancient Mesopotamia«, *Journal of the Ancient Near Eastern Society* 24 (1996), S. 35–42.

Houtman, Cornelis, *Exodus*, 2 Bde., Kampen 1996.

Howie, Carl G., *Ezekiel, Daniel*, Westminster 1961.

Humphreys, Colin J., *Und der Dornbusch brannte doch. Ein Naturwissenschaftler erklärt die Wunderberichte der Bibel*. Gütersloh 2007.

– »The Star of Bethlehem – a Comet in 5 BC – and the Date of the Birth of Christ«, Quarterly Journal of the Royal Astronomical Society 32 (1991), 389–407.

– »The Star of Bethlehem, a Comet in 5 BC and the Date of Christ's Birth«,Tyndale Bulletin 43.1 (1992), 31–56.

Humphreys, Colin J.; Waddington, W.G., »Astronomy and the Date of the Crucifixion«, in *Chronos, Kairos, Christos: Nativity and Chronological Studies Presented to Jack Finegan*, Jerry Vardaman / Edwin Yamauchi (Hrsg.), Winona Lake 1989, S. 165–81.

– »Dating the Crucifixion«, Nature 306 (1983), S. 743–6.

Hyatt, J. Philip, *Commentary on Exodus*, Grand Rapids 1980.

Instone-Brewer, David, *Traditions of the Rabbis from the Era of the New Testament*, Bd. IIA, Grand Rapids (unveröffentlicht).

Isaac, E., »1 Enoch: A New Translation and Introduction«, in *The Old Testament Pseudepigrapha*, Hrsg. v. J. H. Charlesworth, London 1983, Bd. I.

James, M. R., *The Apocryphal New Testament*, Oxford 1924.

Jaubert, Annie, *La date de la cène*, EBib; Paris: Gabalda, 1957. Englischsprachige Ausgabe: *The Date of the Last Supper*, trans. Isaac Rafferty, Staten Island, NY 1965.

Jeremias, Joachim, *Die Abendmahlsworte Jesu*. Göttingen [4]1967.

– *Jerusalem zur Zeit Jesu*. Göttingen [3]1963.

– *Die Passahfeier der Samaritanar*, Gießen 1932.

Jewett, Robert, *Dating Paul's Life*, London 1979.

Josephus, *Jüdische Altertümer*. Wiesbaden 2011.

– *Der jüdische Krieg*. Wiesbaden 2005.

Keil, C. F., *Biblical Commentary on the Prophecies of Ezekiel*, 2 Bde., Edinburgh 1876.

Kitchen, K. A., *On the Reliability of the Old Testament*, Grand Rapids 2003.

Kokkinos, Nikos, »Crucifixion in AD 36«, in *Chronos, Kairos, Christos: Nativity and Chronological Studies Presented to Jack Finegan*, Jerry Vardaman / Edwin Yamauchi (Hrsg.), Winona Lake 1989, S. 133–63.

Lane Fox, Robin, *The Unauthorised Version: Truth, and Fiction in the Bible*, London 1991.

Magness, Jodi, *The Archaeology of Qumran and the Dead Sea Scrolls*, Grand Rapids: Eerdmans, 2002.

Lohse, Eduard, *Die Einheit des Neuen Testaments. Exegetische Studien zur Theologie des Neuen Testaments*. Göttingen 1973.

Maier, Paul L., »The Date of the Nativity and the Chronology of Jesus' Life«, in *Chronos, Kairos, Christos: Nativity and Chronological Studies Presented to Jack Finegan*. Jerry Vardaman / Edwin Yamauchi (Hrsg.), Winona Lake 1989, S. 113–30.

Marshall, I. Howard, *The Gospel of Luke: A Commentary on the Greek Text*, Exeter 1978.
– »The Last Supper«, in *Key Events in the Life of the Historical Jesus: A Collaborative Exploration of Context and Coherence*, D. L. Bock and R. L. Webb (Hrsg.), Tübingen 2009, 481–588.
– *Last Supper and Lord's Supper*, Exeter 1980.
Meier, John P., *A Marginal Jew: Rethinking the Historical Jesus*, Bd. I: *The Roots of the Problem and the Person*, New York 1991.
Millard, Alan R., »How Reliable Is Exodus?«, *Biblical Archaeology Review* 26.4 (2000), S. 51–7.
Mor, Menachem, »The Persian, Hellenistic and Hasmonaean Period«, in: Crown 1989, S. 1–18.
– »The Samaritans and the Bar-Kokhbah Revolt«, in: Crown 1989, S. 19–31.
Neil, William, *The Acts of the Apostles*, London 1973.
Neugebauer, Otto, *Handbuch der Astronomie*, 3 Bde., Leipzig 1963ff.
NIV (New International Version) Study Bible, London: Hodder and Stoughton, 1987.
Parker, Richard A., *The Calendars of Ancient Egypt*, Chicago 1950.
Pearce, E. A. and Smith, C. G., *The Hutchison World Weather Guide*, Oxford 2000.
Pixner, B., *Wege des Messias und Stätten der Urkirche*, Hrsg. v. R. Riesner, Gießen und Basel 1991.
Plinius d. Ältere, *Naturgeschichte*. Übers. von Joh. Daniel Denso, Rostock und Greifswald 1764.
Powels, Sylvia, *Der Kalender der Samaritaner anhand des Kitab Hisab assinin und anderer Handschriften*. Berlin u. a. 1977.
– »The Samaritan Calender and the Roots of Samaritan Chronology«, in: Crown 1989, S. 691–742.
Pritchard, J. B. (Hrsg.), *Ancient Near Eastern Texts Relating to the Old Testament*, Princeton 1969.
Pummer, Reinhard, »Samaritan Rituals and Customs«, in: Crown 1989, S. 650–90.
Pusey, P. E., *Cyrilli Archiepiscopi Alexandrini in XII Prophetas* (1868), zitiert nach: G. R. Driver, »Two Problems in the New Testament«, *Journal of Theological Studies* 16 (1965), S. 334–5.
Ratzinger, Joseph (Benedikt XVI), *Jesus von Nazareth, Teil 2. Vom Einzug in Jerusalem bis zur Auferstehung*. Freiburg 2011.

Rawlinson, A. E. J., *The Gospel According to St Mark*, London 1947.

Redman, Judith C. S., »How Accurate Are Eyewitnesses? Bauckham and the Eyewitnesses in the Light of Psychological Research«, Journal of Biblical Literature 129 (2010), 177–97.

Reicke, Bo, *Neutestamentliche Zeitgeschichte. Die biblische Welt 500 v. Chr. – 100 n. Chr.* Berlin 1965.

Reinbold, Wolfgang, *Der Prozess Jesu*. Göttingen 2006.

Riesner, Rainer, *Die Frühzeit des Apostels Paulus. Studien zur Chronologie, Missionsstrategie und Theologie*. Tübingen 1994.

Robinson, John A. T., *Johannes – Das Evangelium der Ursprünge*. Wuppertal 1999.

Roth, Cecil, »The Zealots in the War of 66–73«, *Journal of Semitic Studies* 4 (1959), S. 343–54.

Sacks, Jonathan, *The Chief Rabbi's Haggadah: Hebrew and English Text with New Essays and Commentary*, London 2003.

Sanders, E. P., *Jesus and Judaism*, London 1985.

– *Sohn Gottes. Eine historische Biographie Jesu*. Stuttgart 1996.

Sarna, Nahum, *Exploring Exodus*, New York 1996.

Schürer, Emil, *Geschichte des Jüdischen Volkes im Zeitalter Jesu Christi*. 3 Bde., Leipzig 1901.

Segal, J. B., *The Hebrew Passover: From the Earliest Times to AD 70*, London 1963.

Simons, J. J., *Handbook for the Study of Egyptian Topographical Lists Relating to Western Asia*, Leiden 1937.

Stein, Robert H., *The Method and Message of Jesus' Teachings*, Louisville 1995.

Stephenson, F. Richard, *Historical Eclipses and Earth's Rotation*, Cambridge 1997.

Stephenson, F. Richard and Clark, David H., *Applications of Early Astronomical Records*, London 1978.

Stern, Sacha, *Calendar and Community: A History of the Jewish Calendar 2nd Century BCE – 10th century CE*, Oxford 2001.

as-Suri, Abu'l-Hasan, »Kitab al-Tabbakh, Rylands Samaritan Codex IX«, Bulletin of the John Rylands Library 30 (1946/47), S. 144–56.

Talmon, Shemaryahu, »Calendar Controversy in Ancient Judaism: The Case of the Community of the Renewed Covenant«, in *The Provo International Conference on the Dead Sea Scrolls*, D. W. Parry und E. Ulrich (Hrsg.), Leiden 1999, S. 379–95.

– »Divergences in Calendar-Reckoning in Ephraim and Judah«, *Vetus Testamentum* 8 (1958), S. 46–74.

Talmon, S. and Knohl, I., »A Calendrical Scroll from a Qumran Cave: Mismarot Ba, 4Q321«, in *Pomegranates and Golden Bells: Studies in Biblical, Jewish and Near Eastern Ritual, Law and Literature in Honor of Jacob Milgrom*, D. P. Wright, D. N. Freedman und A. Hurvitz (Hrsg.), Winona Lake 1995, S. 267–302.

Trevor, John C., *The Untold Story of Qumran*, Westwood 1965.

VanderKam, James C. »Ancient Israelite and Early Jewish Calendars«, in *The Anchor Bible Dictionary*, Hrsg. D. N. Freedman, New York 1992, Bd. I, S. 814–20.

VanderKam, James C. und Flint, Peter, *The Meaning of the Dead Sea Scrolls: Their Significance for Understanding the Bible, Judaism, Jesus and Christianity*, London 2002.

Vardaman, Jerry, »Jesus' Life: A New Chronology«, in *Chronos, Kairos, Christos: Nativity and Chronological Studies Presented to Jack Finegan*, Jerry Vardaman / Edwin Yamauchi (Hrsg.), Winona Lake 1989, S. 55–84.

Vaux, Roland de, *Ancient Israel: Its Life and Institutions*, trans. John McHugh, London 1961.

Vermes, Geza, *Die Passion. Die wahre Geschichte der letzten Tage im Leben Jesu*. Darmstadt 2006.

Wacholder, Ben Zion und Weisberg, David B., »Visibility of the New Moon in Cuneiform and Rabbinic Sources«, *Hebrew Union College Annual* 42 (1971), S. 227–42.

Wagenaar, Jan, »Passover and the First Day of the Festival of Unleavened Bread in the Priestly Festival Calendar«, *Vetus Testamentum* 54 (2004), S. 250–68.

Wilkinson, John, *Jerusalem as Jesus Knew It*, London 1978.

Wilson, John, *The Lands of the Bible*, 2 Bde., Edinburgh 1847.

Winter, Bruce, »Official Proceedings and the Forensic Speeches in Acts 24–26«, in *The Book of the Acts in its First Century Setting*, Bd. I, Hrsg. Bruce W. Winter und Andrew D. Clarke, Grand Rapids 1993, S. 305–37.

Wintermute, O. S., »Jubilees: A New Translation and Introduction«, in J.H. Charlesworth (Hrsg.), *The Old Testament Pseudepigrapha*, 2 Bde., London 1983, Bd. II, S. 35–142.

Wright, J. Edward, *The Early History of Heaven*, Oxford 2000.

Wright, N. T., *Jesus and the Victory of God*, Minneapolis 1996.

– *What Saint Paul Really Said*, Oxford 1997.

Yadin, Y., *The Temple Scroll*, 4 Bde., Jerusalem: Israel Exploration Society, 1983.

Yi, Pyong-hak, *Befreiungserfahrung von der Schreckensherrschaft des Todes im äthiopischen Henochbuch*. Waltrop 2005.

Zimmerli, Walther, *Biblischer Kommentar. Ezechiel 25–48*. Neukirchen 2011.

Register biblischer und anderer Quellen

Bibelzitate

Altes Testament

Neues Testament

Johannes

Apostelgeschichte

1 Korinther

Galater

Apokryphe Texte

Rabbinische Quellen

Mischna

Tosefta

Babylonischer Talmud

Klassische Quellen

Personenregister

Sachregister

Abbildungsverzeichnis

Der Autor

Sir Colin J. Humphreys ist Ordentlicher Professor und Forschungsleiter der Fakultäten Baustoffkunde und Metallurgie der University of Cambridge. 2003 verfasste er das Buch *The Miracles of Exodus* (*Und der Dornbusch brannte doch. Ein Naturwissenschaftler erklärt die Wunderberichte der Bibel.* Gütersloh 2007).

CHRISTOPH RAU
BLICKE IN DIE
WERKSTATT DER
EVANGELISTEN

URACHHAUS

Christoph Rau

Blicke in die Werkstatt der Evangelisten

120 Seiten, kart.

Da die Kapitelzahlen in den gängigen Bibelausgaben oft ganz beliebig eingefügt wurden, behindern sie das Verständnis des inneren Aufbaus der Evangelien. Christoph Rau zeigt, wie gerade die vernachlässigten Nebenbemerkungen als Merkmale der im Text verborgenen Struktur zu verstehen sind. Der Leser lernt so den Schwerpunkt zu finden, aus dem der Sinn des Ganzen hervorgeht.

URACHHAUS

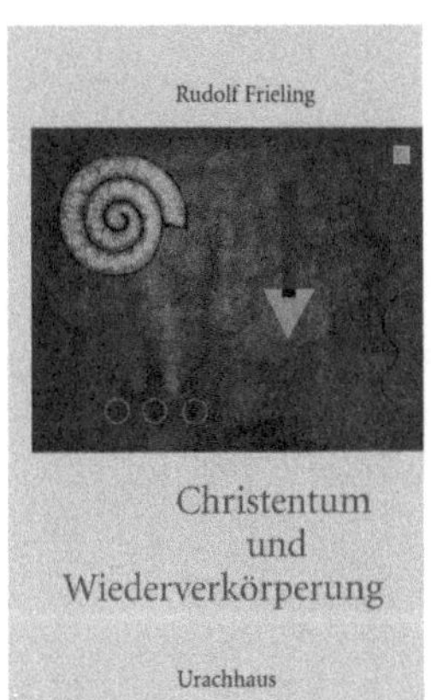

Rudolf Frieling

Christentum und Wiederverkörperung

175 Seiten, gb.

Rudolf Frielings grundlegende Arbeit leistet den theologischen Nachweis, dass der Gedanke der wiederholten Erdenleben durchaus mit dem modernen christlichen Glauben vereinbar und kein östlichen Religionen entlehnter Notbehelf ist; mehr noch: Er ist ein wesentlicher Bestandteil des Christentums.
Ein Klassiker zum Thema, der bis heute nichts von seiner Aktualität eingebüßt hat.